湯之上隆著

日本中世の政治権力と仏教

思文閣史学叢書

思文閣出版

序論

日本中世の国家と社会と文芸は、著しく宗教性を帯びていたところに重要な特徴がある。政治権力と宗教との関係の実態を分析する場合、特定の宗派や宗教者を時代状況や社会的基礎からきりはなして、「宗教的純粋性」を主張したり、あるいはまた逆に、宗派の権威宣揚のために権力との関係をことさらに強調しようとすれば、歴史の事実を客観的に認識する道を閉ざすことになろう。

従来の日本宗教史研究は、宗派史・教学史を中心に進められてきたため、個々の宗派・教団の成立と展開に関する研究蓄積は、容易には消化しがたいほどの厖大な量に達している。それにもかかわらず、宗派の枠を超えて、それらの成果を中世国家と宗教との構造全体のなかに正当に位置づけ、評価しようとする視点をもった研究は意外に乏しかった。

昭和五十年（一九七五）、黒田俊雄氏による顕密体制論(1)の提起と、その後黒田氏によって相ついで示された日本宗教史の骨格そのものの見直し作業をうけ、近年になってようやく新たな課題と方法とが模索され、今後の方向を見通す確かな実りが生まれつつある。(2)しかし現状はなお、国家と宗教という複雑で困難な課題を解くための礎となる事実が、十分明らかにされているとは言いがたい。

ところで、中世における有力な宗派・教団の多くは、大規模な荘園所有者であった。そして、かれらの精神的労働は卓越した経済力の土台に裏打ちされていた。つまり、中世の宗教は社会的地位によって程度の差はあるものの、経済とも分ちがたく結びついており、このことを視野にいれない宗教史研究は正確な像を結びえないものになるであろう。

本書は、政治・経済の諸分野を視野にいれつつ、中世の政治権力と仏教を中心とする宗教との関係――とりわけ天皇、鎌倉幕府・室町幕府と仏教――の実態、および思想や文芸の担い手であった僧侶・寺院の宗教文化活動について、従来の宗派史の視点からは見過ごされてきた分野の諸事実を明らかにすることに力を注ぎ、中世国家の特質と宗教の社会的機能を究明しようとする意図をもっている。

本書は、三篇九章と余篇三章から構成されている。次に各章の目的と位置づけについて、簡略に述べることにしたい。

最初の第一篇「護持僧と祈禱所」は、天皇の護持僧と鎌倉将軍の祈禱所(関東祈禱所)を分析することにより、古代・中世の国家と宗教との関係を考察する手がかりを得ることを目的としている。護持僧とは、内裏清涼殿二間に夜居し、さまざまな修法によって「聖体安穏・宝祚延長」を祈念した、主として天台・真言両宗に属する僧侶で、平安時代前期に起源をもち、中世から近世を通じて存続した。護持僧については、戦前、天皇との関係の緊密さを宗派の存立基盤とする立場からの研究が行われたが、いずれも事実の指摘にとどまっており、最近にいたってもその制度と実態さえほとんど明らかにされていない。

また、鎌倉将軍の祈禱所は、鎌倉将軍家や幕府の安泰と繁栄とを祈禱することを最大の職務とした寺社であるが、これまでその重要性は指摘されながらも、いまだに独自の研究対象として検討されたことがない。

そのうち、第一章「護持僧の成立と歴史的背景」は、護持僧の起源・補任方法・役割などを明らかにし、護持僧制度化の背景と歴史的意義について検討したものである。護持僧は天台・真言両宗に属する僧侶のなかから、法験著しき者が選ばれて天皇の安穏を祈った。それゆえ、護持僧の制度と実態を分析することは、天皇と天台・真言両宗との関係を解明するとともに、日本仏教における両宗の位置と役割を確定するための素材を提供するはずである。

第二章「関東祈禱寺の成立と分布」は、史料上に「鎌倉殿御祈禱所」などとしてあらわれる鎌倉将軍の祈禱所のうち、さしあたり寺院に限定して、その機能・認定手続き・権益を明らかにし、国別の分布と特徴を検討することにより、祈禱所の役割と意義を考察しようとするものである。また鎌倉幕府と仏教との関係を分析することにより、鎌倉幕府の本質を究明するための手がかりを得ようとするねらいをも含んでいる。

第三章「関東祈禱寺の展開と歴史的背景」は、前章の成果に基づき、鎌倉将軍祈禱所の歴史的展開について、鎌倉期の政治過程・公武関係・社会的背景を考慮にいれて三期に区分し、それぞれの時期の特徴を論ずるとともに、鎌倉幕府の宗教政策の基調について考察するものである。特に十三世紀後半の蒙古襲来を契機とする第三期に、西大寺流律宗を中心として祈禱所が急増したことの意義を検討したい。

次の第二篇「室町幕府と比丘尼御所」は、室町将軍足利氏の女子が入室した比丘尼御所と呼ばれる格式の高い尼寺の実態と、その財政を支えた所領構成を明らかにすることにより、尼寺の機能と室町幕府の宗教政策を考える目的をもっている。近年、中世女性史研究は脇田晴子氏・田端泰子氏らを中心に、急速に進展しているが、比丘尼御所そのものはもちろん、室町幕府との関係についても、研究は立ち遅れている。

そのうち第四章「足利氏の女性たちと比丘尼御所」は、将軍足利氏の女子と比丘尼御所との関係を検出し、なかでももっとも深い関わりをもった大慈院を素材として、尼僧の活動と尼寺の実態を検討しようとするものである。足利氏と比丘尼御所との関係を分析することは、単に室町幕府の宗教政策を明らかにするにとどまらず、家としての足利氏と宗教との関わりや、さらに尼寺の社会的役割を考える材料にもなるはずである。

第五章「遠江国浅羽荘の成立と変遷」は、遅くとも鎌倉初期には勧学院領であった遠江国浅羽荘の伝領の過程、鎌倉時代の地頭職の変遷、在地の経営状況について分析することにより、勧学院領全体の成立過程や構造についての手がかりを得ようとするものである。勧学院は弘仁十二年（八二一）、藤原冬嗣によって創建された藤原氏の氏院で、その組織・財政・機能については桃裕行氏らによる詳細な研究(3)があるが、これまで所領の実態や伝領の経過はほとんど明らかにされたことがない。

第六章「遠江国浅羽荘と比丘尼御所」では、前二章を基礎として、室町期に比丘尼御所の所領となった遠江国浅羽荘の地頭職の沿革と伝領過程を分析することを主眼とする。特に大慈院の所領構成と経営の実態を明らかにすることにより、比丘尼御所と室町幕府との関係を検討し、関連して比丘尼御所の存在形態、幕府の宗教政策についても考察する。

最後の第三篇「六十六部聖と唱導説話」は、日本六六カ国の寺社への法華経奉納を行とした六十六部聖の実態と役割について、社会的背景との関連から考察しようとするものである。本篇は前二篇と性格が異なるようにみえるが、実は山林修行者を含む六十六部聖は、自らの系譜をほかならぬ鎌倉幕府の創始者源頼朝にもとめて、唱導説話を作成したのであり、それはいわば六十六部聖のアイデンティティーの表明であった。つまり、六十六部聖の活動もまた政治と無縁のものではなく、本篇で検討の対象とする理由もここにある。

まず第七章「中世廻国聖と『社寺交名』」は、神奈川県立金沢文庫に保管される、従来「社寺交名」と呼ばれてきた断簡を検討し、その史料的性格を明らかにしようとするものである。紙背文書をもつこの「社寺交名」について、ただひとり本格的な分析を行った入間田宣夫氏は、「関東御祈禱所のリスト」と評価した。[4] もしこれが正しければ、第一篇第二章・第三章で論じた関東祈禱寺とも深く関わることから、「社寺交名」の内容を仔細に検討し、入間田説を批判して新たな解釈を提示することを目的としている。

第八章「六十六部聖の成立と展開」では、平安時代の法華持経者を祖型とする六十六部聖の成立過程、かれらの活動の実態と性格、六十六部納経思想の展開の背景、諸国の一宮を含む法華経の納経所について分析する。六十六部聖についてあらかたの論点と骨格とを明らかにした新城常三氏の研究[5]に学びつつ、その問題点を再検討し、中世における六十六部聖の役割と意義をさらに詳細に解明することを主眼としている。

第九章「源頼朝転生譚と唱導説話」は、神奈川県立金沢文庫と日光山輪王寺天海蔵に所蔵される六十六部縁起を紹介し、特にそのなかの源頼朝転生譚を中心に検討しようとするものである。頼朝転生譚とは、頼朝房という六十六部聖が、法華経の書写と奉納の功徳によって、将軍源頼朝に生まれ変わったというもので、この説話の生成過程と社会的背景を分析し、六十六部縁起の基調と作成目的、作成者を明らかにしたい。

以上の三篇九章のほか、余篇においては、国学者小杉榲邨の旧蔵書のうち、古代・中世に関わるものについて分析する。静岡県周智郡森町の藤江家に秘蔵されていた榲邨旧蔵書は、古文書・和歌集・絵画・拓本など三四七点からなり、そのうちの正倉院文書など三点が調査ののち重要文化財に指定されたことが示すように、新発見のきわめて史料価値の高いものが多い。これらは藤江家旧蔵小杉文庫と命名されて、現在静岡県立美術館の所蔵となっている。筆者は静岡県教育委員会が組織した調査団（団長田中稔氏）の一員として参加し、調査報告書の編集にあたった。以下の三章は、その成果に基づいている。

第十章「小杉榲邨の蒐書と書写活動——正倉院文書調査の一齣——」は、榲邨にとって人生の大きな転機となった、明治七年（一八七四）の教部省入省の経緯と、そこでのもっとも重要な仕事となった正倉院文書調査との関わりを検討する。それとともに、藤江家旧蔵小杉文庫のうち古代・中世のものについて、内容と特徴を明らかにし、国学者の学問の方法と意義を考えたい。

第十一章「鎌倉中期歌壇の動向——後嵯峨上皇幸西園寺詠翫花和歌（金沢文庫本）について——」では、藤江家旧蔵小杉文庫のうち、昭和五十五年（一九八〇）重要文化財に指定された、新出の金沢文庫本「後嵯峨上皇幸西園寺詠翫花和歌」の成立と伝来を明らかにし、鎌倉中期歌壇における本書の位置と意義を考察する。

第十二章「北白河院藤原陳子と明恵」は、藤江家旧蔵小杉文庫のうち二位尼（北条政子）の書状とされてきた、差出人も年紀も記されていない仮名書状について、内容の分析によりそれらを確定し、鎌倉前期の政治過程と社会状況のなかで本書状のもつ意味を考えてみようとするものである。

以上の目的をもった各章によって構成される本書は、これまで研究対象としてとりあげられることが少なく、開拓されないままに残されている日本中世の仏教と文化の諸分野に光をあて、明らかにしえた事がらを政治権力と宗教との関係のなかに位置づけようとする試みである。

（1）黒田俊雄「中世における顕密体制の展開」（『日本中世の国家と宗教』、岩波書店、一九七五年。のち黒田俊雄著作集二巻に収録、法蔵館、一九九四年）。

（2）佐藤弘夫『日本中世の国家と仏教』（吉川弘文館、一九八七年）、平雅行『日本中世の社会と仏教』（塙書房、一九九二年）などが主要な成果である。
（3）桃裕行「勧学院の組織と経済」（上・下）（『歴史地理』六八―二・三、一九三六年）、桃裕行「勧学院の一機能――氏寺・氏社の統制――」（上・下）（『歴史地理』七八―三・四、一九四一年、のち、いずれも『上代学制の研究』（吉川弘文館、一九四七年）、『上代学制の研究　修訂版』〔思文閣出版、一九九四年〕に収録）。久木幸男『日本古代学校の研究』（玉川大学出版部、一九九〇年）。
（4）入間田宣夫「中世の松島寺」（渡辺信夫編『宮城の研究』三巻、清文堂出版、一九八三年）。
（5）新城常三『新稿社寺参詣の社会経済史的研究』（塙書房、一九八二年）。

目次

第三篇　六十六部聖と唱導説話

第一篇　護持僧と祈禱所

第一章　護持僧の成立と歴史的背景

はじめに

日本仏教の一派としての天台・真言両宗は日本仏教においていかなる地位を占め、また天皇との関係においていかなる役割を果したか——この課題に応えることは、単に仏教史の理解にとって重要な鍵を提供するばかりでなく、日本における国家と宗教との関係を具体的に考察するための要訣の一つとなりうることは疑いない。本章は護持僧の検討を通して、この課題に迫ることを直接の目的としている。

護持僧は、しばしば御持僧とも書かれ、内裏清涼殿二間に夜居し、さまざまの修法によって「聖体安穏・宝祚延長」を祈念する、主として天台・真言両宗に属する一群の僧侶のことである(1)。平安時代前期に起源をもち、中世から近世を通じて存続した。この護持僧についての仔細な検討は、さしあたり天皇と天台・真言両宗との関係の実態を具体的に解明することを意図して行われる。このことは自ずから両宗の日本仏教における位置と役割の確定のための素材を提供し、さらに天皇と密接な関係をもつことにおいて、国家史および天皇制研究にとって有効な検討材料ともなろう。

汗牛充棟の趣を呈する宗教史研究の特徴を、ひとまず権力との関係について論じたものに限定してみると、戦前、とりわけ大正から昭和十年代にかけて、天皇および皇室との関係について特に肯定的な立場から論及したものが多いことをあげることができる。これは国家主義の台頭という当時の時代状況を背景として、天皇との関係の緊密さを自らの宗派の存立基盤とし、同時に価値基準の一つ——最も有力な——としたことを主たる要因として生まれたものであった。このことは宗教がその主観的意図には関わりなく、政治と無縁のものではありえず、否、むしろ宗教が人間の内面に深く関わるものであるだけに、有効な支配の手段ともなりうることを証明している。

これらの研究は宗教と権力との関係について、具体的に明らかにしようとした点において、研究史上一定の役割をもつものと評価しなければならない。しかしなお、それらのほとんどは事実の指摘のみにとどまっており、両者の関係の歴史的意義にまで立ち入って深く分析したものは数少ない。敗戦後、神道史研究がそうであったように、宗教と天皇との関係を検討する作業は著しく減少したのであるが、近年になって黒田俊雄氏らによって新たな研究上の飛躍が遂げられようとしている。

本稿はその驥尾に附して何がしかの寄与をなそうとする試みにほかならないが、従来護持僧について直接に依拠しうる成果は必ずしも多くはなく、(2) むしろいわば最も基礎的な、護持僧の制度と実態についてすら、ほとんど明らかにされていないのが現状である。したがって今は煩を厭わず、まずこの点の事実の確定から作業を始めなければならない。

一　護持僧の起源と歴史的展開

1　起　源

護持僧について、順徳天皇は『禁秘抄』の中で「於二僧侶一無双精撰也」と述べ、『護持僧記』[3]は「碩徳明匠」が護持僧に補任されたことを記している。また『元亨釈書』には次のような記述が見える。

国家皇子、或自二胎孕一、或潜藩、或以二沙門神異者一祝祚、及二龍飛一受二大賞一、号曰二御持僧一、

つまり護持僧とは、数多の僧侶の中から選りすぐられた法験著しき僧が天皇の安穏と延命とを祈念する、名誉ある職務であった。

南北朝期のことであるが、後村上天皇が河内国の天野より観心寺に遷幸した際、随員として上卿などわずかの官人とともに、「護持僧二人」を召連れたこと[4]などにも護持僧のもつ役割の重要性は如実に示されている。また建長元年（一二四九）十月十八日の永平寺制規[5]の冒頭に、

一当寺住侶、応三停二止諸方御持僧参勤一事

という一項が見られるのは、権力との接触を極力忌避した初期永平寺の情況を考慮する時、逆に護持僧のもつ性格を鮮明にするものといえよう。

さて護持僧の淵源をさかのぼれば、「聖体不豫」に際して、天皇の病癒と延命とを祈願した呪師に系譜をたどりうることはまず疑いない[6]。呪師は六世紀後半の用明天皇の頃から次第に姿をみせ、聖武天皇の信任を得た玄昉、孝謙女帝の寵をうけた道鏡によって代表されるが、「聖体安穏・宝祚延長」を祈念することにおいて、護持僧と本質的に共通する性格をもっている。

ただ護持僧の直接の起源は、こうした呪師としての僧侶の社会的役割の増大を基盤として、その一層の発展を遂げるにいたった最澄・空海以後の平安仏教の世界に求められる。最初の護持僧については、史料によるところ、最澄をそれとするものと空海とするものとの二つの説がある。『護持僧記』には冒頭に「濫觴事」という章があり、その中で、『天台座主記』を引いて延暦十六年（七九七）に最澄が最初の護持僧になったとし、(7)『護持僧補任』『叡岳要記』も同内容のことを記している。また『法中補任』(8)は延暦寺の円澄について、

桓武天皇始被レ置二護持僧両人一之時、其一人也、与二伝教大師一相並、

と述べ、桓武天皇の代に最澄が円澄とともに護持僧に補任されたとしている。

これに対して、『寺官抄』(9)は空海を最初の護持僧とし、しかも「根本護持僧ノ事、東寺門流限事也」として、天台座主・三井長吏はのちに召し加えられたものであり、彼らを追加の護持僧と呼ぶと記している。

最初の護持僧を最澄または空海とする二つの説は、彼らを宗祖とする延暦寺・東寺のそれぞれの宗教的立場に基づいているが、護持僧という語の所見は果たしていつ頃までさかのぼりうるであろうか。『北院御室拾要集』(10)に次のような記載がみえる。

嵯峨天子御記云、保二王法一事専可レ依二密教信力一也、然可レ重二護持僧一云々、

『嵯峨天皇宸記』はそのほとんどが現存せず、逸文としてしか知り得ないが、いま『北院御室拾要集』の記載に信をおくことができるならば、遅くとも嵯峨天皇の頃には護持僧という語が使用されていたということになろう。よく知られているように、嵯峨天皇は最澄・空海に厚い尊崇の念を寄せていた。最澄が嵯峨天皇に献じた詩に天皇が答えた詩の一節に、

頼有二護持力一　定知レ絶二輪廻一(11)

とみえており、また最澄自身、延暦十六年（七九七）に内供奉に補任されて朝廷に出仕し、弘仁四年（八一三）には「護持僧官符」と呼ばれる太政官符をうけたとされているから[12]、最初の護持僧を最澄とし、その時期は彼が俗権との関係を密にするようになった桓武天皇～嵯峨天皇の頃にまでさかのぼるとみて大過ないであろう。

2　歴史的展開

護持僧の成立以降、平安時代の護持僧の歴史的展開は社会的背景などを考慮に入れた場合、三つの時期に区分することが可能である。以下、それぞれの時期の概要と特徴とを簡潔に述べることとしたい。

まず第一の時期は桓武天皇より宇多天皇の頃までで、最澄・空海に始まる、いわば護持僧の草創期ともいうべき時期である。最澄・空海のほか、円仁・円珍・真雅・宗叡など、有徳にしてかつ秘法において優れた験力を発揮した数少ない僧が天皇との個人的な関係によって護持僧となり、その関係は彼らの死没の時まで続いた[13]。

第二の時期は醍醐・朱雀両天皇の頃から後冷泉天皇の頃までで、政治体制との関連でいえば、十世紀以降の摂関政治の時代に相当する。この時期は朱雀天皇の時代に勃発した承平・天慶の乱に象徴される社会不安の激化にともなって密教祈禱の盛行がみられ、護持僧も前の時期に比べると著しく増加した。また延暦寺・東寺・園城寺の三カ寺から補任されるという原則が確立し、一応護持僧の制度化が実現された。しかもこの時期は大寺院を中心とする「宗教的権門」の成立の時期とみなされており[14]、前の時期の護持僧が天皇との間の個人的な宗教関係を基盤としていたのに対し、この時期のそれは宗教権門を前提とした天皇と権門との関係という形をとって推移した。『護持僧記』が護持僧の濫觴について触れたあと、

醍醐天皇御宇已来、大略継レ踵無レ絶、

と述べ、また『山密往来』[15]が、

護持僧事、朱雀院以来勿論候歟、其以往未二勘得一候、

と記しているのは、護持僧の制度化が一応果たされたこの時期の特徴をよく示している。

第三の時期は十一世紀後半の後三条天皇以後で、院政の序幕とその発展の時期にあたる。のちに詳しく述べるように、天皇の即位に前後して代始護持僧が綸旨によって補任され、清涼殿二間で夜居を行い、数ある修法の中から、護持僧の修法が「三壇御修法」として定立され、しかも延暦寺・東寺・園城寺の三カ寺の護持僧の行う修法が固定化した。いわば護持僧の完成形態を示す時期であり、こののち長く中世・近世を通じて行われた護持僧の先例を形成した時期であった。護持僧について、制度と実態に即して考察しようとする場合、最も重要な時期である。

以上、三つの時期区分については、概略を述べるにとどめ、続いて護持僧についての最も基礎的な事実である、補任の形式と彼らの役割についての検討を行うことにしよう。

二　護持僧の実態

1　補任

初期の護持僧の補任については、あるいは勅により[16]、あるいは「鳳詔」をうけて行われた[17]ことが確認できるものの、一定の方式が確立していたと考えさせる明証に乏しい。

護持僧の補任方式が具体的に明らかになるのは、十一世紀中葉、後冷泉天皇の代のことである。天喜二年（一〇五四）に後冷泉天皇の夜居を命ぜられた醍醐寺覚源の場合がそれである。

仰云、従二今夜一可二参仕一者、綸旨如レ此、隆俊謹言、

天喜二年
二月十二日　　　　右近中将（藤原隆俊）（草名）

謹上　醍醐座主御房（覚源）

（礼紙書）退言、自二今夜一可下令レ参二始夜居一給上也、隆俊謹言、(18)

これによると、護持僧は夜居を命ずるという名目で綸旨によって補任されており、(19)この方式はこれ以後も基本的には変化が見られない。多くの用例を検討してみると、次のような様式の綸旨が最も一般的かつ伝統的な形であったようである。

被二　綸言一偁、可レ令レ祗二候夜居一之由、宜レ遣レ仰者、綸旨如レ此、悉レ之、謹言、

「天承元年」
二月二日　　　　右中弁顕頼奉

謹上　醍醐僧都御房（定海）(20)

護持僧補任の綸旨はこのように、多くの場合、「被二　綸言一偁」という書出しで始まり、夜居を命ずるという名目で発給される。この書出しは荘重でかつ古い形式の書式であり、社寺に対して祈禱を求める場合に多く用いられた。(21)

綸旨の奉者は、早い時期には前に引用した二通や、『中右記』元永三年正月十四日条に、

御持僧事宣旨、別不レ仰二上卿一、蔵人頭以二消息一告二其人一云々、

と記されているように、蔵人頭がその役を勤めていた。しかし、後白河天皇の頃には五位蔵人が奉者となっており、(22)のちにはこの形式が一般的なものとなったようである。

護持僧が綸旨をもって補任されたのに対し、朝廷の内道場に出仕した内供奉十禅師は太政官符によって、(23)また

寺院・僧尼の統轄機構たる僧綱は太政官牒・太政官符・宣旨などによって補任された(24)。これらの文書様式は律令官制機構を経て作成された太政官文書であり、これに対して護持僧や勅願寺が綸旨という、それらとは異質の律令官制機構を経ない形式によって補任ないし認定されたことは、単に文書の機能のみならず、文書の権威や効力を考える上で興味深い問題であるが、この点については、勅願寺認定の場合とも深い関連をもっており、稿を改めて詳述したいとおもう。

補任にあたっては、護持僧の身分によって綸旨の伝達方式に違いがみられる。すなわち、親王の場合、五位蔵人が勅使となって綸旨を伝え、僧正以下の場合には、ふつうは蔵人所の小舎人が使者となって綸旨を伝え、五位蔵人が直接参向することは稀であった(25)。また綸旨の充所も僧正以下の場合、直接補任される僧侶名が書かれるのに対し、親王の場合には侍者に充てられた。

護持僧補任の綸旨をうけて、任に就くことを受諾した場合には請文を提出することになっていた。その一例を示せば、次の通りである。

謹請

宣旨一紙

右、可レ候二二間夜居一之由、跪所レ請如件、

弘安九年六月十六日　良覚請文(26)

請文の書出しは「謹請」「跪請」などの文言で始めることが一般的であった。これは補任の綸旨の古い形式に対応した荘重な様式と考えられる。

護持僧の補任時期については、早い時期のものは明らかでない。しかし、長元九年（一〇三六）七月十日に後

朱雀天皇が即位したのち、護持僧に補任された延暦寺の明快、東寺の成典が修法を行っていることが確認でき、(27)後三条天皇以後には即位の前後に護持僧の補任が行われるようになり、これは代始護持僧と呼ばれた。護持僧とはこののち、代始護持僧と、加任護持僧と呼ばれる天皇在位期間中に随時補任される護持僧とをあわせ称するようになった。

代始護持僧は通例、延暦寺・東寺・園城寺から一人ずつ選ばれ、「四人之例不快」(28)とされていた。同日に三名補任されることが多かったが、六条天皇の時のように日を追って一名ずつ順次補任されるなど、いくつかの場合があった。

代始護持僧の補任時期について、『護持僧記』は新帝践祚ののちに選任され、即位の前後いずれに行われるか、については、践祚と即位が引続いて行われた時はおおむね即位以後に、そうでない時は以前に行われたとしている。しかし実例を検討してみると、高倉天皇(29)のように践祚ののち短期間のうちに即位が行われた場合でも、即位以前に護持僧の補任が行われたり、後二条天皇(30)のように、践祚後一年以上を経て即位が行われた場合でも、即位以後に補任が行われたりするなど、護持僧の補任にあたっては、天皇の即位の前後いずれにするかについては、『護持僧記』の言うような原則は見出しがたい。それよりもむしろここで注目しておかなければならないことは、後三条天皇親政期が大きな画期となって、続く白河天皇以後、天皇の即位前後に代始護持僧の補任が行われるようになった事実である。このことは護持僧の歴史を考える上できわめて重要な事柄であり、こうした事実のもつ意味と評価についてはのちに触れることとしたい。

前代の護持僧がひき続いて補任されることは多く、場合によっては三代にわたるものもあり、東寺寛遍のごときは近衛・後白河・二条・六条天皇の四代にわたって護持僧をつとめたといわれる。(31)

ここで関連して、春宮護持僧について概要のみを記しておきたい。春宮護持僧は立坊以前に「知法之高僧」を選び、令旨をもって夜居を命じた。立太子の時には必ず参候することが定められており、人数には特に定めはなかった。立坊の祈禱は必ず大夫が奉行することになっており、金輪法・仏眼法などが修せられたが、歳末には不動法を修することが故実となっていた。[32]春宮護持僧は春宮の天皇即位とともに新たに護持僧に補任されることが一般的であった。

2　役　割

護持僧の最も基本的な任務は、補任の際の綸旨に見られたように二間夜居にあった。二間は清涼殿の北の間、天皇の寝所である夜御殿の東に接してあり、『兵範記』仁平二年六月十四日条には、二間の西辺に陪膳円座を敷いて護持僧座としたことがみえている。また『禁秘抄』には、

敷二畳二帖一、北間向二妻戸一敷二阿闍梨座一（半帖）一、南間如二御講之時一、懸二本尊寄障子一也、

とみえ、修法の内容に応じた本尊がかけられ、本尊は代始にあたって新たに図することになっていた。[33]

早い時期の護持僧は、清和天皇の護持僧真雅が「未三嘗離二左右一、日夜侍奉」[34]し、醍醐天皇の護持僧増命が「毎夜殿上念誦」[35]したことはわかるものの、実際に修法の行われた場所は明らかでない。後朱雀天皇が長元九年（一〇三六）に即位したのち、初参した護持僧成典らは左近衛府で修法を行ったが、[36]久寿二年（一一五五）に後白河天皇の代始護持僧となった最雲は宿装束を着して参内し、二間において天皇に対面したのち、その夜から如意輪法を修しているから、[37]遅くともこの頃には二間夜居の行われたことは確実である。ただ後三条天皇が二間において念誦を行っていたことが『古事談』に見えているから、おそらく二間夜居も後三条天皇の頃には行われてい

たのではなかろうか。(38)

密教の事教二相のうち、実践面を指す事相の応用が祈禱にほかならない(39)のであるから、護持僧の最も基本的な役割は、現実には修法の実践によって果たされることになる。護持僧の勤仕する修法は清涼殿二間や自らの本坊で行う日常的なもののほか、御禊・行幸や除目・歳末など天皇の公務や年中行事に関わるもの、炎旱・暴風雷雨・日蝕・彗星など自然変異に関わるもの、中宮出産など天皇一族に関わるものなど、臨時に行われるものがある。こうした臨時の修法は、暴風雷雨などの自然災異が「聖体安穏」の重大な阻害要因と考えられていたからこそ行われたのである。『門葉記』巻五十長日如意輪法二に、正慶二年（一三三三）二月、楠木正成らの挙兵により、「天下騒動」がおこった際、「凡為二護持僧一者、暴風雷雨之時、猶以馳参之条先規也」と記されたように、護持僧は暴風雷雨の時にも、馳参して修法を行うことがもとめられていた。

一方、中宮出産に際して行われる祈禱の目的は、天皇の分身＝皇太子の誕生という一事にかかっており、このことは直ちに「聖体安穏」に強い影響を与える。つまり、自然災異や中宮出産は「聖体安穏」を基軸とした場合、実は同一範疇に属する現象にほかならず、同時に国家を体現する天皇の異変は直ちに国家の秩序と安寧に深刻な変動をもたらすものであった。したがって護持僧がもろもろの修法を通じて祈念する「聖体安穏」とは、国家の静謐と繁栄に直結するものと意識されているのであり、そのことは後二条天皇の護持僧をつとめた禅助の詠んだ次の和歌に端的に表現されている。

御持僧に加はりて、二間に侍りける事を思ひ出でゝ、よみ侍りける、
天の下千代に八千代と祈るこそ　夜居の昔に変らざりけれ(40)

護持僧の行う修法は多様であったが、中でも最も頻繁に行われ、修法の面で護持僧の特徴の一つに数えられる

ものは、三壇御修法であった。三壇御修法は、本来相互に関係のない三つの修法を組合わせて行うもので、護持僧の場合のそれは、如意輪法・普賢延命法・不動法の三法から成っていた。この三種の壇法が組合わされた三壇御修法について、『阿娑縛抄諸法要略抄』は、

抑彼三壇御修法始行年紀不㆓分明㆒歟、但或記後三条御宇延久云々、

と述べ、また『護持僧記』も、

後三条院御宇殊有㆓其沙汰㆒、被㆓始修㆒之、

と記して、後三条天皇の代に初めて修されたとしている。『護持僧記』の記すところによれば、後三条天皇の治暦五年（一〇六九）正月十四日、延暦寺の覚尋が不動法を、東寺の信覚が如意輪法を、同じく東寺の成尊が普賢延命法を修している。

　このように、如意輪法・普賢延命法・不動法からなる三壇御修法は、後三条天皇親政期に初めて修されるようになったのであるが、こののち安徳天皇の頃には、延暦寺―如意輪法、東寺―普賢延命法、園城寺―不動法、というように、三流が三壇の修法の一つを分担して修することが一般的になった。こうした慣例が作られるとともに、「延命法者、東寺御持僧必所㆑修也」(41)とする寺院側の主張もあらわれるにいたった。

　三壇御修法のうち、如意輪法は如意輪観音を本尊として、息災を主たる目的として修せられる。普賢延命法は普賢延命菩薩を本尊として増益のために修せられた。また不動法は不動明王を本尊として、主として息災のために行われたが、王敵降伏のために行われることも多く、承久の乱の時、後鳥羽上皇が関東調伏のために、十五壇の秘壇の一つとして不動法を修させたことがあった。(42)

　如意輪法はすでに早く道鏡が葛城山に籠って修していたといい、(43)普賢延命法は聖武天皇や仁明天皇の病癒祈念

のために修されていた。[44] また不動法も醍醐・朱雀両天皇の頃、台密の相応・尊意がこの法を得意として名声を博した。[45] このようにこれら三種の修法は主として息災・延命を目的として、それぞれ別個に早くから修されていたのであるが、前にも述べ、また『山密往来』にも「三壇長日事、後三条院以来事候哉」と記されているように、後三条天皇以後、三壇御修法として組合わされ、延暦寺・東寺・園城寺が一体となって天皇の息災と延命とを祈念することとなったのである。その画期が後三条天皇親政期にあり、さらにこの天皇が小野の成尊に即位灌頂をうけ、のちこれが恒例となったこと[46]は、先の代始護持僧の補任ともあわせ考えると、後三条親政期の歴史的意義を宗教史の分野から検討する場合、十分に注目されなければならない。

夜居僧は後一条天皇の時の例によれば、月ごとに結番して参入しており、おそらく延暦寺・東寺・園城寺の護持僧が番を結んで交替で夜居を行ったものと思われる。護持僧は伴僧をひきつれて修法を行うのであるが、その際の御衣は内蔵寮から給され、蔵人が勅使となって渡すことが定めとなっていた。[47] 先にも述べたように、代始護持僧の場合、本尊は新たに図せられ、また壇所のうち木具は『護持僧記』によると、はじめ木工寮修理職などが沙汰し、掃部寮の所役となっていたものが、のちには料足を下行するようになった。このように、本尊・御衣・壇所の支度は官の沙汰するところとなっており、御修法の用途もまた同様であった。『三長記』建久六年八月二十五日条に、「件御修法之用途、又公家御沙汰也」とみえ、また『平戸記』仁治三年四月十九日条に、

三壇御修法用途事、件用途諸国之勤歟、如レ旧可レ有二沙汰一、

とみえるように、三壇御修法の用途は公家の沙汰として諸国に課せられていた。『春記』長暦四年十一月八日条によると、結番してひと月交替に参内する夜居僧には、毎月五斗が大炊寮から給されていた。また『三僧記類聚』の一章「御持僧三壇御修法事」には、

一壇料毎月七十石ナリ、十二ケ国月別被二切配一之、

とみえ、『門葉記』巻五十七には、壇供、阿闍梨供料などの人供、御明油の用途がひと月ごとに諸国に課せられた鎌倉中期の実例が収められている。それによれば、修法に要する供料は美濃国妻木保・備後国神崎荘・紀伊国且来荘などに課せられている。これらの多くは官御祈願所便補保であるが、[48]納物の徴収形態や、便補保成立以前の供料賦課の実態については、独自の分析を必要とするため、後稿に委ねたいとおもう。

護持僧は修法の労によって昇進の道が開かれており、『護持僧記』によれば、三年に一度奏するのが故実であるが、特に「宿老高徳之仁」については、毎年行われることもあった。この護持僧は自らが昇進する場合のほか、先師や門弟に譲って任官内挙を行うことも可能であった。

護持僧の職務としては、修法のほか、『禁秘抄』に、

真言法花経其外殊御用御経等必可レ有二御誦習一、御師御持僧中可レ選二其人一事也、

とあるように、法華経などの経典を天皇に誦習せしめることもその一つであった。[49]

三　護持僧の制度化と歴史的背景

1　護持僧の系譜

平安時代における護持僧の概数を知るために、二種以上の典拠[50]によって代始および加任護持僧に補任されたことが明らかなものを、徴証の増加する朱雀天皇以後安徳天皇まで、天皇の治世ごとに示したものが表1である。

この表を通覧して特徴と考えられることは、まず第一に、すでに述べたことを再確認することになるが、護持僧は興福寺僧のごくわずかな例[51]を除けば、すべて延暦寺・東寺・園城寺から補任されていることである。

表1　平安時代の護持僧

天皇	護持僧	宗派	備考
朱雀	尊意	山	
	仁観	山	
	延昌	山	
	貞崇	東	
村上	実性	山	
	延昌	山	
冷泉	良源	山	
	千攀	東	
円融	増恒	山	
	千攀	東	
花山	覚忍	山	
	暹賀	山	
	興良	山	
一条	覚忍	山	
	暹賀	山	
	興良	山	
	円賀	山	
	明豪	山	
	尋円	山	
	俊観		
三条	蓮海	山	
	観教	山	
	眷玄	山	
	盛算	東	
	文慶	寺	
後一条	尋円	山	
	成秀	山	
	叡助	山	
	尋光	山	
	良円	山	
	慶命	山	
	斉祇	寺	
後朱雀	明快	山	
	教円	山	
	頼寿	山	
	延尋	東	
	成典	東	
	覚源	東	
	永慶	寺	
後冷泉	頼寿	山	
	頼賢	山	
	仁暹	山	
	覚尋	山	
	覚源	東	
	長守	寺	
	永慶	寺	
	源泉	寺	
後三条	覚尋	山	代始
	信覚	東	代始
	成尊	東	代始
	頼範	寺	
	静円	寺	
白河	仁覚	山	代始
	尋源	山	
	良真	山	
	寛意	東	
	斉覚	寺	
	隆明	寺	
	増誉	寺	
	頼範	寺	
堀河	賢暹	山	
	仁源	山	代始
	定円	山	
	仁豪	山	
	義範	東	代始
	増誉	寺	
	公円	寺	
	隆明	寺	代始
	良意	寺	
	俊観		
鳥羽	仁源	山	代始
	仁実	山	
	寛助	東	代始
	行尊	寺	代始
崇徳	仁実	山	
	応仁	山	
	寛助	東	
	定海	東	
	良実	東	
	行尊	寺	代始
崇徳	増智	寺	代始
近衛	行玄	山	代始
	寛暁	東	
	寛遍	東	
	信証	東	代始
	覚宗	寺	代始
	行慶	寺	
	覚忠	寺	
後白河	快修	山	代始
	最雲	山	
	寛遍	東	代始
	行慶	寺	代始
二条	快修	山	
	重瑜	山	
	最雲	山	代始
	円性	山	
	俊円	山	
	寛遍	東	代始
	行慶	寺	代始
	覚忠	寺	
六条	明雲	山	代始
	重瑜	山	
	俊円	山	
	寛遍	東	代始
	覚性	東	
	覚忠	寺	代始
	尋範	興	
高倉	快修	山	代始
	明雲	山	
	全玄	山	
	禎喜	東	
	覚讃	寺	代始
	房覚	寺	代始
	賢覚	寺	
安徳	明雲	山	代始
	実全	山	
	良弘	東	
	禎喜	東	代始
	房覚	寺	代始

注：宗派欄は、山＝延暦寺、東＝東寺(醍醐寺・仁和寺等を一括)、寺＝園城寺、興＝興福寺を示す。備考欄の代始は、代始護持僧である。

表２　鎌倉時代の護持僧

天皇	護持僧	宗派	備考
後鳥羽	慈円	山	
	承仁	山	
	全玄	山	代始
	真性	山	
	俊証	東	
	覚成	東	
	覚尊	寺	
	実慶	寺	代始
土御門	弁雅	山	代始
	真性	山	代始
	承円	山	
	慈円	山	
	覚成	東	代始
	延杲	東	
	道尊	東	
	印性	東	
	円忠	寺	
	行意	寺	
	実慶	寺	
	恒恵	寺	
順徳	承円	山	代始
	円基	山	
	成円	山	
	真性	山	
	尊快	山	
	道尊	東	代始
	成宝	東	
	道誉	寺	代始
	良尊	寺	
	尊仁	寺	
	尊誉	寺	
仲恭			
後堀河	尊性	山	代始
	澄快	山	
	仁慶	山	代始
	円基	山	
	良快	山	
	道尊	東	代始
	親厳	東	
	良尊	寺	
	円浄	寺	
四条	尊性	山	代始
	公円	山	
	慈賢	山	
四条	慈源	山	
	良禅	山	
	親厳	東	代始
	聖基	東	
	良恵	東	
	覚教	東	
	真恵	東	
	良尊	寺	代始
	円浄	寺	
	定豪	寺	
	道慶	寺	
後嵯峨	慈源	山	代始
	尊守	山	
	厳海	東	代始
	良恵	東	
	実賢	東	
	円浄	東	代始
	静忠	寺	
	良尊	寺	
	道智	寺	
後深草	慈源	山	代始
	尊助	山	
	尊覚	山	
	道覚	山	
	良恵	東	代始
	道乗	東	
	覚仁	寺	代始
亀山	慈禅	山	
	尊助	山	代始
	澄覚	山	
	道玄	山	
	房円	東	代始
	隆澄	東	
	実瑜	東	
	仁助	寺	代始
後宇多	澄覚	山	代始
	道玄	山	
	尊助	山	
	公豪	山	
	道融	東	代始
	定済	東	
	道宝	東	
	道耀	東	
	了遍	東	
	勝心	東	
	静仁	寺	代始
伏見	慈助	山	代始
	道玄	山	
	尊教	山	
	慈玄	山	
	最助	山	
	実承	山	
	覚済	東	
	守助	東	代始
	実宝	東	
	守恵	東	
	勝恵	東	
	道耀	東	
	禅助	東	
	道俊	東	
	行昭	寺	代始
	浄雅	寺	
後伏見	尊教	山	代始
	守誉	東	代始
	道耀	東	
	覚済	東	
	深快	東	
	教助	東	
	守瑜	東	
	行昭	寺	代始
	浄雅	寺	
後二条	道玄	山	代始
	公澄	山	
	了遍	東	代始
	覚済	東	
	禅助	東	
	聖忠	東	
	信忠	東	
	覚助	寺	代始
花園	公什	山	代始
	慈道	山	
	覚運	山	代始
	禅助	東	
	聖忠	東	
	能助	東	
	道昭	寺	代始
	浄雅	寺	
	尋覚	興	
後醍醐	慈道	山	代始
	禅助	東	代始
	覚助	寺	代始

表３　時代別の護持僧

時代／宗派	平安	鎌倉
山	60	50
東	26	52
寺	30	31
興	1	1
不明	2	

第二に、天皇在位期間ごとの護持僧数は、十世紀末から十一世紀初めにかけての一条天皇の頃から増加し、一、二の例外を除いておおむね七、八人程度になったことである。この傾向は表２に明らかなごとく、鎌倉時代になっても依然として続いており、『禁秘抄』に説く「所詮不㆑可㆑過㆓五人若六人㆒也、及㆓八九人㆒尤見苦」という懸念すべき状況はもはや恒常的なものとなり、十三世紀末の伏見天皇の代にいたっては実に十五名もの護持僧が補任されている。このことは後に述べるように、十世紀から十一世紀にかけての宗教権門の成立という現象を無視しては理解しがたい。

第三に宗派ごとの人数をみよう。平安・鎌倉時代における所属宗派ごとの延人数を示せば表３の通りである。平安時代には延暦寺が優位を占めていたのに対し、鎌倉時代になると、延暦寺と東寺とがほぼ同数になって、東寺の護持僧における進出の著しいことが特徴としてあげられる。室町期に入ると、東寺と武家との関係の緊密化を背景として、この傾向は一層顕著になる。ここには俗権との関係を基盤とする、加持祈禱という密教儀礼における主導権の変遷が如実に示されているといえよう。

2　護持僧制度化の歴史的背景

護持僧が十世紀以後制度化の兆候をみせ、十一世紀中葉以降、後世の典範としての制度化の確立をみるにいたった歴史的背景について考察しようとする場合、検討されるべき多くの課題のうち、さしあたり少なくとも二つの方面からの検討が必要であろう。その一つは、護持の主体である寺院および僧侶側の動向であり、もう一つは護持の対象たる天皇の問題である。まず護持の主体をなす天台・真言両宗の動向についての検討から始めよう。

日本天台の創始者最澄の没後、天台宗は本格的な密教の受容と展開において、真言宗に著しい立遅れをみせていたが、円仁・円珍が相ついで入唐して本格的な密教を伝え、さらに安然にいたって台密教学を完成させた。十世紀後半、源信・覚運・覚超の頃、天台円宗の教義に著しく密教教義の混入をみるにいたり、いわゆる川流・谷流の分派が形成された。朱雀天皇の代、天台座主になった尊意と延昌は祈禱にすぐれ、尊意は平将門の乱調伏のために大威徳法を、また延昌は純友の乱に不動法を修して貴顕の崇拝をあつめた。第十八代座主良源は比叡山中興の祖とされ、この頃比叡山は全盛期を迎えるが、摂関家をはじめとする貴族との強い結びつきによって、十世紀頃から山内への御願寺建立が相つぎ、また所領寄進も増加して、比叡山は一大権門となるにいたった。[52]

一方、最澄とは異なり天台に対する密教の優位を主張し続けた空海は、嵯峨天皇の尊崇をうけ、承和元年（八三四）には唐の内道場に准じて宮中に真言院を設けんことを奏請して勅許をうけ、ここに後七日御修法[53]が始められ、皇室との結びつきが強化された。また摂関家との接近も早くからはかられ、大覚寺・円成寺などの御願寺への進出著しく、[54]仁明・清和両天皇の頃活躍した真雅・宗叡は密教界の重鎮として知られ、世をあげての密教化に影響を与えること大なるものがあった。

ところで全国の寺院・僧尼を統括する僧綱への補任は、真言宗の場合、すでに創唱者空海にみられたけれども、天台宗の場合には、最澄の活動が律令国家仏教の僧尼統制制度の改革を企図して行われたため、[55]当初僧綱への補任は見られなかった。しかし中興の祖良源の頃から僧綱への天台僧の補任が顕著となった。[56]寺社の権門化は十世紀から十一世紀にかけて本格化したといわれているが、[57]僧綱という国家権力機構の一分枝への天台・真言両宗の進出、あるいは護持僧の制度化という現象は、こうした指摘を一層正当ならしめるものといえよう。

すでに指摘したごとく、醍醐・朱雀両天皇以後、護持僧はそれ以前の天皇との個人的な結びつきから、権門としての寺院勢力の一員として天皇の護持を行うというように、その性格に変化がみられた。十一世紀末から十二世紀初めにかけての堀河天皇の時、護持僧ではない権大僧都覚信が天皇の命によって二間への陪席を認められたとき、「総寺家之面目、別一門之光花也」(58)と言われたのは、護持僧の象徴ともいうべき二間参仕の権威化を示すとともに、大寺院の権門化という歴史的背景を考慮せずには理解しがたいであろう。

白河院政期、長治元年（一一〇四）以後、三月二十四日に行われる結縁灌頂は、延暦寺・東寺・園城寺がそれぞれ二年交代でつとめることになっており、(59)護持僧が二、三の例外をのぞいてこの三カ寺からのみ補任されたこととあわせて、天台・真言両宗が宗教権門として正統派としての地位を確立したことを端的に示すものであろう。(60)

寺院の権門化の確立とともに、門跡制の成立に象徴されるような、貴種の誇示という現象が広汎に見られるようになるが、(61)護持僧の場合にも種姓が次第に重視されるようになってくる。護持僧は当初、補任の要件として必ずしも座主・長者・長吏など、種姓の高きことが問われなかった。しかし平安末期から鎌倉初期の状況を示す『三僧記類聚』に、

物テ種姓高貴人、苦修練行ナルヲ選テ、為二御持僧一

とみえるように、平安後期以後には護持僧も「種姓高貴人」の補任されることが多くなった。また『禁秘抄』には、法親王が増加したため、彼ら貴種の護持僧補任が多くなったことを記している。これらの事実は平安末期の偽撰と言われる『再遺告』に、秘密真言法門を授くべき三種の法機として、「高姓貴種人」「裕福幸稼人」「発菩提心人」(62)と、「高姓貴種人」を首位に掲げていることと軌を一にする。こうした貴種の誇示が「貴族至上主義の顕現」であることは疑いないとしても、われわれは貴種の推戴が寺院の権門化に随伴する必然的な現象であったという、黒田俊雄氏の指摘(63)にこそ注意をむけるべきであろう。院政期以後、護持僧には座主・長者・長吏、ある

いはのちにそれらをつとめるような上級僧侶が多く補任されるようになり、室町期になると、

護持僧事三流東寺、山、三井、各近代付二長官一、[64]

とあるように、三流の長官の職務に付随した、いわば寺付のものとして慣例となっていた。

ところで山折哲雄氏は、護持僧に関する数少ない論稿「天皇霊と呪師」（前掲）の中で、護持僧が制度化された要因について、玄昉や道鏡のごとき政僧の活動を防止し、「官僧的呪師の野心を僧綱的秩序のうちに再組織するとともに、験者的呪師の覇気を宮廷生活の洗練された趣味に合致させること」[65]にあったと述べている。呪師の統制と彼らの法力の活用という、二つの要素は確かに護持僧制度化の要因に加えられるべきものである。しかし、これらは権力の側から見た場合の要因というにとどまるのであって、ここでは権門としての寺院側の主体的な条件はほとんど捨象されている。山折氏の見解は、宗教権門としての天台・真言両宗の歴史的展開についての分析や、またそれらが正統派としての地位を確立したことなど、寺院側についての視点が欠如し、さらに護持僧について制度と実態に即した十分な検討が行われていないため、護持僧制度化の歴史的背景とそれのもつ意義とが解明しがたいものとなっている。

次にもう一つの課題である、護持の対象たる天皇の問題について述べよう。護持僧が制度化されたことにより、綸旨によって正式に補任され、その地位が国家機構の中に位置づけられた護持僧によって、天皇の息災と延命とが非常の場合のみならず、常時祈念されるようになった。十世紀の承平・天慶の乱に代表される社会不安の激化と次の世紀における末法の世の到来、たび重なる天災地変は天皇の肉体と魂にも直接悪影響をおよぼし、さらにこのことが国家の安寧にとって重大な阻害要因になると考えられた。これらの阻害要因は時を追って広汎に、しかも恒常的に存在するようになり、それとともに天皇もまた常時護持されるべき対象となった。そして、折から

隆盛を誇っていた天台・真言両宗と天皇との結びつきは護持僧の制度化を生み、祈禱の効力の一層の強化を求めて、さらにその多人数化へと向かうこととなったとみられる。

護持僧の制度化はこのように、天皇の権威に何らかの変化が生じたことを推測させるのであるが、この点に関して、院政期に院・天皇がタブーやマギーから解放され、神から人への転化が行われた、とする見解(66)について検討しておく必要がある。最近無批判に引用されることの多くなったこの意見は、確かに院政期における天皇の権威の変化について、一面を正しく指摘している。しかし、それは比喩的な表現と考えた場合にのみそう言えるのであって、事態の真相を厳密に規定しようとする場合、かかる表現で定式化することには躊躇せざるをえない。

そもそも天皇が神そのものであったり、逆に人そのものであった時代はおそらく存在しないはずであって、時代によって、またときどきの情勢に応じて、相対的比重の変化を示しながらも、同時に両方の側面をあわせもたされた特殊な存在が天皇なのであった。十世紀以降、なかんづく院政期に顕著にあらわれる「天皇の人間化」とみえる諸現象は、この両側面のうち、天皇が本来有する私的な人間としての側面が前面に強くうち出されるようになったことのあらわれと考えられる。

院政はそれ以前の摂関政治の時代に母権が天皇におよぼし続けた強い絆をたちきって、天皇に対する父権の強力な作用によって、古代末期の政治危機を克服しようとした所産であって、そこでは天皇はまさしく抽象的な象徴の地位におかれたのである。象徴であるが故にこそ、天皇の人間的な側面は時としてことさら強調され、また護持されるべき存在となったのである。

かくして人間天皇は公的には神祇とともに、正統派たる天台・真言両宗によって、息災と延命とが常時祈念されるべき対象となるにいたったのである。しかし、注意を要することは、人間天皇の成立によって天皇の神としての側面は一時的に後景に退くことがあったとしても、注意深く秘蔵されたに過ぎないのであって、決して人そのものになったり、あるいは天皇の存在が相対化されたわけでもない。人になったものが、いかにして諸権威の源泉たる神聖な存在たり続けるのであろうか。また先の見解のごとく、院と天皇とを同列に論ずることは、院政期における天皇の権威について、不当に過小評価することにもなろう。

むすび

以上、護持僧の実態と制度について検討し、制度化確立の画期が後三条天皇親政期にあったことを明らかにした。護持僧の制度化は、天皇の肉体と魂の安穏に関して、密教が神祇祭祀とともに、二本の柱として不動の、しかも正統の地位を獲得したことを示す象徴的な事実であった。その歴史的背景についても不十分ながら検討を加え、院政期に説きおよんだのであるが、その後の展開については、本章で明らかにしえた諸事実を基礎として、今後の具体的な分析を約すこととし、ここではとりあえず、注目すべき事柄の一つをとりあげて稿をしめくくることとしたい。

すでに指摘されているように、中世の天皇は神器によって正統化され、その地位を規定されることになる。(67)仏教の側からの神祇への接近はすでに早くから見られ、いわゆる神仏習合は進展をみせるが、平安末期から鎌倉初期になると、『三僧記類聚』に、

二間ニ参スル時、（中略）初度ニ奉レ対レ帝テ二拝ス、出家人雖二帝王一不レ可レ礼レ之、但此礼ハ非レ奉レ礼、帝皇之御スル所ニハ八幡大菩薩不レ離護給、又大神宮御座ス、仍奉レ拝二此神一也、

とみえるように、さらに著しい接近を示すようになる。こうした神祇と仏教との接近という背景を考慮すれば、

中世になって神器が帝位の正統性を規定する要素になった時、護持僧の行う三壇御修法が、

　三壇御修法象㆓三種神器㆒、延命三耶形鏡也、不動三摩耶形劔也云々、如意輪象㆓神璽㆒云々、此外有㆓種々口伝㆒云々、[68]

と、三種神器に象形されて、その正統性が強調されるようになるまで、思想史的に見た距離は意外に短いであろう。

(1)　護持僧は天皇のほか、院・春宮・中宮・女院などの皇族や、摂関家・将軍などのもとにも参候していたが、制度と実態とを明瞭に示し、しかも歴史上最も重要な役割を果たしたのは天皇の場合であった。なお、武家護持僧については別稿を予定している。

(2)　護持僧に関する論稿には次のようなものがある。和田大円「宮中二間の観音二間夜居護持僧之事」（『密宗学報』一五一、一九二六年）、三浦章夫「わが皇室と真言宗」（『密教論叢』一八、一九三九年）、林亮勝「護持僧考――護持院隆光の場合――」（『密教学研究』一、一九六九年）、山折哲雄「天皇霊と呪師」（『日本人の霊魂観』河出書房新社、一九七六年）。

(3)　『護持僧記』は『門葉記』とともに護持僧に関する最も詳細な記録である。国立公文書館内閣文庫・宮内庁書陵部などに写本があり、『柳原家記録』百二十四にも同様のものを収める。内閣文庫本の『護持僧記』は、『護持僧記』『護持僧勘例』に続いて、『続群書類従』四輯にも収める『護持僧補任』とから成り、奥書に青蓮院本を書写したことを記す。『柳原家記録』百二十四には文中に間々按文があり、その中で鎌倉末・南北朝期の尊円親王の類聚にかかるものとしている。

(4)　『太平記』巻三十四　和田楠軍評定事付諸卿分散事。

(5)　永厳寺文書（『鎌倉遺文』七一二七号）。

(6)　呪師については、山折哲雄「天皇霊と呪師」参照。

(7) ただし、『続群書類従』四輯下に収める『天台座主記』には、延暦十六年に内供奉十禅師を拝命したことを記すのみで、護持僧補任のことについては触れていない。
(8) 『続群書類従』四輯上。
(9) 国立公文書館内閣文庫所蔵写本による。
(10) 『続群書類従』二八輯下。
(11) 『文華秀麗集』(『群書類従』八輯)。
(12) 『延暦寺護国縁起』巻下、『天台霞標』四編巻之一、『叡岳要記』下などに若干の字句の異同をもって収める。
(13) 清和天皇の護持僧真雅は、天皇の誕生の時から「侍㆓護聖躬㆒」していた(『三代実録』元慶三年正月三日条、同四年十二月四日条)。
(14) 黒田俊雄「中世における顕密体制の展開」(『日本中世の国家と宗教』、岩波書店、一九七五年、四五五頁)。
(15) 『群書類従』九輯。
(16) 第十三代天台座主尊意は、延長元年(九二三)醍醐天皇の勅により、皇子(朱雀天皇)の護持僧に任ぜられた(『柳原家記録』百二十四)。
(17) 延暦寺中興の祖とされる良源は天暦四年(九五〇)、「保㆓護儲君㆒」すべしとの議定を固辞したが、右大臣藤原師輔の執奏により、村上天皇の「鳳詔」が降って護持僧となった(『慈恵大僧正伝』(『群書類従』五輯))。
(18) 田中稔『古文書』(日本の美術174、至文堂、一九八〇年、五三頁。のち『中世史料論考』に収録(吉川弘文館、一九九三年))。
(19) 一般の修法を命ずる場合にも綸旨が発給されたが、この綸旨には修法を開始する日と修法の内容とが記されており、この点夜居を命ずる護持僧補任の場合とは異なっている(『阿娑縛抄修法雑用心』)。
(20) 佐藤進一『古文書学入門』(法政大学出版局、一九七一年、口絵15、新版、一九九七年)。
(21) 相田二郎『日本の古文書』上、(岩波書店、一九七二年)四二七~四二八頁。田中稔『古文書』五四~五六頁。
(22) 『兵範記』久寿二年十一月五日条。
(23) 『類聚三代格』宝亀三年三月二十一日太政官符、『醍醐寺雑事記』。

(24) 伊藤清郎「中世僧綱制に関する一考察」(『山形史学研究』一五、一九七九年。のち『中世日本の国家と寺社』に収録〔高志書院、二〇〇〇年〕)。
(25) 『護持僧記』、『兵範記』久寿二年十一月五日条・仁安三年二月二十三日条、『賢俊日記』貞和二年三月二十三日条など。
(26) 『門葉記』巻五十九。
(27) 『範国記』長元九年七月二十四日条。
(28) 『伏見天皇宸記』弘安十年十一月二十三日条。
(29) 仁安三年（一一六八）二月十九日受禅、同二月二十五日護持僧補任、同三月二十日即位。
(30) 正安二年（一三〇〇）正月二十二日受禅、同三年三月二十四日即位、同四月二十九日護持僧補任。
(31) 園城寺の覚忠は「其所二経歴一、五代之御持僧」(『玉葉』治承元年十月十六日条）と言われたが、近衛・二条・六条天皇を除く二代については確認できない。
(32) 『東宮年中行事』(『群書類従』六輯)。
(33) 『三僧記類聚』(東京大学史料編纂所謄写本)。
(34) 『三代実録』元慶三年正月三日条。
(35) 『扶桑略記』延喜十六年十一月二十六日条。
(36) 『範国記』長元九年七月二十四日条。
(37) 『兵範記』久寿二年十月二十三日条。
(38) 護持僧に補任されたのち、二間に初参する時の通道については幾通りもの方法があり、作法についても数多の故実があったが、煩雑にわたるし、当面必要でもないので、いまは省略する。
(39) 島地大等『天台教学史』(中山書房、一九七八年）四二七頁。
(40) 『新後撰和歌集』(『国歌大観』一四八五番)。
(41) 『玉葉』建久三年三月十八日条。
(42) 『祈禱抄』(『昭和定本日蓮聖人遺文』一巻)。

(43)『七大寺年表』(『続群書類従』二七輯上)。なお秘密修法の成立と展開については、速水侑『平安貴族社会と仏教』(吉川弘文館、一九七五年)参照。

(44)『続日本後紀』嘉祥三年二月甲寅・丙子条。

(45)速水侑『平安貴族社会と仏教』五二～五三頁。

(46)石堂恵猛『皇室と真言宗』(六大新報社、一九二八年)三八頁・附録六頁。

(47)『護持僧記』、『猪隈関白記』承元五年二月十七日条など。『為房卿記』応徳四年二月十九日条によれば、御衣絹は内蔵寮所進の別儀によって殿下より給付され、それに先立って、陰陽頭を召して本尊図絵の日時を勘申せしめ、あわせて僧を定め、上卿に宣下、あらかじめ定められた夜居僧二口・阿闍梨三口を加えて二間に参仕させている。

(48)『門葉記』巻四十九、『壬生家文書』諸国庄保文書。なお便補保については、橋本義彦「太政官厨家について」(『書陵部紀要』三、一九五三年。のち『平安貴族社会の研究』に収録〔吉川弘文館、一九七六年〕)、勝山清次「便補保の成立について――『納官済物』納入制度の変遷――」(『史林』五九―六、一九七六年。のち『中世年貢制成立史の研究』に収録〔塙書房、一九九五年〕)参照。

(49)『中右記』寛治八年二月七日条に、堀河天皇の誦習の例がみえている。

(50)典拠は煩雑にわたるため、いちいち示さなかったが、『護持僧記』『門葉記』『僧綱補任』などから、諸種の日記類、文学作品などにわたっている。二種以上の典拠としたのは、綸旨によって護持僧に補任されたことが判明する例はごくわずかであり、護持僧の抽出にあたっては、護持僧に関する編纂書に依存する比率が高い。しかもこれらの編纂書には多くの異同があり、たとえば護持僧数のみに限っても、かなりの開きがある。そのため、正確を期する意味から、二種以上の典拠をもつ場合を確実なものと判定したわけである。

(51)興福寺僧が護持僧に補任された例は、平安時代から鎌倉時代を通じて、桓武天皇の時の善珠(『僧綱補任』)をはじめ、『大乗院寺社雑事記』文明元年六月八日条に数例を掲げているが、他の史料によって確認できるものは、修円・尋範・尋覚のみである。

南都六宗の中にあって最も勢威を誇っていたのは法相宗であり、十世紀中葉の村上天皇の頃から活躍をみせる真興以後、密教儀礼にも注目すべきものがあり、京都の貴顕には「修法は奈良方」(『枕草子』一二六段)として尊ばれていた。したがって著しい密教化の趨勢の中にあって、護持僧が法相宗からも補任されたことは、『建内記』に「護持僧事ハ不レ限二密宗一」(嘉吉三年七月十九日条)とみえるように、特に異とすべき事柄ではない。重要なことは、台密・東密からは護持僧が補任されることが伝統となっていたのに対し、法相宗はついにそうした伝統を築きえなかったことである。

(52) 天台宗の動向については、島地大等『天台教学史』、上杉文秀『日本天台史』(国書刊行会、一九七二年)、硲慈弘『日本仏教の開展とその基調』(下)(三省堂、一九七七年)など参照。

(53) 毎年正月八日から七日間にわたって、「玉体安穏・皇祚無窮」などを祈念する行事で、東寺長者が大阿闍梨となって真言の大法を勤修する。一時廃絶したことがあるが、現在も真言宗の最重要法会の一つとなっている。

(54) 平岡定海「御願寺における真言宗の進出について」(『続律令国家と貴族社会』、吉川弘文館、一九七八年。のち『日本寺院史の研究』に収録〔吉川弘文館、一九八一年〕)。

(55) 井上光貞『日本古代の国家と仏教』(岩波書店、一九七一年)一二四頁。

(56) 高木豊『平安時代法華仏教史研究』(平楽寺書店、一九七六年)三〇頁。

(57) 黒田俊雄「中世における顕密体制の展開」四五五頁。

(58) 『僧綱補任』巻五裏書(『大日本仏教全書』興福寺叢書)。

(59) 『中右記』長治元年三月二十四日条。

(60) 南北朝・室町時代以降、著しい勢力の伸張をみせた日蓮宗・禅宗の僧侶が護持僧に補任されなかった事実は、護持僧について考える上で重要である。応永二十五年(一四一八)、称光天皇の不豫に際し、五山に病癒祈禱を命じたところ、「御祈禱事、如レ此禅宗被二仰付一之条、其故如何」(『建内記』応永二十五年七月十二日条)、「凡禅宗等隠遁之体也、如何可レ奉レ致二天下御祈禱一哉、徒真言本流東寺門跡済々被レ略レ之歟如何」(同年七月二十二日条)という批判がおこった。ここには祈禱勤修における臨済禅の進出がみられるが、しかし天皇の病癒祈禱を正式に行いうるのは、密教のみとする観念が根強く存在したことを示しており、祈禱についていえば、大きな勢力となった臨済禅といえども、ついに傍流の役割しか果たしえなかった。

(61) 黒田俊雄『寺社勢力』(岩波書店、一九八〇年)七一~七二頁。

(62) 櫛田良洪『真言密教成立過程の研究』(山喜房仏書林、一九七八年)一二六頁。
(63) 黒田俊雄『寺社勢力』七二頁。
(64)『建内記』正長元年五月三十日条。
(65) 山折哲雄「天皇霊と呪師」一三八頁。
(66) 石井進「院政時代」(『講座日本史』2、東京大学出版会、一九七〇年)。
(67) 黒田俊雄「中世国家と神国思想」(『日本宗教史講座』一巻、三一書房、一九五九年。のち『日本中世の国家と宗教』に収録〔岩波書店、一九七五年〕)。
(68)『花園天皇宸記』文保元年四月二十九日条。

[追記] 内供奉十禅師は太政官符により補任された(九頁)とした点について、垣内和孝「内供奉十禅師の再検討」(『古代文化』四五―五、一九九三年)は、十一世紀中頃以降の内供奉十禅師は宣旨によって補任されるのが一般的であったと指摘している。

第二章　関東祈禱寺の成立と分布

はじめに

関東祈禱寺とは、史料上に「鎌倉殿御祈禱所」「将軍家御祈禱所」「関東御祈禱所」などとしてあらわれる鎌倉将軍の祈禱所のうち、さしあたり寺院を中心に考察しようとするため、便宜上名づけたものである。この関東祈禱寺は、新たな武家政権として登場した鎌倉幕府と中世仏教諸勢力との間に取り結ばれた諸関係のうち、親和的関係を示すものであり、これについての検討は、中世社会における一権力機構として、種々の規定性を帯びざるをえなかった鎌倉幕府の本質を究明する、有力な手がかりを提供するものと考えられる。

従来、関東祈禱寺についての検討の重要性は指摘されながらも、政治史の側からはもちろん、仏教史の側からもいまだに独自の対象として検討を加えられたことがない。

本章では以上のような認識に立ちつつ、ひとまず制度としての関東祈禱寺の抽出に力を注ぎたいと思う。それが本格的な検討にとって、何よりも基礎的で、かつ有効な作業であると考えるからである。

一　関東祈禱寺の成立

1　機　能

祈禱寺の最も本質的な属性の一つは、祈禱を通じて権力との接触が維持されているところにある。勅願寺の場合、それは具体的には、「祈㆓請国家之泰平㆒」(1)「奉㆑祈㆓天長地久御願㆒」(2)「祈㆓万年之宝算㆒」(3)のように、国家と天皇の安泰を祈るという形をとってあらわれた。また関東祈禱寺の場合には、「奉㆑祈㆓聖朝国史〔吏〕、殊将軍家御願円満㆒」(4)「将軍家長日御祈禱」(5)「深奉㆑祈㆓幕府之栄彩㆒」(6)というように、将軍家・幕府の安泰と繁栄が祈られた。

祈禱寺は祈禱対象者に対して、年々祈禱巻数を送るわけであるが、関東祈禱寺においても、備前国金山寺(7)・但馬国進美寺(8)・大隅国台明寺(9)などにその例を見出すことができる。

先にあげた祈禱文言は一般に類型的なもので、日常的な祈禱のほか、たとえば蒙古襲来や南北朝内乱などの異常事態に際して、朝廷や幕府から「異国降伏」「天下静謐」などの祈禱がしばしば命ぜられ、また寺社側もこれに積極的に応じていることを見ても明らかなように、祈禱は権力と宗教との関係の重要な媒介項をなすものであった。

したがって中世社会において、祈禱は我々が想像する以上に、重大な現実的意味をもちえたと考えられ、武家の場合にも、戦勝・安産・反逆調伏・病癒・攘災などさまざまの祈禱が行われており、関東祈禱寺は伊勢神宮・石清水八幡宮などの国家宗廟神や幕府による祭祀が催された鶴岡八幡宮などとともに、幕府にとっていわば精神的支柱をなすものであったと思われるのである。

2　手続

祈禱寺が政治的・社会的に有効な機能を発揮しうるためには、権力による認定をうけることが必須の要件であって、それは一般には寺院側からの申請をうけて行われた(10)。

関東祈禱寺の場合には、寺院側からの申請をうけたのち、幕府の意志を体現する鎌倉殿（将軍家）の仰せを奉ずる形で認定が行われた。

申請の理由は、たとえば永仁六年（一二九八）二月、西大寺僧侶らが「停二止御家人幷甲乙輩狼藉一」(11)を求め、また他の関東祈禱寺に対しても、多くそれが認められていることからもわかるように（後述）、直接には寺領に対する濫妨狼藉を停止し、安堵を求めることにあったと考えられる。

幕府草創期における状況については明らかでないが、『吾妻鏡』建暦二年（一二一二）八月二十二日条に見える次の記事は、関東祈禱所の早い時期における手続の過程をうかがわせるものである。

相模国片岡前取等社事、可レ為二将軍家御祈禱所一之由、今日被レ定レ之、図書允奉二行之一(12)

相模国前取社を「将軍家御祈禱所」に決定するに際して、図書允清原清定が奉行したものであるが、おそらくこの時、将軍家政所下文が出されたのではなかろうか。また『吾妻鏡』建保四年（一二一六）十二月二十五日条に、小笠原景清の申請をうけて、「為レ資二故大将家御菩提一」、甲斐国内にある寺（寺名不詳）を御願寺としたことが見えるが、先の前取社の場合と同様の事情を推測してよいかと思う。

その後の文書発給様式の変化にともない(13)、関東祈禱寺の認定も関東御教書（あるいは関東下知状）によって行われるようになる。

山城国三聖寺の三聖寺領文書惣目録(14)には、次のような文書が発給されたことが見えている。

一結　関東御教書幷六波羅施行

法光寺殿最勝園寺殿御書等已上三聖寺御祈禱所事

此外最勝園寺殿当御代幷別駕御状等当寺領等安堵事

二通　関東御教書幷六波羅施行十月十日　正和五　十二月廿日入二唐錦袋一、在二小目録一

可レ為二関東御祈禱所一由事

はじめの関東御教書は弘安六年（一二八三）二月二十日付のものと[15]思われ、それを六波羅探題が施行し、正和五年（一三一六）には再確認をうけたことを示している。

また関東においては、相模国円覚寺の場合が好例を提供している。

円覚寺事、為二
将軍家御祈禱所一、任二相模国司申請一、所レ被レ寄二進尾張国富田庄幷富吉加納・上総国畦蒜南庄内亀山郷一也
者、依レ仰下知如レ件、

弘安六年七月十六日　駿河守平朝臣業時（花押）

以二円覚禅寺一、申二成
将軍家（惟康親王）御祈禱所一候、仍御教書進レ之、食（金カ）輪已転、法輪常転、必及二竜葩之期一、感悦之至、不レ知レ所レ謝、委
細期二面拝一、恐惶謹言、

（弘安六年）七月十八日　時宗

円覚禅寺（無学祖元）方丈侍者[16]

つまり、円覚寺は北条時宗の申請によって将軍家祈禱所とされ、関東御教書が発給されたわけである。(17)

関東御教書の発給に先立ち、評定の場で最終的な決定が行われたことは、伊勢国大日寺の場合に、

勢州大日寺御願寺間事、為二矢野伊賀入道（倫綱）奉行一、令レ申候之処、去五日合評定、無二相違一被レ成二下御教書一候、(18)

とあることから明らかである。(19)

九州における関東祈禱寺指定の手続を最もよく示しているのが、肥前国高城寺である。その経過を略述すれば、高城寺長老順空は弘安十一年（一二八八）、当寺を関東祈禱寺とすべく、肥前守護北条時定に挙状の執筆を要請した。同年二月四日、時定は肥前国分寺地頭職を有し、また当寺の檀那でもあった国分季高にその可否を問い、それに対して翌日、季高は「故武□〔蔵カ〕前司入道殿并最明寺殿御追善」を理由にあげ、当寺を関東祈禱寺とすることは「尤可レ然候」旨を時定に申し送った。その後の経緯は明らかでないが、十二年後の正安二年（一三〇〇）にいたって次のような関東下知状が出され、高城寺は関東祈禱寺とされた。

僧順空申肥前国春日山高城護国寺事

右、任二申□一、可レ為二関東御祈禱所一之状、依二鎌倉殿仰一、下知如レ件、

正安□〔二〕年十一月廿五日

陸奥守平朝臣（北条宣時）（花押）

相模守平朝臣（北条貞時）（花押）(20)

このように関東祈禱寺は寺院側からの申請をうけたのち、当初はおそらく将軍家政所下文によって、のちには評定衆による審議・決定を経て、関東御教書（あるいは関東下知状）(21)によって認定されるという手続をとったの

であり、六波羅探題・鎮西探題の管轄に属する事項ではなかった。肥前国河上神社が関東祈禱所の認定をうけようとして、「即以二此子細一言二‐上于関東一、可レ被レ定二彼御祈禱所一哉」[22]と衆徒らが述べているのも、以上のことを裏づけるものである。

このことは先にあげた円覚寺のような、北条氏得宗の深い帰依をうけていた寺院についても例外ではなかったし、次の史料はそのことをさらに一層明確に示している。

一雖レ為二執事御方御下知一、依レ無二仰詞一、被二棄置一法事、奉行矢野兵庫允、越後国沼河郷内白山寺供僧与二地頭備前〔々脱カ〕司殿御代官一相論、当寺為二公方御祈禱所一之条、北条殿并右京大夫殿御下知炳焉之由、供僧等雖レ申レ之、依レ無二仰之詞一、不レ被レ准二公方御下知一、被レ棄二‐置供僧訴訟一畢、[23]

越後国沼河郷地頭代との相論に際して、白山寺供僧は、「北条殿并右京大夫殿御下知」によって「公方御祈禱所」であることは明らかである旨の抗弁を行ったのであるが、結局、「仰せの詞無きに依り」訴訟は棄却されてしまったのである。このことは鎌倉後期において、将軍の地位は表面上すでに形式的・名目的なものに過ぎなくなっていたとはいえ、関東祈禱寺として認定されるためには、制度としての将軍の命令が絶対不可欠の要素であったという原則が厳しく貫かれていたことを示している。[24]

ところで和泉国松尾寺、筑後国浄土寺、肥前国東妙寺・高城寺のように、同時に勅願寺でもある寺院もあったが、関東祈禱寺の認定にあたって、公武間に何らかの交渉のあったことを示す史料は見出し得ず、幕府の判断のみによって認定が行われたものと思われる。[25]

3　権　益

祈禱寺は寺院の側から見れば、認定されることによって付随して与えられる種々の特権に期待がかけられているのであって、関東祈禱寺の場合、その特権とはおよそ次のようなものであった。

(1)寺領安堵　武蔵国威光寺は「源家数代御祈禱所」として、院主僧が相承する僧坊・寺領が安堵され、(26) 紀伊国金剛三昧院は筑前国粥田荘の一円知行を認められている。(27)

(2)狼藉停止・殺生禁断　河内国薗光寺には文治元年（一一八五）に次のような北条時政禁制が下されている。

河内国薗光寺者、鎌倉殿御祈禱所也、於二寺幷田畑山林等一、甲乙人等不レ可レ有二乱入妨一之状如レ件、

文治元年十二月　日　　平（花押）（北条時政）(28)

この禁制は木札に書かれており、現在伝わる禁制の中では最古のものといわれている。(29) また『黄薇古簡集』には備前国八塔寺に下された六波羅制札が収められている。

八塔寺者清浄結界地也、且為二鎌倉殿御祈禱所一云、因レ茲自二三州堺外一、悪党之狩猟人等、件於二寺中一不レ可二乱入狼藉一之状如レ件、

承久三年八月　日　　武蔵守在判『北条泰時』(30)

正安元年（一二九九）に室生寺以下十三カ寺が関東祈禱寺に認定されたのは、寺領に対する狼藉の停止を要求する寺僧の申状によるものであったが、その結果、「向後於二斯寺縁辺一、有二狼籍（藉）一事□禁遏、莫レ令二更然一」(31) という狼藉停止を命ずる幕府の下知状が出されている。

また、河内国西琳寺には弘安六年（一二八三）六月、四至内の殺生と守護使入部を停止する旨の関東下知状が出されているし、(32) 備前国金山寺に対しては、寺領内における甲乙人の狩猟、樹木の伐採が禁じられた。(33)

こうした狼藉停止を命ずる下知状は、摂津国通法寺・和泉国松尾寺・甲斐国大善寺・但馬国進美寺・備前国金山寺・筑後国浄土寺・肥前国高城寺などにも出されており、関東祈禱寺に付与された権益のうち、最も一般的なものであった。

(3)所領寄進　前述したように、相模国円覚寺は弘安六年（一二八三）、北条時宗の申請により将軍家祈禱所とされた際、尾張国富田荘などの寄進をうけた。関東祈禱所に指定されることによって、直接幕府から所領の寄進をうけた例は、将軍の開創にかかる寺院や円覚寺・鶴岡八幡宮・伊豆国走湯山などの例を除けば稀で、所領寄進は関東祈禱寺の認定に必ず随伴するものではなかったと考えられる。[34]

また室町・戦国期のように、祈禱に際して祈禱料が寄進されたという例も見出せないから、[35]関東祈禱寺の場合、寺院経済の新たな発展にとって、幕府の果たした役割は一般にはほとんど取るに足らないものであったと思われる。[36]

(4)造営助成　摂津国多田院の造営にあたって、幕府は朝廷とともに積極的な援助を与えたし、[37]甲斐国大善寺に対しても、国内の地頭・御家人らに修造を助成させている。[38]また弘安年中（一二七八〜八八）に創建された肥前国東妙寺では、その後も引続いて堂宇の造営が行われていたようで、延慶三年（一三一〇）五月、造営のための材木を積んだ船一艘の航行について、「九州津々浦々関泊、無レ煩可二勘過一」との鎮西探題の過所が発給されている。[39]

(5)その他

判

肥前国水上寺事、有二其沙汰一之処、為二　関東御祈禱所一、依レ帯二御下知一、被レ准二御家人一畢、当寺訴訟事、

被ㇾ存㆓知此分㆒、可ㇾ被ㇾ致㆓沙汰㆒候、仍執達如ㇾ件、

永仁五年十月廿六日　　宗綱在判
　　　　　　　　　　（安東）景貞同

平岡右衛門尉殿[40]

これは肥前国水上寺の訴訟を御家人に准じて沙汰せしめようとしたもので、おそらく訴訟に際して有利な措置が講じられたのであろう。寺院を御家人に准ずることは相模国寿福寺の場合にも見られた[41]。また幕府が西海道関渡沙汰人に対して、紀伊国金剛三昧院領筑前国粥田荘からの年貢輸送について、便宜を図るように命じているのも[42]、寺院にとっては権益の一つであった。

ところで、このような権益は関東祈禱所にのみ与えられたものではなく、幕府の寺社対策の基本とも言いうるほどに広く付与されたものであった。とすれば、関東祈禱寺に特有の権益とは一体何であろうか。それはおそらく、幕府権力から認定されたことによって、社会的に当然生まれるところの「権威」に求められよう。この「権威」は寺院の社会的地位を維持・強化するには決して万能のものではないが、寺院・寺領に対してほかからの侵害がひき起された場合に、寺僧らによってしばしば表明され、侵害者が地頭・御家人である場合には特に強調され、また訴訟の際に関東祈禱寺であることが明記されていることを見ても明らかなように（備前国金山寺・筑後国浄土寺など）、政治的・社会的に一定の有効性をもちえたわけである。

鎌倉後期に関東祈禱寺が急増する要因の一つは、悪党らによる寺領に対する濫妨・押領などが頻発し、寺院経済に大きな痛手を与えつつあった社会的状況に対する、寺院側の政治的対応に求められるのである。

一般に、宗教が自らの社会的な権威を高める方策として多くのものがあげられようが、勅願所・祈禱所といっ

た政治の権威によってその地位が高められる方法は、諸他の方法が多く理念的なものであるのに対し、より現実的な有効性が期待されうるものであり、その意味で政治の権威と宗教のそれとの間の親近性を端的に示したものといえる。

加賀国長楽寺が関東祈禱所であると詐称し(43)、また室町時代になって、摂津国勝尾寺が「自二右大将御時一代々御祈禱所(44)」といい、下野国宗光寺が「源朝臣頼朝大将之御願所(45)」と称しているのも、由緒・権威の確かさの因由を源頼朝に求めたもので、自称関東祈禱寺はかなりの数にのぼったのではないかと思われるのである(46)。

二　関東祈禱寺の分布

現在までに幕府側の史料によって確認しえた関東祈禱寺を国別に示せば、次のごとくである(47)。

国名	寺院名	宗派	所在地
山城	三聖寺	臨済宗	京都市東山区本町（廃寺）(48)
	泉涌寺	真言宗	京都市東山区泉涌寺山内町(49)
	観音寺	真言宗	京都市東山区泉涌寺山内町？(50)
	東林寺	真言宗	京都市東山区泉涌寺東林町（廃寺）(51)
	浄住寺	律宗	京都市右京区山田開キ町(52)
	光台寺	律宗	京都市右京区嵯峨町（廃寺）(53)
	桂宮寺	律宗	京都市右京区太秦蜂岡町(54)

山城	速成就院	律宗	京都市下京区富小路五条下ル(55)
	大乗院	律宗	京都府綴喜郡八幡町八幡庄(廃寺)(56)
大和	西大寺	律宗	奈良市西大寺町(57)
	大安寺	律宗	奈良市大安寺町(58)
	唐招提寺	律宗	奈良市五条町(59)
	法華寺	律宗	奈良市法華寺町(60)
	海龍王寺	律宗	奈良市法華寺町(61)
	喜光寺	律宗	奈良市菅原町(62)
	不退寺	律宗	奈良市法蓮町(63)
	般若寺	律宗	奈良市般若寺町(64)
	長持寺	真言宗	奈良市大平尾町(廃寺)(65)
	龍寺	真言宗	奈良市大和田町？(66)
	三学院	律宗	奈良県橿原市戒外町(67)
	大窪寺	真言宗	奈良県橿原市大久保(廃寺)(68)
	久米寺	真言宗	奈良県橿原市久米町(69)
	額安寺	律宗	奈良県大和郡山市額田部寺方町(70)
	大御輪寺	律宗	奈良県桜井市三輪(廃寺)(71)

大和	神願寺	律宗	奈良県北葛城郡当麻町（廃寺）(72)
	最福寺	律宗	奈良県北葛城郡当麻町（廃寺）(73)
	豊浦寺	律宗	奈良県高市郡明日香村豊浦(74)
	菩提寺	律宗	奈良県高市郡明日香村橘(75)
	弘福寺	真言宗	奈良県高市郡明日香村川原(76)
	定林寺	真言宗	奈良県高市郡明日香村立部(77)
	竹林寺	律宗	奈良県生駒郡有里(78)
	惣持寺	律宗	奈良県生駒郡斑鳩町神南（廃寺）(79)
	室生寺	真言宗	奈良県宇陀郡室生村室生(80)
	大瀧寺	真言宗	奈良県吉野郡川上村大滝(81)
摂津	薬師院	律宗	大阪市天王寺区（廃寺）(82)
	舎那院	律宗	(83)
	三ケ院	律宗	(84)
	多田院	律宗	兵庫県川西市多田院（廃寺）(85)
	満願寺	真言宗	兵庫県川西市満願寺(86)
河内	薗光寺	真言宗	大阪府八尾市神立（廃寺）(87)
	泉福寺	律宗	大阪府八尾市大竹(88)

河内	教興寺	律宗	大阪府八尾市教興寺(89)
	道明寺	律宗	大阪府藤井寺市美陵町(90)
	西琳寺	律宗	大阪府羽曳野市古市(91)
	通法寺	真言宗	大阪府羽曳野市通法寺（廃寺）(92)
	真福寺	律宗	大阪府南河内郡美原町真福寺（廃寺）(93)
和泉	松尾寺	天台宗	大阪府和泉市松尾寺町(94)
相模	勝長寿院		鎌倉市雪ノ下（廃寺）(95)
	永福寺		鎌倉市二階堂（廃寺）(96)
	大慈寺		鎌倉市十二所（廃寺）(97)
	明王院	真言宗	鎌倉市十二所(98)
	寿福寺	臨済宗	鎌倉市扇ヶ谷(99)
	円覚寺	臨済宗	鎌倉市山ノ内(100)
	光明寺？		(101)
甲斐	大善寺	真言宗	山梨県東山梨郡勝沼町勝沼(102)
	寺名不詳		(103)
武蔵	威光寺	真言宗	東京都豊島区南池袋(104)

武蔵	求明寺	真言宗	横浜市南区弘明寺町(105)
	長尾寺	天台宗	神奈川県川崎市多摩区長尾(106)
伊勢	弘正寺	律宗	三重県伊勢市楠部(廃寺)(107)
	大日寺	律宗	三重県四日市市寺方町(108)
但馬	進美寺	天台宗	兵庫県城崎郡日高町赤崎(109)
備前	金山寺	天台宗	岡山市牧石金山寺(110)
	八塔寺	天台宗	岡山県和気郡吉永町加賀美(111)
紀伊	妙楽寺	律宗	和歌山県橋本市東家(112)
	利生護国院	律宗	和歌山県橋本市隅田町下兵庫(113)
	金剛三昧院	真言宗	和歌山県伊都郡高野町高野山(114)
	金剛寺	律宗	(115)
筑後	浄土寺	律宗	福岡県大川市酒見(廃寺)(116)
肥前	高城寺	臨済宗	佐賀県佐賀郡大和町久池井(117)
	水上寺	臨済宗	佐賀県佐賀郡大和町川上(118)
	東妙寺	律宗	佐賀県神崎郡三田川町田手(119)

肥前	妙法寺	律宗	佐賀県神崎郡三田川町田手(120)
大隅	台明寺	天台宗	鹿児島県姶良郡隼人町山ノ路(廃寺)(121)

むすび

以上論じたことを要約すれば、次のごとくになろう。

(1) 関東祈禱寺は鎌倉将軍家の安泰と繁栄とを祈ることに最も重要な機能があり、伊勢神宮・石清水八幡宮などの国家宗廟神とともに、幕府の精神的支柱ともいうべきものであった。

(2) 関東祈禱寺認定の手続は寺院側からの申請をうけて、当初はおそらく将軍家政所下文により、のちには関東御教書(または関東下知状)によって認定されるという方式であった。

(3) 祈禱寺に認定されることによって生ずる権益は、寺領安堵・狼藉停止・殺生禁断・所領寄進・造営助成などであるが、何よりも重要なのは、幕府権力から認定されたことによって生まれる社会的権威であった。

(4) 幕府側の史料によってこれまでに確認しえたところでは、関東祈禱寺は一五カ国七四カ寺にのぼり、そのうち、国別では大和国が最も多くて全体の三分の一を占め、宗派では律宗・真言宗が最も多い。

本章の要点はほぼ以上のようにまとめられる。関東祈禱寺の大半は鎌倉後期に属するものであるが、その展開過程と歴史的背景については、章を改めて論ずることにしたい。

(1) 正伝寺文書元亨三年九月八日後宇多上皇院宣(『鎌倉遺文』二八五一〇号)。

(2) 鰐淵寺文書元徳三年正月十四日後醍醐天皇綸旨（『鰐淵寺文書の研究』二九八頁）。
(3) 東妙寺文書元徳三年四月二十三日後醍醐天皇綸旨写（『佐賀県史料集成』五巻、四四号）。
(4) 金山寺文書貞応元年十月日備前金山寺住僧等解（『鎌倉遺文』三〇一一号）。
(5) 台明寺文書仁治二年九月十一日沙弥某書下（『鎌倉遺文』五九二七号）。
(6) 金沢文庫文書正安元年十月五日関東下知状案（『金沢文庫古文書』五二四三号）。
(7) 金山寺文書貞応元年十月日備前金山寺住僧等解（『鎌倉遺文』三〇一一号）。
(8) 進美寺文書建久五年五月十三日小野時宏奉書案（『鎌倉遺文』七二四号）。そのほか、大山喬平「但馬国進美寺文書」（『兵庫県の歴史』一三、5 ホ・ト、一九七五年）参照。
(9) 台明寺文書延慶四年六月二日鎮西御教書案（『薩藩旧記雑録前編』八、七五九号）。
(10) 寺院側の申請ということの意味は、直接寺院の申請によるもののほか、「私堂舎」を公家・武家の祈禱所として寄進し、認可をうける場合も含んでいる。これはたとえば「建二立精舎一、而寄進御願者承前之例也」（『醍醐寺新要録』建保六年三月日七条院藤原殖子庁牒、『鎌倉遺文』二三六〇号）、「以二私堂舎一為二御願所一者、古今之例也」（『門葉記』藤原良平施入状、『鎌倉遺文』五三五三号）とあるように広く行われたようであり、山城国妙音院が前太政大臣藤原師長の申請によって祈禱所とされたような例（『綸旨抄』建久三年七月八日）は多く指摘することができる。
(11) 西大寺文書永仁六年二月日大和西大寺弁末寺住侶等申状（『鎌倉遺文』一九六一六号）。
(12) 前取(記)社は相模国大住郡片岡村にあり、下賀茂社を勧請したもので、雷電社とも称した（『新編相模国風土記』）。
(13) 佐藤進一『古文書学入門』（法政大学出版局、一九七一年）一二八頁以下参照。
(14) 九州荘園総合研究会編『豊後国大野荘の研究』九五号。
(15) 東福寺文書（『東福寺誌』一五五頁）。
(16) 円覚寺文書（『鎌倉市史』史料編二、八・九号）。
(17) 従来、円覚寺は弘安六年七月十六日関東下知状によって関東祈禱寺にされたといわれてきた（『鎌倉市史』社寺編、玉村竹二・井上禅定『円覚寺史』)。しかし、この関東下知状は尾張国富田荘などを寄進することが主内容であり、同日付で関東祈禱寺に指定されたことを伝達する関東御教書（あるいは関東下知状）が発給されたものと考えられる（現存しないが）。その根拠は、正和四年（一三一五）の円覚寺文書目録（『鎌倉市史』史料編二、六〇号）に、

一通　可レ為二御願寺一由御下知　同(弘安六年)七月十六日
一通　富田・亀山御寄進将軍家御下文同日

と見え、また応安三年（一三七〇）の目録（同一六八号）にも、

二通　将軍家御下文被レ載二亀山郷一一紙内　同(弘安六年)年七月十六日

と見えるから、尾張国富田荘などを寄進する関東下知状とともに、祈禱寺に指定された旨を伝える文書があったはずである。

(18)　金沢文庫文書年月日欠金沢貞顕書状（『金沢文庫古文書』三九三号）。
(19)　このほか、肥前国東妙寺・妙法寺について、「鎮西両寺御願寺事、同今日有二沙汰一、被レ免候了」（金沢文庫文書年月日欠金沢貞顕書状〔『金沢文庫古文書』一四三号〕）とされているのも、同様の措置がとられたことを示すものであろう。「鎮西両寺」が肥前国東妙寺・妙法寺であることについては、注(120)参照。
(20)　以上、高城寺文書（『佐賀県史料集成』二巻、一五・一六・二一号）。
(21)　関東祈禱寺はこれまでにあげた諸種の例からみて、関東御教書をもって認定するのが一般的であったように思われるが、肥前国高城寺のように関東下知状で認定された例もある。このことは文書の機能にかかわる問題でもあり、なお後考に俟ちたい。
(22)　河上神社文書天福二年八月五日比丘尼清浄等寄進状（『鎌倉遺文』四六八五号）。
(23)　佐藤進一・池内義資編『中世法制史料集』一巻、参考資料九九。ここに見える「公方御祈禱所」は網野善彦氏の指摘するように（「『関東公方御教書』について」『信濃』二四―一、一九七二年。のち『悪党と海賊　日本中世の社会と政治』に収録〔法政大学出版局、一九九五年〕）、関東祈禱所のことと考えてよいだろう。
(24)　このような事実は、鎌倉幕府における将軍と得宗の制度的地位の差異となって現象する、両者の権力の淵源につ

いても重大な問題を提供しているように思われる。

(25) ここで室町将軍家祈禱寺と勅願寺について関説すれば、前者はおおむね御判御教書（執事〔管領〕の奉じた将軍家御教書によるものもあるが〔山城国廬山寺・三鈷寺など〕、一般的でない）によって指定されている。関東祈禱寺の場合、前述した肥前国高城寺の例のように、守護の挙状を帯することは不可欠の要件ではなかったように思われるが、室町将軍家祈禱寺の場合、応永二十九年（一四二二）に次のような規定が出されている。

一諸国寺庵望申御祈願寺御判事

且帯二門徒尊宿之吹挙一、且以二其所領主之注進一、可レ申二給之一、非二如レ然之類一者、一切可レ被二停止一矣、

（佐藤進一・池内義資編『中世法制史料集』二巻、追加法一七〇）

つまり、申請にあたっては、門徒尊宿の吹挙、領主の注進が必須の要件とされており、それをうけて御判御教書をもって認定するというのが一般的であったようである。

勅願寺の場合には認定主体によって発給文書が異なり、院の御願寺には院宣（山城国大徳寺、常陸国三会寺、紀伊国高野山灌頂院・歓喜寺など）、院庁下文（山城国禅林寺、近江国石山寺、河内国観心寺、大和国東大寺西南院・新禅院、播磨国浄土堂など）、天皇の場合には綸旨（相模国覚園寺、出雲国鰐淵寺、肥前国阿弥陀院・高城寺など）、太政官牒（和泉国久米田寺、近江国敏満寺、周防国阿弥陀寺など）、太政官符（山城国泉涌寺）によって認定をうけた。

(26)『吾妻鏡』治承四年十一月十五日、文治元年四月三日・同年九月五日条。

(27) 金剛三昧院文書年月日欠北条政子書状（『高野山文書』五巻、一号）。

(28) 玉祖神社文書文治元年十二月日北条時政禁制（『鎌倉遺文』三四号）。なお、『河内名所図会』はこの禁制を引用しているが、梶原景時のものとしている。

(29) 相田二郎『日本の古文書』下（岩波書店、一九五四年）三三一～三三三頁。

(30) 黄薇古簡集承久三年八月日六波羅制札案（『鎌倉遺文』二八二三号）。

(31) 金沢文庫文書正安元年十月五日関東下知状案（『鎌倉遺文』二〇二五〇号）。

(32)「西大勅諡興正菩薩行実年譜」弘安六年六月八日関東下知状写（奈良国立文化財研究所編『西大寺叡尊伝記集成』、

法蔵館、一九七七年)。
(33) 金山寺文書(『岡山県古文書集』二輯、九・二〇・二一号)。
(34) 南北朝期に利生塔が建立された寺院でも、たとえば若狭国神宮寺のように(神宮寺文書文和二年十月日若狭国神宮寺僧侶等言上状案〔『小浜市史』社寺文書編、二七八頁〕)、祈禱料所が寄進されなかったことも同様の例である。
(35) こうした例は、たとえば大内義隆が周防国阿弥陀寺に祈禱料二〇〇疋を寄進したように(『防長風土注進案』10、四五四頁)、守護クラスの祈禱寺の場合に多く見られるようであり、寺院をも完全に掌握しようとする守護大名・戦国大名の意図を反映していると考えられる。
(36) それゆえ、武家の祈禱寺が勅願寺よりも「精神的な優越面に於ては勅願寺に劣るとは云へ、経済的方面から云へば前者(勅願所――引用者)にまさるものがある」(笠原一男『真宗教団開展史』、畝傍書房、一九四二年、一二九頁)という見解は、少なくとも関東祈禱寺の場合には当を得たものではない。
(37) 和島芳男『叡尊・忍性』(吉川弘文館、一九五九年)一四二頁以下参照。
(38) 大善寺文書(『新編甲州古文書』一巻、六一三・六一八・六一九号)。
(39) 東妙寺文書(『佐賀県史料集成』五巻、一五・三八号)。
(40) 台明寺文書永仁五年十月二十六日得宗家奉行人連署奉書案(『鎌倉遺文』一九四九〇号)。宛所の平岡右衛門尉は鎮西探題北条実政の時、一番引付に属し、肥前守護代をも兼ねていた人物である(佐藤進一『鎌倉幕府訴訟制度の研究』〔畝傍書房、一九四三年〕三二九頁、佐藤進一『増訂鎌倉幕府守護制度の研究』〔東京大学出版会、一九七一年〕二二七頁、川添昭二「鎮西評定衆、同引付衆について」〔『歴史教育』一一―七、一九六三年〕)。肥前国は探題兼任国であり、ここに掲げた文書は書式から見て北条氏公文所奉書とみられるから、摂津国多田院の場合(入間田宣夫「北条氏と摂津国多田院・多田庄」〔『日本歴史』三二五、一九七五年〕)と同様の、北条氏管国における寺社政策を示した注目すべきものである。
(41) 佐藤進一・池内義資編『中世法制史料集』一巻、参考資料七八。
(42) 金剛三昧院文書(『高野山文書』五巻、一三八～一四一号)。
(43) 手向神社文書建久七年十月十九日遠江守重頼下文案(『鎌倉遺文』八六六号、『加能古文書』三七頁)。長楽寺は

『証如上人日記』天文六年十月三日条（『石山本願寺日記』上巻）に「加州河北郡五ケ庄内倶利迦羅長楽寺事、為二御祈願所一之所」と見えている。

(44) 勝尾寺文書応永八年七月日勝尾寺衆徒目安案（『箕面市史』史料編二、七九九号）。

(45) 宗光寺文書文明第三天八月二十一日法印慶禅覚書（『栃木県史』史料編・中世一、一号）。

(46) 室町将軍家祈禱寺の場合、寺領安堵（和泉国松尾寺、摂津国多田院、伊勢国宏徳寺、武蔵国光徳寺など）、狼藉停止（近江国名超寺、甲斐国万福寺、伊予国観念寺など）、寺領寄進（武蔵国金陸寺など）のほか、公事・守護役・段銭・棟別銭の免除（和泉国久米田寺、伊勢国円光寺、越後国大輪寺、出雲国長護寺など）が命ぜられており、このことは裏を返せば、寺院をとりまく社会的状況が鎌倉期に比して、いっそう厳しくなったことを示しているといえよう。

勅願寺の場合には、以上の権益のほか、山城国随心院・遍智院、近江国敏満寺、紀伊国孔雀明王院などに新たに阿闍梨・有職が置かれることがあった。これは「以二私建立道場一、寄二進御祈願所一、申二寄有職一之条、自門他門、先例傍例、不レ可二勝計一候」（醍醐寺文書（宝治元年）五月十六日僧憲信申状案、『鎌倉遺文』六八二九号）と述べられているように、広く行われていたようであり、また北条氏の氏寺伊豆国願成就院が定額寺に指定されたことによって、阿闍梨三口が置かれた（「承久三年四年日次記」）ことからも明らかなように、武家が認定主体となった祈禱寺には見られない、朝廷の専管事項であった。

(47) 山城国遍照心院・大徳寺、大和国東大寺、摂津国勝尾寺、河内国金剛寺、和泉国願泉寺、伊豆国伊豆山、伊勢国河田別所・石上寺、相模国極楽寺・称名寺、下野国宗光寺、常陸国長勝寺、陸奥国円福寺・中尊寺、近江国敏満寺・本覚院、能登国西光寺、加賀国長楽寺、丹後国西願寺、紀伊国国主寺・薬師寺、伊予国長隆寺、筑前国雷山千如寺、豊後国六郷満山、肥後国大慈寺は、寺院側の史料に関東祈禱寺であることが記され、あるいは「関東御祈禱」を行っているが、認定をうけたことが幕府側の史料によって確認しえないため、ひとまず除外した。このうち、山城国遍照心院・大徳寺、和泉国願泉寺、伊豆国伊豆山、相模国極楽寺・称名寺、陸奥国中尊寺、近江国敏満寺、筑前国雷山千如寺、豊後国六郷満山は、関東祈禱寺の可能性が高い。

なお、鎌倉の寺院については判断に迷うものが多いが、将軍・北条政子の建立にかかるもの、あるいは円覚寺のように関東祈禱寺であったことが明らかなもののみにとどめた。

このほか、摂津国萱野西庄、河内国高井田、武蔵国鎌倉御厨を将軍家祈禱所とする史料があるが、祈禱料所とみて、いずれも省いた。

(48)　三聖護国禅寺と称し、東福寺北門内門前にあり、もと天台宗であったが、のち禅宗に改め、以来東福寺に属した。円爾の弟子湛照を第一世とする。豊後国大野荘の領家であり、弘安六年（一二八三）二月二十日関東祈禱寺とされた。室町時代には足利氏の帰依をうけ、直義は当寺を祈願所とし、義詮は諸山に列した（『山城名勝志』『元亨釈書』『豊後国図田帳』『海蔵和尚紀年録』「東福寺文書」「三聖寺文書」「万寿寺文書」）。

(49)　斉衡二年（八五五）、山本左大臣緒嗣が建立したもので、初め法輪寺と号し、のち仙遊寺、さらに泉涌寺と改めた。建保六年（一二一八）中原信房が俊芿に施与して以後、禅・律・真言・浄土四宗兼学の地として栄え、貞応三年（一二二四）閏七月一日には俊芿の申請により、官符をもって御願寺とされた。仁治三年（一二四二）四条天皇の陵が設けられて以後、朝廷の崇敬厚く、元弘三年（一三三三）には後醍醐天皇綸旨により寺領の安堵をうけた。寛永十年（一六三三）の『北京東山泉涌寺本末帳』には、高六〇〇石余・一六の末寺のあったことが見えている（『雍州府志』『泉涌寺不可棄法師伝』『百錬抄』「泉涌寺文書」）。

(50)　金沢文庫文書正安元年十月日関東祈禱寺注文案に「観音寺生身観音出現霊場」と記されている。同じ名の寺は多いため、所在地を確定しえないが、泉涌寺の北にあった観音寺のことではないかと思われる。この観音寺は山本緒嗣の建立にかかり、等身の千手観音像が安置され、西国三十三所観音の一つであった。文明二年（一四七〇）六月泉涌寺とともに兵火にかかり、再建後、泉涌寺に属するようになった（『雍州府志』『山城名勝志』『京都坊目誌』）。

(51)　山城国戒光寺を開創した曇照が宋から帰朝後、大宰府に西林寺を、京都泉涌寺門前に戒光寺子院として東林寺を創め、弟子浄因をもって住持とした。泉涌寺末寺で尼僧が多く住んでいたが、寺運は早く衰え、現在は東林町の地名を遺すのみである（『律苑僧宝伝』『山城名勝志』）。

(52)　浄住寺は弘長元年（一二六一）、叡尊に帰依した葉室定嗣の庵室に寺号を与えたもので、叡尊はしばしばこの寺を訪れており、京都における叡尊の基地的役割を果たしている。文和二年（一三五三）の京都焼亡の際、当寺も炎上したが、まもなく復興された。元禄二年（一六八九）鉄牛が禅刹として以後、現在にいたるまで黄檗宗に属する

(『山城名勝志』『感身学正記』『太平記』)。

(53) 嵯峨清涼寺の南、洪恩院の北にあった尼寺で、「西大寺末寺帳」には名を見せないが、叡尊の筆になる「梵網経古迹記輔行文集」の刊行のために、「光台寺比丘尼真浄」なる者が廻施しているし、「西大寺西僧房僧造営同心合力奉加帳」に「光台寺嵯峨尼寺　三十貫文」と見えることから、西大寺末寺であったことは間違いない。室町末期には一条兼良の娘が住持となったが、応仁の乱の際焼失した(『山城名勝志』『桃花蕊葉』)。

(54) 山城国広隆寺内の桂宮院のことで、本尊は聖徳太子自作と伝える如意輪観音像である。『広隆寺縁起』によれば、太子が仮宮をもって楓野別宮と称し、のち寺としたものという。西大寺末寺であり、叡尊の弟子中観が修造を行った。建武三年(一三三六)、足利尊氏は元弘以来収公の寺領を安堵し、応永二十七年(一四二〇)足利義持は当院を祈願所とした。現在真言宗御室派(『山城名勝志』『律苑僧宝伝』「広隆寺文書」)。

(55) 知恩院中門西北浩玄院の後にあり、白毫寺とも呼ばれ、聖徳太子像を安置するために俗に太子堂とも称する。叡尊の弟子忍性を開基とし、叡尊は弘安七年(一二八四)二月二十七日、当院で金剛塔供養を行った。金沢氏や称名寺と深いつながりをもった。建武三年(一三三六)足利尊氏は当院を祈禱所として和田茂美らに警固させている。はじめ西大寺末寺であったが、のち泉涌寺に属した(『山城名勝志』『雍州府志』『感身学正記』「三浦文書」)。

(56) 寛治二年(一〇八八)に白河天皇の勅をうけて頼清が建立したものというが、石清水八幡宮の神宮寺であり、文永四年(一二六七)頃律院となった。叡尊を中興の祖とする。『感身学正記』には「八幡大乗院」と見え、八幡宮律院五カ寺の一つであった(『男山考古録』『円照上人行状』『雍州府志』)。

(57) 天平神護元年(七六五)称徳天皇の御願寺として開創され、南都七大寺の一つとして栄えた。承和十三年(八四六)・貞観二年(八六〇)の回禄後衰退したが、叡尊が再興し、その弟子信空は後宇多院の帰依をうけ、諸国の国分寺を西大寺枝院とするとの院宣をうけた。永仁六年(一二九四)四月、西大寺以下三四カ寺が関東祈禱寺とされた。公武の崇敬を集め、末寺も多かったが、鎌倉・室町期を通じて興福寺末寺としての地位を脱却することができなかった(『大日本国南京西大寺縁起』『南都西大寺来由記』『感身学正記』『律苑僧宝伝』『興福寺末寺帳』、和島芳男『叡尊・忍性』「西大寺文書」)。

(58) 聖徳太子建立の熊凝道場が前身と伝えられる。のち百済大寺、さらに天武二年(六七三)高市郡に移して大官大寺と改めた。和銅三年（七一〇）平城京への遷造に際して道慈に勾当させ、天平十七年（七四五）大安寺と改称した。『大安寺伽藍縁起幷流記資財帳』によれば、寺領二二六町余などを有し、藤原京四大寺の首位にあったが、のち荒廃した。現在古義真言宗（『続日本紀』『三代実録』『感身学正記』『和州旧跡幽考』、福山敏男『日本建築史研究』）。

(59)　天平宝字元年（七五七）、鑑真が聖武天皇の願により、新田部親王の旧宅を寺として唐招提寺と名づけた。覚盛をもって中興第一世とする。建長（一二四九～五六）から正嘉（一二五七～五九）の時期にかけて大修造が行われ、弘安七年（一二八四）九月十三日叡尊が場結界し、律法を再興した（『続日本紀』『日本後紀』『招提千歳伝記』『感身学正記』「礼堂釈迦如来像胎内文書」）。

(60)　天平十三年（七四一）、国分寺・国分尼寺建立の詔により総国分尼寺として建立された。『新抄格勅符抄』によれば、食封五五〇戸をもつなど一時は栄えたが、次第に衰退し、堪空の修造以後、叡尊が再興した。叡尊はしばしば当寺で授戒・開講を行っている。室町時代には再び衰退したが、慶長六年（一六〇一）豊臣秀頼が講堂を再興し、寛永十年（一六三三）の「西大寺末寺帳」には御朱印所として寺領二一〇石を有していたことが記されている（『和州旧跡幽考』『感身学正記』、福山敏男『日本建築史研究』）。

(61)　光明皇后の願により、玄昉が開創したものという。平城宮の東北隅にあるため、角寺・隅院とも呼ばれた。貞慶が修造を行ったこともあり、叡尊は暦仁元年（一二三八）に西大寺に遷住するまで、およそ二年間当寺に止住し、尼寺の法華寺に隣接していたため、法華寺で開講する際はこの寺に入った。慶長七年（一六〇二）、幕府から寺領一〇〇石の寄進をうけた（『改訂大和志料』『感身学正記』）。

(62)　菅原寺ともいい、和銅八年（七一五）に行基が建立し、天平勝宝元年（七四九）この寺の東南院で入滅した。古くから興福寺一乗院に属し、弘安（一二七八～八八）から応永（一三九四～一四二八）にいたるまで、一乗院前門主が数代にわたって当寺に退隠した。文亀年中（一五〇一～〇四）、兵火にかかって焼失したが、慶長年中（一五九六～一六一五）幕府が寺領三〇石を寄進して再興された。現在法相宗（『竹林寺略録』『清涼山歓喜光律寺略縁記』『改訂大和志料』）。

(63)　在原業平建立と伝え、在原寺ともいう。西大寺末寺の一つで、慶長七年（一六〇二）には幕府から寺領五〇石の寄進をうけた。早くから興福寺に属していたようであり、『大乗院寺社雑事記』文明十一年五月十三日条には「一条院家御祈願所」として不退寺の名が見えている（『和州旧跡幽考』『改訂大和志料』）。

(64) 添上郡奈良坂にあり、文永四年（一二六七）四月西大寺末寺となった。叡尊は弟子信空を止住させ、同六年三月には当寺の西南野を施場として無遮大会を行った。鎌倉末期の内乱の際、護良親王が一時潜んでいたことがある。しばしば火災にかかったが修造が行われ、寛永十年（一六三三）の「西大寺末寺帳」には御朱印所として寺領三〇石を有していたことが記されている（『感身学正記』『太平記』『改訂大和志料』）。

(65) 金沢文庫文書正安元年十月日関東祈禱寺注文案に「長住寺一代山麓役行者聖跡」と記されている。添上郡大柳生村大平尾（現奈良市大平尾町）にある一台山はもと一代山とも称したから、おそらくこの山の麓にあった寺であろうが、『和州旧跡幽考』『改訂大和志料』などにも見えず、早く衰滅に帰したものか（『大和国町村誌集』）。

(66) 添下郡富雄村大和田（現奈良市大和田町）の瀧寺廃址のことかと思われる。ただ、金沢文庫文書正安元年十月日関東祈禱寺注文案に「龍寺加留大臣建立伽藍医王善逝霊験勝地也」と見え、先の龍寺が加留大臣（高向玄理）の建立にかかるものであるか否かについては明らかでない。なお玄理が建立したと言われるのは軽寺で、福山敏男『奈良朝寺院の研究』（大八洲出版社、一九四八年、一七二頁）によれば、『遍照発揮性霊集』第二に見える「龍寺」は『続遍照発揮性霊集補闕鈔』第十に見える「賀龍寺」のことで、「賀龍寺」は「軽寺」のことという。しかし『日本古典文学大系 性霊集』の編者頭註（一九三頁）によれば「龍寺」は龍蓋寺、現在の岡寺のこととされており、福山氏の見解は検討を要するように思われる（『大和国町村誌集』）。

(67) 香久山の麓にあり、弘安四年（一二八一）四月、叡尊は「香子山三学院」に入って、大般若経開題供養を行った。現在同名の寺院を探すことはできないが、『和州旧跡幽考』（『続々群書類従』八輯）には、「天香久山興善寺の文珠〔殊、下同ジ〕院は本尊文珠大士也元来をしらず帝王編年曰香久山三学院と見えたり」と記され、興善寺のこととしている。興善寺は現在真言宗豊山派に属する（『感身学正記』）。

(68) 聖徳太子建立四六カ寺の一つと伝えられ、飛鳥時代中期の瓦が出土し、四天王寺式の伽藍配置をとっていたとみられる。朱鳥元年（六八六）には三十年を限って封一〇〇戸が与えられた。興福寺・天理図書館所蔵文書延久三年〔二カ〕九月二十日興福寺大和国雑役免坪付帳（『平安遺文』四六四〇号）によれば、高市郡雲飛荘に七段余を有しており、早くから興福寺に属していたようである（『日本書紀』、石田茂作『飛鳥時代寺院址の研究』）。

(69) 推古天皇の願により、聖徳太子の弟来目王子が建立したとも、久米仙人が建立し、多宝大塔は善無畏三蔵が来朝して造立したとも伝える。飛鳥から奈良時代にかけての古瓦が出土し、四天王寺式の伽藍が配置されていたとみられる。平安以降衰微したが、鎌倉期に復興事業が行われたといわれる。現在真言宗御室派（『古今目録抄』『和州旧跡幽考』『和州久米寺流記』、石田茂作『飛鳥時代寺院址の研究』）。

(70) 聖徳太子建立の熊凝精舎の旧地に僧道慈が額田氏の氏寺として建立したもので、額田寺ともいう。飛鳥から鎌倉時代にかけての古瓦が出土する。延応元年（一二三九）秋、忍性は「額安寺之西辺之宿」で文殊菩薩像開眼供養を行い、叡尊も寛元元年（一二四三）二月当寺で梵網経を講じた（『和州旧跡幽考』『改訂大和志料』、石田茂作『飛鳥時代寺院址の研究』『大和郡山市史』）。

(71) 三輪神社の神宮寺の一つで、現在の摂社若宮神社の地にあり、若宮社殿はもと大御輪寺の本堂であったといわれる。弘安八年（一二八五）十月、叡尊は当寺に赴いたが、『西大勅諡興正菩薩行実年譜』によれば、この時西大寺末寺となり、大御輪寺と改名されたという。寛永十年（一六三三）の「西大寺末寺帳」には寺領三五石をもっていたことが見えている。神仏分離により廃寺となった（『和州旧跡幽考』『感身学正記』『本朝高僧伝』、久保田収『中世神道の研究』『大神神社史料』）。

(72) 『帝王編年記』永仁六年四月十日条に「神願寺葛下郡二上山」と注記されている。草創については明らかでなく、『和州旧跡幽考』も「元来をしらず」と記している。「西大寺末寺帳」に名が見えるほか、「西大寺光明真言結縁過去帳」「授菩薩戒弟子交名」にも神願寺の僧の名があげられている。当麻町大字染野に神願寺谷という小字があり、おそらくこの地にあったものか。

(73) 西大寺末寺で、『感身学正記』によれば、弘安四年（一二八一）四月叡尊は平田最福寺に入って結界し、翌五年十月にも当寺に参じており、「授菩薩戒弟子交名」にも最福寺の僧の名が見えている。

(74) 向原寺・小墾田寺・建興寺などとも称し、蘇我稲目が向原の家を喜捨して寺にしたのが起源という。『元興寺伽藍縁起幷流記資財帳』に豊浦寺の草創のことが触れられている。また保阪潤治氏所蔵文書永久五年七月七日官宣旨（『平安遺文』一八七五号）に元興寺末寺として見える「豊良寺」は、おそらくこの豊浦寺のことであろうから、早くから元興寺に属していたと思われるが、叡尊が活躍した頃には西大寺末寺となったものであろう。現在向原寺と称し、浄土真宗本願寺派に属する（『日本書紀』『改訂大和志料』、福山敏男『日本建築史研究』、石田茂作『飛鳥時代寺院址の研究』）。

(75) 永仁六年（一二九八）四月、関東祈禱寺に指定された菩提寺は、永享八年（一四三六）の「西大寺坊々寄宿諸末寺帳」に二聖院分として見える「和州橘寺第廿一代御代菩提寺」のことで、橘寺は別名橘樹寺ともいうから、正安元年（一二九九）十月、関東祈禱寺に指定された橘樹寺もこの菩提寺のことであろう。聖徳太子造立七カ寺の一つに数えられ、飛鳥から奈良時代にかけての古瓦が出土する。『聖徳太子伝私記』によれば、はじめ法隆寺末寺であったが、のち興福寺大乗院に属した。嘉元元年（一三〇三）には紀伊国歓喜寺が当寺に寄進され、寛正（一四六〇～六六）以後は室生寺長老が当寺の住持職を執務することになった。永正年中（一五〇四～二一）兵火にかかって焼失し、寛文（一六六一～七三）頃にはわずかに講堂一宇と太子像一軀を存するのみであったが、のち再興された（『上宮聖徳法皇帝説』『聖徳太子伝暦』『大乗院寺社雑事記』『南都七大寺巡礼記』『改訂大和志料』「歓喜寺文書」、石田茂作『飛鳥時代寺院址の研究』、福山敏男『日本建築史研究』）。

(76) 川原寺ともいい、橘寺のすぐ北にあり、藤原京四大寺の一つであった。『弘福寺田畠流記帳』によれば、山城国・大和国・河内国などに田一五八町余をもち、天武天皇の時代に特に崇敬をうけたようである。法起寺式と推定される伽藍配置をもち、飛鳥・白鳳時代の古瓦が出土する。平城京遷都に際してこの寺は移されず、次第に衰運に傾いた。東寺末寺であったようであり、享保（一七一六～三六）頃には大悲堂一宇を残すのみというありさまであった（『日本書紀』『南都七大寺巡礼記』『興福寺諸堂縁起』『日本輿地通志』）。

(77) 立部寺ともいい、聖徳太子造立七カ寺の一つと言われる。飛鳥時代に創建されたもののようで、法隆寺式伽藍配置をとる。法隆寺末寺であった。鎌倉期の瓦が多く出土することから、この時期に修築が行われたと思われる。現在浄土宗（『聖徳太子伝暦』『聖徳太子伝私記』、石田茂作『飛鳥時代寺院址の研究』）。

(78) 平群郡生駒山の麓にあり、行基練行の地といい、その東陵に墓廟がある。『法相二巻抄』を著わした良遍の遁世したところであり、忍性は十九歳の時から六カ年にわたって毎月参詣したという。『大乗院寺社雑事記』康正三年四月二十日条に、「大乗院家末寺自然ノ所用ヲ仰付寺」として「井コマノミメウ竹林寺」があげられている（『竹林寺略録』

『忍性菩薩行状略頌』『招提千歳伝記』）。

(79)　平群郡神南備山にあり、聖徳太子像があって、蘆墉宮の額がかけてあったという。西大寺末寺で、寛文十二年（一六七二）には当寺の持聖院真証が『補真抄』を著わしている。早く衰退したもののようで、近世後期には三十六坊の名を残すのみとなったという（『和州旧跡幽考』『日本輿地通志』、久保田収『中世神道の研究』）。

(80)　俗に女人高野と称する。天武天皇の願により役小角が開創し、空海が再興、弟子の堅慧に付属したという所伝がある。古くから龍穴社の祈雨祈禱で知られ、忍空を中興の祖とする。元禄年中（一六八八〜一七〇四）、興福寺との本末関係を解いて江戸護国寺に属するようになった。現在真言宗室生寺派本山（『祈雨日記』『感身学正記』『改訂大和志料』、福山敏男『日本建築史の研究』）。

(81)　金沢文庫文書正安元年十月日関東祈禱寺注文案に「大瀧寺弘法大師草創聞持成就霊場」と記されている。大瀧寺は安房国那賀郡にもあるが、先の大瀧寺はおそらく『三代実録』元慶四年十二月四日条に見える、清和天皇が山城国・大和国・摂津国の諸寺を歴覧した際に立寄った大和国の大瀧寺のことであろう。『大和名所図会』『改訂大和志料』は吉野郡川上村大字大瀧にある龍泉寺のこととしている。龍泉寺は現在浄土宗。

(82)　所在地未詳。『帝王編年記』に「薬師院摂津国西生郡」と注記され、『感身学正記』には天王寺薬師院と見えている。寛永十年（一六三三）の「西大寺末寺帳」によれば、永仁二年（一二九四）から元和元年（一六一五）まで当院の住持は代々西大寺から居え置かれていた。天王寺薬師院は金沢文庫文書・額安寺文書にも見えており、四天王寺近辺にあったものであろう。

(83)　所在地未詳。叡尊が弘安四年（一二八一）八月に訪れて曼荼羅供略定を行い、四七人に菩薩戒を授けた毘盧舎那院のことであろう。『帝王編年記』に当院は摂津国西生郡にあったことが記されている。「西大寺末寺帳」には見えないが、永仁六年（一二九八）四月、関東祈禱寺に指定された西大寺以下三四カ寺のうちの尼寺の一つであったから、西大寺に属していたものと思われる（『感身学正記』）。

(84)　永仁六年四月、関東祈禱寺に指定された西大寺以下三四カ寺のうちの尼寺の一つで、「西大寺蔵本」『帝王編年記』には「三箇院」と記されている。「西大寺西僧房造営同心合力奉加帳」に「三箇院号二敬聖院一尼寺」とあるように、敬聖院とも呼ばれており、叡尊は弘安四年（一二八一）八月二十三日朝、敬聖院に参じ、夕方毘盧舎那院に赴いているから、両院は至近の距離にあったものと思われる。「西大寺末寺帳」には見えないが、先の「奉加帳」などからみて西大寺末寺であったことは疑いない。『帝王編年記』に「三箇院摂津国西生郡」とあるが、所在地を確定することができない。

(85) 天禄元年(九七〇)源満仲が創建。源氏の菩提所として鎌倉・室町・江戸幕府の崇敬をうけた。建治元年(一二七五)十月には忍性が多田院別当職・本堂勧進職に任ぜられ、公武の援助を得て修造にあたった。弘安四年(一二八一)三月には、叡尊を供養導師として本堂完成を祝う曼荼羅供が行われた。創建以来天台寺院であったと思われるが、忍性による中興以後、天台・律兼帯の寺院となった。戦国時代には兵火にかかって次第に衰微したが、寛文五年(一六六五)御朱印の寺社として寺領五〇〇石の寄進をうけて修復が行われた。明治維新の神仏分離の際、多田神社と改称した(『感身学正記』『御家人由来伝記』『摂陽奇観』『川西市史』)。

(86) 多田荘内にあり、神亀年中(七二四〜二九)に勝道法師が開基し、源満仲が深く帰依したという。鎌倉時代には源氏ゆかりの寺として崇敬を集め、正中二年(一三二五)五月後醍醐天皇綸旨により勅願寺に准ぜられ、南北朝以後は将軍家祈禱寺となった。正長二年(一四二九)には京極氏の要請により、将軍家祈禱寺の御教書は一旦召し返されたが、寛正四年(一四六三)には改めて祈禱寺とされた。天文年中(一五三二〜五五)、織田信長により寺領は没収され、諸堂破壊におよんだ(『満願寺縁起』『摂陽群談』『満済准后日記』『川西市史』)。

(87) 式内社玉祖神社の神宮寺であり、文治元年(一一八五)十二月北条時政禁制により、「鎌倉殿御祈禱所」として安堵をうけた。当寺には竹之坊と向之坊とがあり、竹之坊は近世を通じて玉祖神社の別当をつとめたようであり、仁和寺末寺であった(『河内名所図会』「玉祖神社文書」)。

(88) 西大寺末寺で、建長四年(一二五二)七月、叡尊は当寺において五五人に菩薩戒を授けた。叡尊の高弟源秀(戒印)を開基とする。現在融通念仏宗(『感身学正記』『本朝高僧伝』『西大勅諡興正菩薩行実年譜』)。

(89) 寺伝によれば、秦河勝建立といい、秦寺とも称する。鎌倉期には荒廃し、文永六年(一二六九)叡尊の手によって修復が行われた。叡尊は当寺をしばしば訪れており、弘安三年(一二八〇)の教興寺鐘銘には叡尊が修理本願となったことが刻まれている。建武四年(一三三七)十二月、足利直義は和泉国木島荘地頭職を寄進し、暦応二年(一三三九)八月には利生塔建立のための仏舎利が奉納された。戦国期には兵火にかかったが、貞享年間(一六八

四～八八）浄厳が再興した（『感身学正記』『続応仁後記』『足利季世記』『八尾市史』「教興寺文書」「妙心寺文書」『大阪府史蹟名勝天然紀念物』三冊）。

(90)　土師寺ともいう。土師八島が自らの室を尼寺としたもので、菅原道真の叔母覚寿尼が入寺したと伝える。飛鳥時代の瓦が出土し、四天王寺式伽藍配置をもっていた。寛元四年（一二四六）十月、叡尊は当寺において、河内一国諸宿文殊供養を行った。寛永十年（一六三三）の「西大寺末寺帳」によれば、御朱印所として寺領一七四石を有していた。古来道明寺糒で知られる。現在真言宗御室派（『河州志紀郡土師村道明尼律寺記』『感身学正記』、石田茂作『飛鳥時代寺院址の研究』『大阪府史蹟名勝天然紀念物』一冊）。

(91)　古市寺・西林寺とも称し、欽明朝に文氏の建立したものという。「西大寺末寺帳」に名が見えるが、平安後期の承暦四年（一〇八〇）に当寺別当明昭が興福寺一乗院に寄進して以後、興福寺に属していたとみられ、『大乗院寺社雑事記』文明十一年五月十三日条に一乗院末寺として見えている。応永元年（一三九四）八月の田畠目録によれば、田畠一二三町余を有していた。現在古義真言宗（『西琳寺文永注記』『西琳寺流記』『感身学正記』「西琳寺文書」）。

(92)　壺井御堂とも称する。源頼義の創建にかかり、源家三代、頼信・頼義・義家の墓がある。平家興盛の頃中絶したが、源頼朝が帰依して復興したという。大和国長谷寺に属し、元禄十三年（一七〇〇）には多田義直が堂舎を再興し、幕府は寺領二〇〇石を寄進した（『河内名所図会』、魚澄惣五郎「摂津河内源氏の本貫としての多田院と通法寺」〔『古社寺の研究』〕）。

(93)　天平年中（七二九～四九）行基開創と伝えられ、式内社櫟本神社の宮寺ともなり、文永四年（一二六七）には西大寺末寺となった。明徳（一三九〇～九四）の頃兵火にかかって焼失、その後再興されたが、明治七年（一八七四）廃滅に帰し、同十三年に復興された（『感身学正記』『大阪府史蹟名勝天然紀念物』一冊）。

(94)　役小角開創の後、泰澄が建立したと伝え、承和六年（八三九）勅によって定額寺となり、当寺の僧をもって和泉国惣講師職とした。延暦寺末寺で、南北朝期の延元元年（一三三六）には後醍醐天皇綸旨により勅願寺とされ、南朝祈禱寺としてしばしば祈禱命を受けたが、北朝からも祈禱命を受けており、応永十六年（一四〇九）・永享元年（一四二九）にはそれぞれ足利義持・義教によって祈禱寺とされた。近世に入って貞享二年（一六八五）には、幕府から屋敷分一七石余が安堵されている（『泉州志』『日本輿地通志』「松尾寺文書」）。

(95) 南御堂・大御堂とも称し、源頼朝が父義朝の廟所として建立したものである。文治元年（一一八五）十月、園城寺の公顕を導師として供養が行われた。しばしば火災にあっているが、天文（一五三二～五五）頃までは存在したといわれる。鎌倉には諸宗兼学の寺が多いが、以下の三カ寺もその一つである（『吾妻鏡』『義経記』『曽我物語』『太平記』『鎌倉市史』社寺編）。

(96) 文治五年（一一八九）十二月、源頼朝が平泉の大長寿院を模して開創したもので、二階堂とも称し、俗に山堂・光堂とも呼ばれた。建暦元年（一二一一）十月には栄西を導師として宋本一切経供養が行われた。『東関紀行』に「二階堂は殊にすぐれたる寺なり」と見えている（『吾妻鏡』『新編鎌倉志』『梅松論』『鎌倉市史』社寺編）。

(97) 大倉の新御堂とも称し、建暦二年（一二一二）四月、「為レ被レ報二君恩・父徳一」に源実朝が創建したもので、建保四年（一二一六）七月には栄西を導師として供養が行われた。現在は廃寺であるが、江戸時代末期までは丈六堂が残っていたという（『吾妻鏡』『新編鎌倉志』、貫達人『鎌倉の廃寺』）。

(98) 寛喜三年（一二三一）十月、将軍家御願寺建立のために点地が行われたが、方角に憚ありとして延引され、文暦二年（一二三五）六月にいたって落慶した。開基藤原頼経、初代の別当は鶴岡別当定豪であった。五大堂、俗には大行寺とも呼び、仁和寺末寺であった。室町以降次第に衰え、寛永年中（一六二四～四四）には火災にかかって、わずか不動尊一体を残すのみになったという（『吾妻鏡』『新編鎌倉志』「明王院文書」『鎌倉市史』社寺編）。

(99) 亀谷山寿福金剛禅寺と称する。岡崎義実が源義朝の旧跡に寺を建てていたものを、正治二年（一二〇〇）に北条政子が栄西に寄進して新たに建立したものである。草創当時は規模が完備しておらず、弘安（一二七八～八八）頃にようやく禅刹としての体裁が整えられたという。鎌倉五山の第三位に列せられており、『鎌倉五山記』によれば、塔頭は一五を数えた。天正十九年（一五九一）、徳川家康は当寺に五貫文余の地を寄進している（『新編鎌倉志』、太田博太郎『中世の建築』『鎌倉市史』社寺編）。

(100) 臨済宗円覚寺派本山で、弘安五年（一二八二）の創建にかかり、開基檀越は北条時宗、無学祖元を開山とする。翌六年には将軍家祈禱所となり、尾張国富田荘などが寄進された。延慶元年（一三〇八）には建長寺とともに定額寺となっている。武家の厚い保護を受け、暦応四年（一三四一）には鎌倉五山の第二位に列せられた。延宝二年

（一六七四）の「鎌倉円覚寺末寺帳」によれば、御朱印高一四四貫文余のほか、多数の塔頭・末寺をもっていた（玉村竹二・井上禅定『円覚寺史』『鎌倉市史』社寺編）。

(101) 『鎌倉年代記裏書』正和二年十二月二十五日条に、「光明寺為二御願寺一」とみえるが、ほかに関連史料を見出せない。国名表記がないところから、おそらく鎌倉であろうと考えられる。とすれば、現在鎌倉市材木座門前にある浄土宗大本山光明寺のことかと思われるが、光明寺はもと蓮華寺と称し、改称の時期については問題があって、正中二年（一三二五）にはいまだ光明寺の名は見えないという。あるいは北条長時の開基にかかり、元弘三年（一三三三）に成良親王祈願所となった浄光明寺のことか（『新編鎌倉志』『鎌倉市史』社寺編）。

(102) 柏尾山大善寺と称し、養老二年（七一八）行基の開創と伝え、聖武天皇勅願寺であった。天禄二年（九七一）にはこの地方の豪族三枝氏が薬師院を建立して保護を加えた。源頼朝はこの寺を祈禱寺とし、寛喜元年（一二二九）・弘長二年（一二六二）・弘安二年（一二七九）には関東下知状により再確認をうけている。室町・戦国期には武田氏の帰依をうけ、寛永十年（一六三三）の『関東真言宗新義本末寺帳』によれば、寺領三二石余をもち、真言宗新義檀林七カ寺の一つであった（『甲斐国志』『甲斐国社寺・寺記』「大善寺文書」）。

(103) 『吾妻鏡』建保四年十二月二十五日条に、小笠原景清が「為レ資二故大将家御菩提一」、甲斐国の領所にあった堂舎に修造を加えて御願寺にせんことを申請して許されているが、寺名はわからない。北巨摩郡福性院は小笠原氏と最も関係が深いと言われており（『甲斐国社寺・寺記』二巻）、あるいはこれか。

(104) 弘仁元年（八一〇）草創。源氏祈禱所として、治承四年（一一八〇）・文治五年（一一八九）・承元二年（一二〇八）には寺領安堵をうけた。のちに法明寺と改号。もと真言宗（天台宗ともいう）であったが、正嘉年中（一二五七～五九）日蓮宗に改宗した。応永十二年（一四〇五）の銘をもつ日蓮木像があったが焼失した。天正六年（一五七八）、傍の村にあった鬼子母神を移したといい、同年の銘をもつ棟札には「守護鬼子母神」の文言が見えることから、この頃には、すでに鬼子母神信仰で知られていたと思われ、以後雑司ヶ谷鬼子母神として民間の信仰を集めた（『吾妻鏡』『新編武蔵風土記稿』『江戸名所記』、稲村坦元編『武蔵史料銘記集』）。

(105) 長尾寺とともに源家累代の祈願所であった。当寺域は空海が開いた土地と伝え、蓮華院とも称し、もと本寺はなかったが、のち武蔵国久良岐郡宝生寺（高野山末）の末寺となった。戦国期には後北条氏が所領を寄進して修造を行い、慶安二年（一六四九）には寺領五石の朱印状が与えられた。本尊の十一面観音は行基作と伝え、坂東三十三所のうち第十四番の札所であった。現在弘明寺（『吾妻鏡』『新編武蔵風土記稿』「弘明寺文書」）。

(106) 源家累代の祈願所とされ、治承四年（一一八〇）には求明寺とともに長栄に安堵されている。『新編武蔵風土記稿』は橘樹郡長尾村にある妙覚寺をこの長尾寺に比定している。同書によれば、妙覚寺は長尾山勝寿院と称し、武蔵国深大寺の末寺であるが、開山・開基は不詳という（『吾妻鏡』）。

(107) 興正寺とも称し、覚伝を開基とし、叡尊が再興した。『西大勅謚興正菩薩行実年譜』によれば、弘安三年（一二八〇）三月、叡尊が神勅を奉じて内外両宮の本地院として建立したものという。文明年中（一四六九～八七）兵火にかかって灰燼に帰し、わずかに本尊の大日如来像と興正菩薩像を仮の庵室に安置するばかりに衰えたと言われる（『勢陽五鈴遺響』）。

(108) 金沢貞顕の周旋により関東祈禱寺となったもので、伊勢国にあった。現在大日寺と称する寺はもと伊勢国の領域には五カ寺を数えるが、この大日寺は称名寺・西大寺と密接な関係をもっていたことが金沢文庫文書によって明らかであるから、おそらく明徳二年（一三九一）の「西大寺末寺帳」に見える「大《□角》日寺」のことであろう。「□角」は「高角」のことと思われ、現在は四日市市高角町となっているが、高角はもと隣接する寺方と一邑をなしており、大日寺の山号も高角山と称し、現在は寺方町に属する。寺伝によれば、天平年中（七二九～四九）行基の開創にかかり、もと天台宗であった。鎌倉末期には西大寺末寺となったものであろう。戦国期には兵火にかかり、衰退した（『勢陽五鈴遺響』）。

(109) 但馬国府に近く位置し、延暦寺根本中堂末寺であり、鳥羽院の御願寺であった。鎌倉初期から関東祈禱寺とされており、幕府・延暦寺政所・天台座主青蓮院三条宮により、濫妨停止が命じられた。また弘安二年（一二七九）には亀山上皇院宣をもって、寺の修造のための勧進を但馬国内で行うべきことが達せられている（「進美寺文書」）。

(110) 正式には銘金山観音寺と称し、俗に金山寺と言う。天平勝宝元年（七四九）、孝謙天皇の勅を奉じて報恩大師が建立したと伝え、備前国内四八カ寺の本寺であったという。平安時代には在庁官人による寺領収公の動きに対して、しばしば安堵の国判を請い、認められている。室町時代にも将軍家祈禱寺とされ、文禄四年（一五九五）の備前国四拾八箇寺書立によれば、寺領一五〇石を有していた（『金山観音寺縁起』『備陽国誌』『和気絹』「金山寺文書」）。

(111)　天平神護年中（七六五～六七）道鏡の創建とも、聖武天皇勅願寺にして、神亀元年（七二四）道鏡の開創ともいう。承久三年（一二二一）・暦応三年（一三四〇）には鎌倉・室町両幕府により、寺領内における狼藉停止の制札が出された。金山寺末寺で、源頼朝の建立にかかる十三重の塔があったと伝えられる。寛永六年（一六二九）の八塔寺寺領割付状によれば、三六石余の寺領があった（『備陽国誌』『和気絹』『黄薇古簡集』『吉備温故』「八塔寺文書」）。

(112)　相賀荘内にあり、丹生山薬師院と称する。弘仁十一年（八二〇）嵯峨天皇の勅願寺として建立されたもので、寛正四年（一四六三）に焼失したものを文明五年（一四七三）に再建したが、織田信長の高野攻めの際、火災にあったという。空海の姪如一尼が止住して以後尼寺となったと伝え、「西大寺末寺帳」に名を見せている（『紀伊続風土記』）。

(113)　覚王山利生院と称し、「西大寺末寺帳」や『南狩遺文』には利生護国寺と記されている。行基が勅をうけて畿内に開いた四九院のうちの一つといい、古くは兵庫寺と呼んだ。隅田荘内にあり、貞和五年（一三四九）・天授二年（一三七六）には南朝の後村上天皇・長慶天皇綸旨により寺領安堵をうけた。現在は護国寺と称する（『紀伊続風土記』「護国寺文書」）。

(114)　高野山小田原の枝谷、浄土院谷の最も奥にあり、禅定院の後身である。北条政子が源実朝の菩提を弔うために建立したもので、武士が出家して入ることが多く、中でも北条時頼の外祖父安達景盛（覚智）の力によるところは大きかった。幕府による寺領の寄進・安堵のほか、貞和二年（一三四六）には足利直義が釈迦三尊像を寄進している。また当院内の灌頂院は嘉元二年（一三〇四）伏見上皇院宣により勅願寺となった（『紀伊続風土記』「金剛三昧院文書」、五来重『増補高野聖』）。

(115)　所在地未詳。永仁六年（一二九八）四月、関東祈禱寺に指定された西大寺以下三四カ寺の一つで、護国寺文書には「金剛《紀伊国》寺」と記されている。明徳二年（一三九一）の「西大寺末寺帳」には紀伊国と備後国に金剛寺が見えるが、備後国のそれは普通今高野と称されるものであるから、護国寺文書の肩書は正しいものと思われる。『紀伊続風土記』によると、紀伊国内には十を越す金剛寺があり、いずれとも決しがたいが、ただ同書の利生護国寺の説明に、「永仁六年関東祈禱寺を三十四箇と定めらる本国にては当寺及ひ金剛寺妙楽寺寺脇村と三箇寺なり」（『紀伊続風土記』

の記載は「護国寺文書」によっていると考えられる）とあって、金剛寺には所在地が記されていないことから、同書の編纂された近世末期にはすでに廃寺となって、所在地が不明になっていた可能性もある。

(116) 伏見天皇・後醍醐天皇勅願寺でもあった。もと泉涌寺末寺であったが、享徳二年（一四五三）、西大寺二八代長老元澄の時に西大寺末寺となった。暦応三年（一三四〇）十二月には利生塔が造立され、翌年正月には足利直義が舎利二粒を寄進している。天正七年（一五七九）蒲池氏滅亡の頃破却され、廃滅に帰した（『太宰管内志』『福岡県三潴郡誌』「浄土寺文書」）。

(117) 春日山高城護国禅寺と称し、文永七年（一二七〇）に建立され、円爾の門弟順空を開山とする。順空の申請により、正安二年（一三〇〇）関東祈禱寺に認定され、その後寺領の安堵をうけた。元弘三年（一三三三）には勅願寺とされ、諸山に列せられた（『太宰管内志』『歴代鎮西要略』「高城寺文書」）。

(118) 台明寺文書永仁五年十月二十六日景貞・宗綱連署奉書に見えるもので、おそらく水上山万寿寺のことであろう。万寿寺ははじめ真言宗であったが、仁治元年（一二四〇）に円爾の弟子神子栄尊が住持となって以後、臨済宗東福寺派に属するようになった。東福寺文書弘安三年六月一日円爾東福寺規式によれば、当寺の長老職は東福寺の沙汰として栄尊の門弟をもって補任することになっていた。肥前国一宮河上神社の近くにあり、南北朝期には両者の間に相論がおこっている。現在臨済宗南禅寺派（『神子禅師行実』『神子禅師栄尊大和尚年譜』『延宝伝燈録』『歴代鎮西要略』「河上神社文書」）。

(119) 弘安年中（一二七八～八八）、叡尊の門弟唯円の創建にかかる。肥前国神崎荘内にあり、草創の当初から西大寺末寺で、元徳三年（一三三一）には後醍醐天皇勅願寺とされ、暦応二年（一三三九）には利生塔が造立された。貞和六年（一三五〇）・応永九年（一四〇二）にはそれぞれ足利直義・義満によって祈願寺に指定されたが、応永（一三九四～一四二八）以後は衰微したようである（『本堂造立助縁録肥州東明寺誌』『太宰管内志』『和漢三才図会』「東妙寺文書」）。

(120) 金沢文庫文書年月日欠金沢貞顕書状（『金沢文庫古文書』一四三号。詳しい考証は省略するが、内容からみて元応元・二年頃のものと思われる）に「鎮西両寺御願寺事、同今日有二沙汰一被レ免候了」とみえる「鎮西両寺」とは、鎌倉極楽寺の順忍書状（同一五一三号）に「肥前国神崎庄内、東妙々(法)両寺御願寺事、申二入奏事一候之処、無二相違一候」とある東妙寺・妙法寺のことであろう。妙法寺は西大寺末の尼寺で、東妙寺文書永仁六年七月十四日官宣旨に「妙法寺者建立以後即令レ止二住尼衆一、歴二四十余廻之星霜一畢」とあるから、建長（一二四九～五六）・康元（一二五六～五七）頃に創建されたものであろう。東妙寺に近接し、寛永十年（一六三三）の「西大寺末寺帳」には東妙寺末寺と記されている。

(121)　寺僧らの解状によれば、天智天皇（神武天皇ともいう）以来と称する青葉の笛竹の貢御所であった。延暦寺末寺で、大隅国衙の近くに位置しており、在庁官人らの帰依をうけたようである。元弘三年（一三三三）八月には後醍醐天皇綸旨により、寺領の安堵をうけている（『三国名勝図会』「台明寺文書」）。

第三章　関東祈禱寺の展開と歴史的背景

はじめに

関東祈禱寺とは、鎌倉将軍家の安泰と繁栄とを祈ることに最も重要な機能があり、祈禱という宗教行為を通じて、幕府と密接な関連をもち、幕府にとって精神的支柱ともいうべきものであった。

その権益・分布などについては前章においてやや詳細に論じたが、その分布はこれまでに確認しえたところでは一五カ国七四カ寺にのぼる。それらの歴史的展開は政治過程・社会的背景などを考慮にいれた場合、大ざっぱに言って、三つの時期に区分することが可能である。すなわち、第一期――幕府草創期から承久の乱以前、第二期――承久の乱から蒙古襲来以前、第三期――蒙古襲来以後幕府滅亡まで、の三時期がそれである。

この区分は鎌倉期政治史に関する現在の通説に従うものであるばかりでなく、祈禱寺の展開過程を独自に検討して得られた結果とも合致している。以下、それぞれの時期の特色について論じてみたい。

一　第一期――幕府草創期から承久の乱以前

鎌倉幕府の宗教政策の基調は、源頼朝によって定礎が築かれたといってよい。諸寺社のうち、国家宗廟神たる伊勢神宮に対する頼朝の崇敬はなみなみならぬものがあり、文治二年（一一八六）三月、神宮領の地頭らに乃貢神役の精勤を命じているが、それは「御信仰異レ他故」（『吾妻鏡』文治二年三月十日条、以下『鏡』と略記する）であった。その後も所領の寄進、奉幣などが行われており、祠官後胤の大中臣頼隆（『鏡』治承四年七月二十三日条）、外宮権禰宜光親（『鏡』寿永三年正月三日条）はいずれも頼朝の祈禱師であって、幕府のための祈禱も神宮においてしばしば行われている。

また、熱田社・諏訪社・鹿島社・三島社・走湯山・箱根権現・住吉社などに対しても類似の措置がとられたほか、寺院に対する造営・修造の援助、所領の寄進などの例は枚挙にいとまがないほどである。(1)そのうち、園城寺との関係はとりわけ深いものがあった。

園城寺は頼義以来、源氏の氏寺としての性格をもっており、(2)元暦元年（一一八四）頼朝は近江国横山荘・若狭国玉置荘を寄進し（『寺門伝記補録』第二十）、さらに建長三年（一二五一）には、畿内の所領の乃貢を料足として北院坊舎などの造営が幕府の援助によって行われている（『鏡』建長三年閏九月一日条）。また園城寺僧日胤は頼朝の祈禱師であったし（『鏡』治承五年五月八日条）、新たに造営された鎌倉の勝長寿院・永福寺の落慶供養にあたっては、本覚院僧正公顕が迎えられた（『鏡』文治元年十月二十四日条、建久三年十一月二十五日条）。承元三年（一二〇九）十月に頼朝月忌の導師として迎えられた明王院僧正公胤は、将軍実朝との面談の中で、頼義以来源氏が園城寺に帰依した経緯をつぶさに語ったという（『鏡』承元三年十月十五日条）。

鶴岡八幡宮寺の供僧を中心にして日常的に行われた祈禱は、その実質において、園城寺系台密の影響を深くうけていたと考えられ、(3)この点の解明は幕府と宗教との関係を論ずる場合に重要な示唆を与えるものと思われる。

関東諸国のうち、武蔵国は地理的・政治的な拠点として、相模国とともに、北条氏一族(のち得宗)の支配下に入っていくが、(4)武蔵国内の寺社に対する政策が幕府草創期に集中的にあらわれている事実は注目に値する。頼朝は鎌倉に入ったひと月後の治承四年(一一八〇)十一月、武蔵国内の寺社に対する狼藉を停止させるため、土肥実平を遣わした(『鏡』治承四年十一月十四日条)のをはじめ、威光寺・長尾寺・求明寺に安堵を与え(『鏡』治承四年十一月十五日条、同年十一月十九日条、治承五年正月二十三日条、元暦二年四月十三日条、文治元年九月五日条)、蓮生寺に対しては土地を寄進した(『鏡』養和二年四月二十日条)。また藤原泰衡追討祈禱のために慈光山に愛染王像を送り(『鏡』文治五年六月二十九日条)、追討後供米を送っている(『鏡』文治五年十月二十二日条)。

武蔵国と源氏との関係は、古く清和源氏の祖経基が承平年間(九三一~三八)に武蔵介として下向したことに始まる。武蔵国は文治二年(一一八六)に関東御分国の一つとして頼朝に与えられており、それだけに幕府の支配が強くおよんだと考えられる。幕府による寺社支配の一つのサンプルともみなしうるほどである。

この時期に属する関東祈禱寺は、摂津国満願寺、河内国薗光寺・通法寺、和泉国松尾寺、甲斐国大善寺、武蔵国威光寺・長尾寺・求明寺、相模国永福寺・大慈寺・勝長寿院、但馬国進美寺で、これらの多くは、満願寺が源満仲の帰依をうけたというような源氏と深い関わりをもつか、あるいは永福寺以下相模国の三カ寺のように将軍によって創建されたものであった。そのため、将軍家の繁栄と長久とを祈るという意味では、関東祈禱寺の最も本来的な性格をもっていた。

幕府の成立にともなって、従来の一寺院と源氏という私的な関係は、国家権力の一機構としての幕府首長の祈禱所という、公的・制度的な性格を帯びることになった。その際、これまでの関係の密接さゆえに、たとえば頼朝が和泉国松尾寺に送った書状の中で、「まつのをのみやまてら八、わか御きたうところなり」(5)と述べたような、あるいは但馬国進美寺のように、祈禱巻数請取(6)によって旧来からの関係を再確認するという作業によって、十分に関東祈禱寺としての機能が保障されえたと思われる。そしてこれが前章において指摘した、幕府草創期における関東祈禱寺の認定手続が明らかでない理由と考えられる。

幕府が成立した段階で、公的・制度的な性格をもつことになった関東祈禱寺の機能は、それ以前の私的な関係と比較した場合、いかなる変化をうけたのであろうか。言うまでもなく、関東祈禱寺は将軍家――武家の繁栄・長久を祈ることを最も基本的な任務としているが、それのみでは完結しえなかったことに注意しておきたい。多くの事例は将軍家――武家の繁栄・長久とともに、朝廷――公家のそれもあわせて祈願されたことを示している。もちろん、公武の祈禱は幕府成立以前にもあったことであろうが、重要なことは、幕府成立以後における祈禱が国家権力の一機構としての幕府の繁栄を祈ることを通じて、公家のそれをも祈願するという立場から行われたことで、それらは明らかに内容的・質的な変化をみせていると考えなければならない。

文治三年(一一八七)四月、頼朝は後白河法皇の病気平癒を祈願するために、伊豆・相模両国に大般若経転読を命じ(『鏡』文治三年四月二日条)、翌年三月には「朝家御祈禱」のために神社領を寄進した(『鏡』文治四年三月十七日条)。また同年十月、後白河院に提出した請文の中で、頼朝は備前国福岡荘を崇徳天皇国忌料所に充てたことを報じ(『鏡』文治四年十月四日条)、後白河院が没するひと月前の建久三年(一一九二)二月には、院の病癒祈禱のために剣・神馬を石清水八幡宮に寄進した(『鏡』建久三年二月四日条)。

公家政権に対する頼朝の姿勢が一面妥協的なものであったことはよく知られており、それを頼朝の貴種性に根ざす主観的・個人的性向や政治的妥協とみることは一応理由のないことではない。しかし、より本質的には、それを支え、あるいは制約している諸権力間の相互関係から理解されるべきものと考える。そのためには、公武両者の階級的基盤を明らかにした上で、両者の関係の推移を具体的に追求し、幕府の地位と役割とを確定する作業が行われなければならないが、いまそれらを全面的に論ずるだけの用意がないため、一、二の事実を指摘するにとどめたい。

去四日弓勝負事、負方衆献㆓所課物㆒、仍営中及㆓御酒宴乱舞㆒、公私催㆓逸興㆒、以㆓其次㆒、武芸為㆑事、令㆑警㆓衛朝庭㆒給者、可㆑為㆓関東長久基㆒之由、相州(北条義時)・大官令(大江広元)等被㆑尽㆓諷詞㆒云々、[7]

ここで諷諫の対象となったのは直接には将軍実朝であろうが、武芸をもって朝廷を警衛・保全することがそのまま幕府の長久につながるという北条義時・大江広元の発想と論理は、将軍権力の淵源が天皇——朝廷にあるという、動かしがたい本質的な限界を認識した上で、朝廷と幕府との関係のあるべき姿を表明したものであり、それが執権と政所別当という幕府中枢部の発言であるだけにより重要である。

このことは、鎌倉幕府が「権門体制」下における一権門にほかならなかったという黒田俊雄氏の見解とも関わるもので、先の論理と発想は単に意識の問題として片づけられるべき事がらではなく、むしろ諸権力相互の現実の政治的諸関係を前提にして、幕府が一権門としての地位を克服しえないという政治的状況が権力者の意識に反映し、表出されたものと考えるべきである。

そしてまた逆に、この意識が鎌倉期の政治過程の諸段階において、公武両権門における緩衝的役割——幕府の側から見れば、それは制動的役割にほかならない——を果たすものとして、有効に機能したものと考えられる。公武両権門のうちの、主として武を制約する事例については、国政的次元に関わる問題は宣旨によって諸権門に伝えられ、幕府は武力をもつ権門という立場からその施行にあたったことを、[8]ひとまずその一例としてあげておこう。

さきに指摘した幕府当局者の意識は、『御成敗式目』そのほかにも多く見出すことができるが、北条時頼の創建にかかる建長寺の供養に際しては、次のような形で表明されている。

此作善旨趣、上祈二　皇帝万歳、将軍家及重臣千秋、天下太平一、下訪二三台上将、二位家幷御一門過去数輩没後一御云々、[9]

この供養の導師は渡来僧蘭渓道隆がつとめており、この場合の「皇帝万歳」はのちにも述べるように、直接には蘭渓の影響をうけているとみられているが、「皇帝万歳」が「将軍家及重臣」＝幕府の繁栄の前提をなしていることに注意しておきたい。このことは蒙古襲来に際して、北条時宗が捧げた願文に、「専ら祈る、弟子時宗、永く帝祚を扶け、久しく宗乗を護り」[10]とあるのと基調を同じくするものである。

このような意識は、幕府中枢部に単にあるべき理想としてのみ存在したのではなく、鎌倉期の国家において、新興権門としての幕府のおかれた客観的立場に規定されたものであり、それはそのまま、結局独自の国家として発展しえなかった幕府の政治的限界を示すものでもあった。

二　第二期――承久の乱から蒙古襲来以前

関東祈禱寺としては、相模国明王院、備前国金山寺・八塔寺、紀伊国金剛三昧院、大隅国台明寺がこの時期に属する。承久の乱後の政治状況は公武関係における幕府の相対的優位と、それを基礎とした相対的安定となって現象するが、この変化は祈禱そのものにも、特に内容と対象について、さまざまな影響をおよぼした。

前に述べたように、幕府の側から朝廷——公家の繁栄を祈ることは、すでに第一期から行われていたのであるが、第二期以後においては、公家とともに武家の繁栄をも祈ることが、寺社権門の有力な構成要素である大寺院の側から行われるようになり、それがこの時期の大きな特色をなす。

貞応元年（一二二二）九月、天台座主慈円は実朝の死後鎌倉に迎えられた摂家将軍三寅（九条頼経）のために、康楽寺において金輪法を修した。[11] それにこたえて、翌年四月、幕府は三寅の祈禱料所として備中国大井荘を慈円におくった。[12] それに先立つ貞応元年十二月の願文の中で、慈円は次のように述べている。

今将軍若君者、則前摂政殿下賢息、外祖者前太政大臣也、宗廟之神、已被レ奉レ委二附天下之政道一、於レ此将軍御宿運之可レ推、機感之至尤貴重哉、末代之治国、道理之至極也、仍武家息災安穏、転レ禍為レ福者、王法之本意、利生之素懐也、次此大成就院勤行者、一向為二将軍御祈一、欲レ興二行件等顕密甚深法一也、（中略）将軍御祈者、惣以武士等祈禱也、[13]

これ以前の段階において、寺社の側から幕府のための祈禱を行うことは全くなかったわけではなく（関東祈禱寺は除く）、南都衆徒が祈禱巻数を送った例（『鏡』文治三年十月九日条）などがあったのであるが、慈円による祈禱はそれらとは歴史的意義を異にするものである。宗廟の神によって天下の政道を委附された将軍頼経の登場は、「末代之治国、道理之至極」であり、「武家息災安穏」をはかることによって、禍を転じて福となすことが「王法之本意」であるという慈円の思想は、具体的には同年九月の頼経のための祈禱となってあらわれている。武士の世の出現に末法の到来を感じ、八幡大菩薩の神意による摂家将軍の登場に、

サレバ、摂籙家ト武士家トヲヒトツニナシテ、文武兼行シテ世ヲマモリ、君ヲウシロミマイラスベキニナリヌルカトミユルナリ、[14]

と、王法再興のための光明を見出した慈円にとって、先の将軍のための祈禱は彼の信念の宗教的実践であったと言ってよい。こうした意識――実践は慈円の個人的な感懐や信念の表出とのみ考えられるべきではなく、むしろこの段階で、公・武・寺社を含む鎌倉期の国家機構における武の地位の発展の過程を基礎としてとらえられなければならないと思う。

幕府のための祈禱はその後もしばしば行われ、嘉禄元年（一二二五）六月には僧正良快が北条政子の病癒祈禱を行い(15)、安貞二年（一二二八）五月には豊後国六郷満山の僧が頼経の安穏を祈禱している(16)。また醍醐寺は寛喜三年（一二三一）二月、幕府のために千手供を修したし(17)、貞永二年（一二三三）四月には東大寺が大般若経転読の巻数を幕府に進め(18)、白山では「公家武家御祈願所」として、「天長地久、国土泰平」が祈られていた(19)。

こうした傾向はさらに在地にも拡散し、薩摩国平礼石寺では「朝家本家大将軍弁守護所御方御祈禱(20)」が行われ、小野景信なる人物は「聖朝・国吏・将軍家安穏大〔太〕平」のために、狩野を土佐国長徳寺に寄進した(21)。また、弘安五年（一二八二）、多々良氏女は周防国興隆寺に「皇朝あんおん、武家たいへい」を祈り(22)、同八年、沙弥恵達らは「公家武家安穏泰平御祈禱」のため、筑前国瑠璃光寺薬師如来に田地を寄進した(23)。大和国平野殿荘は雑掌の申状によれば、「朝家将軍家長日不退之御祈禱所」であったように(24)、在地においても公武の祈禱を行うことが見られるようになるのである。

幕府の寺社政策を行政機構の面からとらえた場合、幕府所在地鎌倉における寺社掌握は早い時期から画策・推進されている。建久五年（一一九四）五月、幕府は中原季時に寺社の訴訟をつかさどらしめ（『鏡』建久五年五月四日条）、同年十二月には鶴岡八幡宮・勝長寿院・永福寺・阿弥陀堂・薬師堂にそれぞれ置かれていた奉行人の数を加増した（『鏡』建久五年十二月二日条）。そして建仁三年（一二〇三）十一月には、これらに法華堂が加えられ、奉行人の異動が行われた（『鏡』建仁三年十一月十五日条）。

元久元年（一二〇四）八月、鎌倉中の寺社領などのことにつき沙汰が行われ、あわせて中原仲業が永福寺公文職に補任されたが（『鏡』元久元年八月三日条）、その職務の内容は寺中沙汰を奉行し、寺領年貢進未を明らかにすることであり、先の鶴岡八幡宮などに置かれていた奉行人も同じような職務を帯びていたと考えられ、強力な権限をもっていたと思われる。

仁治三年（一二四二）、幕府は鎌倉中の僧徒従類の帯刀を禁じ、鎌倉中の諸堂別当職について、「徳闌功績之人」を撰補すべきことを命じた（追加法二〇〇～二〇三）。また宝治二年（一二四八）十二月には、関東御分寺社について、別当・神主・供僧職を兼帯することを禁じ（『鏡』宝治二年十二月二十五日条）、弘長元年（一二六一）二月、関東御分寺社の仏神事を興行すべく、「諸社神事勤行事」以下を命じた（『鏡』弘長元年二月二十六日条）。鎌倉からさらに関東御分国にまで寺社掌握が拡大しつつあったわけである。(25)

弘長元年三月、鎌倉中御願寺に「校二量寺用之分限一、可レ分二付下地一」（追加法四八〇）ことが命ぜられ、弘安七年（一二八四）には伊豆山・宇都宮など十社の修理・祈禱・訴訟・寄進所領などは五方引付において申沙汰が行われることとなり（追加法五四六）、それにならって鎌倉中の諸堂の修理・寄進所領も引付において申沙汰が行われることとされた（追加法五七〇）。寺社の訴訟については、五方引付をして沙汰せしむべきことが正応三年（一二九〇）にも命じられている（追加法六二九）。

鎌倉中の僧徒の官位については、すでに『御成敗式目』四十条において、幕府の免許をうけることが必須の要件とされており、その後も引続き同様の追加法が出された（追加法一〇九・六一二）。

このように鎌倉における寺社掌握は小稿の区分からすれば、第一期ないし第二期において実質上完了しているとみられるが、このことは政治都市であると同時に、宗教都市としての様相をも帯びた鎌倉の重要性を示すものであり、山門・朝廷の要請をうけて幕府からしばしば発せられた専修念仏禁止令の罰則が、徹底した禁圧を企図したものでなく、鎌倉中の追放であった（追加法七五・三八六）ことも、先の寺社掌握と本質において同様の意図からうまれたものと言ってよいと思われる。

この時期における仏教伝播上の大きな特色は、俊芿・道元・蘭渓道隆・円爾・忍性・叡尊らの関東下向であり、ある人が道元に勧めて「仏法興隆ノタメニ、関東ニ下向スヘシ」（『正法眼蔵随聞記』巻之二）と語ったと言われるように、仏法興隆の場としての鎌倉の存在がにわかに注目され、周知のように、禅律を中心とする仏教諸宗派の関東における布教が華々しい展開をみせるわけである。これらについては次の時期にかかる問題でもあるので、節を改めて論ずることにしよう。

三　第三期――蒙古襲来以後幕府滅亡まで

蒙古襲来を契機とする政治危機の進行のなかで関東祈禱寺は急増し、数からみればこの時期が最も多くを数えているが、その大半は西大寺以下三四カ寺と室生寺以下一三カ寺の二つのグループで、これらが関東祈禱寺全体の六割以上を占めている。そのほかこの時期に属するのは、山城国三聖寺、相模国円覚寺、伊勢国大日寺、肥前国東妙寺・妙法寺・高城寺であり、この時期だけで全体の約三分の二に達する。(26)

西大寺以下三四カ寺が関東祈禱寺として認定された永仁六年（一二九八）四月前後の事情は、およそ次のようなものであった。

永仁六年二月、西大寺僧侶らは「令レ停二止御家人幷甲乙輩狼藉一」ことを求めて、申状を提出した。(27)その際祈禱巻数とともに副進された「諸寺注文」はおそらく三四カ寺の注文であったと思われる。この申状をうけて四月十日、幕府は三四カ寺を祈禱寺に認定する旨の関東御教書を発した。[28] この認定にあたって極楽寺長老忍性が大きな貢献をなしたことは、すでに指摘されている通りであり、[29]『道明尼律寺記』にも、「忍性律師の公にこふによりて」と記されている。[30]

五月十一日、忍性は河内国西琳寺長老に宛てて、祈禱寺に認定された旨の書状を送り、あわせて関東御教書案文と寺号注文とを進めた。[31]『道明尼律寺記』に「忍性律師そのむねをしるして当寺におくる」とあることと、先の忍性書状とをあわせ考えれば、三四カ寺すべてに対して同様の措置がとられたものと思われる。そして八月十日、守護代・地頭御家人らの濫妨を禁断する旨の関東下知状が出され、[32] 九月九日、六波羅探題がそれを施行した。

すでに指摘されているように、西大寺流律宗は北条氏得宗・一門勢力に密着して発展し、その過程は鎌倉後期における北条氏の瀬戸内海～九州での海陸交通拠点の掌握と重なりあっている。[33] 西大寺流律宗の発展・衰退過程は、具体的には末寺の分析を徹底的に進めることから始められなければならないが、[34] 交通拠点と西大寺流律宗との関係は瀬戸内海～九州以外の地（たとえば北陸など）にもおよんでいる可能性が高い。

また大和国は興福寺領大住荘と石清水八幡宮領薪荘との相論に際して、一時守護が置かれたほかは、[35] 興福寺が支配権を握る守護不設置国であり、叡尊の活動によって当時隆盛期にあった興福寺末寺西大寺の関東祈禱寺認定は、守護不設置国大和（関東祈禱寺全体の三分の一を占める）に対する幕府の政策と密接な関連をもつと考えられる。[36] この点の解明は西大寺のみならず、得宗専制、仏教諸宗派の競合関係、公武関係などの研究にも資するところ大なるものがあると考えられ、稿を改めて論ずることにしたいと思う。

これに対して、室生寺以下一三カ寺は心恵上人の申請をうけて、正安元年（一二九九）十月五日関東下知状が出され、十二月三日付の山城国桂宮院上人宛の書状（差出人不明）に「御下知幷注文」を同時に送ったことが見えるから、[37]先の西大寺の場合と同様に、一三カ寺すべてに送られたものであろう。申請者である心恵という僧については明らかではないが、弘安二年（一二七九）八月四日具支灌頂色衆請定事[38]に見える「大法師心恵《二蓋堂道照房》」と同一人物の可能性がある。この心恵は北条貞時の帰依をうけて覚園寺開山となった道照房智海のことで、[39]この場合もやはり、幕府要路と密接な関係をもっていた人物の周旋によって祈禱寺に認定されたと考えられる。またこの文書が金沢文庫に伝えられたのは、心恵ならびに室生寺以下一三カ寺が称名寺と深い関わりをもっていたからであろう。

この時期の著しい特徴と考えられることは、先に指摘した西大寺流律宗の興隆とともに臨済禅の発展である。西大寺末寺の摂津国多田院、相模国極楽寺・称名寺が北条氏一門の手あつい保護をうけ、また円覚寺が時頼以来、北条氏の帰依をうけたように、これらの発展はいずれも北条氏得宗とその一門に密着したことによって生み出された。

鎌倉における禅宗の本格的な受容は鎌倉中期、北条時頼に始まるが、南宋からの渡来僧が興禅の方便として儒仏合一論を説き、名分論の影響を強くうけていたこと[40]は十分強調しておかなければならない。それは先にも述べた建長寺開山蘭渓道隆に著しい「皇帝万歳」の思想[41]に典型的な形となってあらわれており、禅宗が鎌倉幕府と結びついた最も本質的な要因は、鎌倉禅のもつ権力志向的な性格に求められなければならない。[42]この傾向は京都禅の発展に主導的な役割を果たした東福寺開山円爾の場合にも強く見られる。弘安三年（一二八〇）六月に円爾が定めた東福寺規式八カ条のうち、はじめの二カ条は、

一公家・関東御祈禱、如二日来一不レ可レ有二退転一、

一本願御家門御祈禱、不レ可レ有二退転一[43]

と記されている。ここには公武の祈禱を前提として、そののち本願である九条家の祈禱が行われるという観念があらわれている。このことは論理的には、九条家という個別的な貴顕の繁栄は、まず君臣関係の重視を基本とし、公武の融和・繁栄を前提とすることによって生まれるという発想であり、その点において、蘭渓の場合とほとんど異なるところがないのである。[44]

ところで、この時期における関東祈禱寺の増加は禅宗の発展をぬきにして語ることはできないが、しかし、そのことは禅宗寺院が関東祈禱寺の主導的地位を獲得したことを意味するものではない。この時期に禅宗で関東祈禱寺となったのは、山城国三聖寺・相模国円覚寺・肥前国高城寺の三カ寺にすぎず、関東祈禱寺の大半は鎌倉期を通じて真言・律宗寺院によって占められており、この傾向はこの時期においてもいささかも変動することがなかった。

また覚園寺を開創した北条貞時が醍醐寺[45]と、金沢氏が称名寺と深い関係をもっていたことが示すように、北条氏の信仰も禅宗一色にぬりつぶされたわけではなく、禅の展開は関東祈禱寺に即して言えば、真言・律宗を基調とする祈禱寺の中での一つの新たな潮流——それもきわめて権力志向的性格の強い——として理解されるべきものである。[46]

承久の乱後の公武関係における幕府の相対的優位は、本来公家の専管に属する事項に対する幕府の介入、発言権の強化となってあらわれ、四条天皇没後の、後嵯峨天皇擁立にいたる過程における幕府の独断的態度（『平戸記』仁治三年正月十九日条など）、摂政近衛兼経が辞意を表明して幕府の意を問い、幕府が留任を勧告したこと（『岡屋関白記』宝治二年十二月二日条）などをその具体的な例と考えることができるが、僧事に対する幕府の介入も承久以後見られるようになる。

承久三年（一二二一）閏十月、弁法印定豪は幕府の挙申により熊野三山検校職に補任され（『鏡』承久三年閏十月一日条）、嘉禄二年（一二二六）賀茂正禰宜に補任された比々良木禰宜は関東の吹挙をうけていた（『明月記』嘉禄二年三月二十一日条）。建治二年（一二七六）、幕府は僧事に関して権僧正定清を僧正に挙申し（『勘仲記』建治二年九月十六日条）、弘安五年（一二八二）には天台座主に最源を補任すべきことを奏請した（『勘仲記』弘安五年三月二日条）。

また翌六年に春日神主に補された泰長の父泰通は以前幕府の訴えにより改易され、のち謝罪したため、武家の内々の執奏により還補された人物であった（『勘仲記』弘安六年十月二十六日条）。さらに叡尊の四天王寺別当就任に際して積極的に推したのは幕府であったし（『勘仲記』弘安七年九月二十八日条、『感身学正記』弘安七年九月二十七日条・同年十二月二十三日条）、正和三年（一三一四）には幕府の奏請によって、天台座主公什は所職を改められている（『花園天皇宸記』正和三年六月三日条）。

これらはいずれも幕府の僧事に対する介入の事例であるが、その中で注意しなければならないのは、寛元四年（一二四六）、熊野三山・新熊野検校職について、幕府の推薦した道慶ではなく、桜井宮が補任された事実（『葉黄記』寛元四年三月十五日条・同年十一月十五日条）が示すように、幕府の権限は推挙の域にとどまるもので、一定の限界内における権限の強化が見られたとはいえ、補任は最終的には朝廷によって決定されたのである。ここにも幕府の権門としての限界があらわれている。

鎌倉後期の幕府の政治過程は得宗専制の確立過程と言うことができるが、この時期に北条氏一門に対する祈禱文言が在地側からあらわれる事実は、このことと無関係ではない。将軍家に対する祈禱文言は幕府成立以後、すでに早い時期から見られ、たとえば、元久二年（一二〇五）、僧相印は氏寺である大隅国黒坂寺を禅興に譲るに際して、「且奉二為故大将殿後世菩提一、且奉二為鎌倉殿御祈禱一」と記した。[47] 承久元年（一二一九）、凡海是包らは丹後国西願寺に仏聖燈油・田畠を寄進したが、その寄進状には「所レ仰者鎮守権現之利生、所レ依之（者カ）聖朝将軍家公私惣願之祈願所」[48]という文言が見えるし、貞応元年（一二二二）七月の某寄進状によれば、「帝王国吏并鎌倉殿御祈禱」のために、在家・田畠が白山権現に寄進されている。[49]

また嘉禄二年（一二二六）、二階堂行西は「為二将軍家（実朝）御菩提并関東御祈一」に毎日供養法料所として橘荘を石清水行願院に寄進した。[50] そのほか、寛元二年（一二四四）、土佐国長徳寺に「可レ令レ勤二行聖朝国吏将軍家御祈禱一」を一つの名目として荒田が寄進されたという例もある。[51]

このように第一期・第二期には将軍家に対する祈禱文言が多かったのに対し、第三期になると、北条氏一門に対する祈禱文言が数多く見られるようになる。

大隅国台明寺では「将軍家并遠江守（北条朝時）殿御祈禱」[52]が行われており、藤原満資が弘長寺を建立した趣意は、弘長三年（一二六三）十二月の文書によれば、将軍家の繁昌祈願とともに北条重時・時頼の菩提をも弔うものであった。[53] また、肥前国御家人国分忠俊らは尊光寺に田畠等を寄進したが、それは先祖の報恩とともに、「奉レ為　公家関東御願円満一、別為レ訪二武蔵前司入道殿（北条泰時）最明寺殿（北条時頼）之御菩提一」であった。[54] 弘安十一年（一二八八）、沙弥某は肥前国高城寺に「奉レ為　法光寺殿（北条時宗）御菩提一」に荒野を寄進した。[55] また越前国宝慶寺は「故西（最）明寺入道殿御菩提兼為二円満四恩七世乃至子孫菩提一」に建立されたものであり、[56] 正安三年（一三〇一）、藤原定基は「最明寺殿御菩提」のために西方寺に敷地を寄進した。[57]

この時期にも、たとえば山河暁尊が元亨元年（一三二一）、「且為二関東御祈禱一、且為二先祖仏事報恩一」に称名寺に土地を寄進し、[58] 和泉国久米田寺経蔵が「為二関東御祈禱一」に造営され、得宗被官安東助泰が福泊地子六〇貫の寄進を行い、[59]「関東御祈禱」のために多田院に土地が寄進されたように、[60] 将軍家祈禱も行われていた。しかし、この時期の「関東御祈禱」の内実は得宗専制に照応したものに変容していたと思われ、こうしたところにも政治における得宗専制確立過程の影を見てとることができるのである。

将軍の死によって天下触穢が宣言されることは頼朝の場合などに見られたが、得宗の死の場合にもそれが見られるようになることは注目すべき事実である。たとえば、義時（『勘仲記』弘安七年四月九日条、『師守記』貞治六年五月四日条）・泰時（『百練抄』仁治三年六月十九日条）・時宗（『続史愚抄』弘安七年四月九日条）らの死に際して、三十日の天下触穢が宣言された。このほか、触穢の例ではないが、乾元元年（一三〇二）には貞時の子菊寿丸の死去のしらせが京都に達せられるや、七日間音奏が停められ（『園太暦』康永四年八月二日条）、その娘の死に際しては、五日間雑訴沙汰などが停止された（同上）。

そのほか、貞時の十三年忌にあたって、後伏見上皇が憲守を鎌倉に下向させたこと（『花園天皇宸記』元亨三年九月晦日条）なども、得宗専制の確立が公武関係に与えた影響と考えなければ理解しがたいのであり、これらは先に指摘した得宗のための祈禱とともに、得宗専制の確立過程と照応しているのである。

むすび

法令・政策は一般に、既存の生産関係を前提ないし基礎として成立するものであり、[61] 具体的にはその時々の政治状況や諸勢力の力関係の推移によって決定されるが、そこには変化するものと変化しないものとがあり、変化しないもの＝基調はその権力の階級的基盤、権力をとりまく経済的・政治的諸関係によって規定されている。本章において、関東祈禱寺の展開過程によって区分した三つの時期は、さまざまの差異と特質とをもちながら、それらを通してみた鎌倉幕府の宗教政策の基調から明らかなことは、幕府が独自の国家としてではなく、一権門として公家・寺社とともに国家秩序の維持をはかり、その一環としていわゆる旧仏教を護持する権力機構であったということである。[62] それが公権力としての幕府の特質であり、また限界でもあった。

ところで、黒田俊雄氏の権門体制論・顕密体制論によれば、鎌倉幕府は独自国家への可能性をもちつつも、結局果たしえず、公家・寺家とともに相互補完的な関係を保ちつつ、国家権力を分掌し国家的次元での検断を担当する権門であり、宗教の側面からみれば、「鎌倉幕府は基本的にはあくまでも顕密体制に立脚し、すすんでそれを擁護した権門であった[63]」。

私は黒田氏の理論にはいくつかの疑問を抱いているが、ひとまず鎌倉幕府の性格に限定すれば賛同する点が多く、本章では関東祈禱寺の検討を通じて、それに二、三の事実を新たにつけ加えることができたと思う。

国家権力を構成する階級と宗教との間にとり結ばれる関係の諸相を細部にまで立ち入って検討し、その関係の必然的契機を分析することは、宗教の社会的機能を考える場合、前近代社会にあっては決定的に重要であり、窮極的にはそれが国家権力を構成する諸要素間にいかなる影響をおよぼし、人民支配において、いかなる機能を果たしたか、という点の究明に向けられなければならない。従来の鎌倉幕府論においては、そうした権力と宗教との関係を検討する作業が無視ないし軽視されていたように思われる。

豊かな蓄積をもつ宗教史研究と中世国家論との接点の一つは、この辺りにありそうだと私は考えている。

（1）　辻善之助『日本仏教史』中世篇之二（岩波書店、一九四七年）第七章第一・二節に詳しい。

(2) 鷲尾順敬『鎌倉武士と禅』(日本学術普及会、一九三五年)一〇七頁、中村直勝「園城寺と源氏」(『園城寺之研究』、園城寺、一九三一年。のち中村直勝著作集九巻に収録〈淡交社、一九七八年〉)。
(3) のちには鎌倉を中心として東密が隆盛をきわめたことについては、櫛田良洪『真言密教成立過程の研究』(山喜房仏書林、一九六四年)第二篇第六章参照。
(4) 佐藤進一『増訂鎌倉幕府守護制度の研究』(東京大学出版会、一九七一年)、奥富敬之「得宗専制政権の研究(その二)」(『目白学園女子短期大学研究紀要』二、一九六五年)。
(5) 松尾寺文書年欠三月二十八日源頼朝書状(『鎌倉遺文』一〇二九号)。
(6) 大山喬平「但馬国進美寺文書」(『兵庫県の歴史』一三、一九七五年、六六頁)。
(7) 『鏡』承元三年十一月七日条。
(8) 黒田俊雄「鎌倉時代の国家機構」(清水盛光・会田雄次編『封建国家の権力機構』、創文社、一九六七年。のち『日本中世の国家と宗教』に収録〈岩波書店、一九七五年〉)。
(9) 『鏡』建長五年十一月二十五日条。
(10) 林岱雲『日本禅宗史』(大東出版社、一九三八年)五〇六頁。
(11) 『門葉記』(『大日本史料』五―一、六一〇頁)。
(12) 『華頂要略』(『大日本史料』五―一、八七三頁)。
(13) 「伏見宮御記録」慈円願文(『鎌倉遺文』三〇三八号)。なお赤松俊秀「愚管抄について」(『ビブリア』二、一九四八年。のち『鎌倉仏教の研究』に収録〈平楽寺書店、一九五七年〉、二七八～二七九頁)参照。
(14) 『愚管抄』巻七。
(15) 『門葉記』(『大日本史料』五―二、六五五頁)。
(16) 太宰管内志安貞二年五月日豊後六郷山巻数目録(『鎌倉遺文』三七四八号)。
(17) 醍醐寺文書寛喜三年二月二十七日関東巻数返事案(『鎌倉遺文』四一〇八号)。
(18) 東大寺文書(貞永二年)四月十日北条時房・北条泰時連署書状(『大日本史料』五―八、八六八頁)。
(19) 金沢文庫文書元徳二年閏六月日白山八院衆徒等申状案(『金沢文庫古文書』五三八九号)。

(20) 薩藩旧記寛元二年六月二十一日僧忠兼申状案(『鎌倉遺文』六三三一号)。
(21) 成賃堂長徳寺文書宝治元年十二月日小野景信寄進状(『鎌倉遺文』六九三一号)。
(22) 興隆寺文書弘安五年六月二十三日多々良氏女寄進状(『防長風土注進案』12、一二一頁)。
(23) 大悲王院文書弘安八年八月日恵達・覚乗連署寄進状(『福岡県史資料』十輯、二二一頁)。
(24) 東寺百合文書と永仁六年六月日大和平野殿庄雑掌聖賢重申状(『大日本古文書　東寺文書』三、五二四頁)。
(25) もっとも、この傾向はすでに早くからあらわれており、建久五年(一一九四)十二月、頼朝が安達盛長に上野国中の寺社を管領させたこと(『鏡』建久五年十二月一日条)はその一例である。
(26) 『帝王編年記』によれば、四月十日であった。
(27) 「西大寺蔵本」(『大日本仏教全書』寺誌叢書二、二二六頁)。
(28) この時に認定された寺数は、西大寺文書・西大寺蔵本・極楽寺文書・護国寺文書には僧寺二七、尼寺七の合計三四カ寺、『帝王編年記』には僧寺二四、尼寺六の合計三〇カ寺(『続史愚抄』はこれによっている)、多田神社文書元応元年七月二十五日工藤貞祐書下・『男山考古録』『河州志紀郡土師村道明尼律寺記』『紀伊続風土記』には三十余カ寺と見えているが、暦応二年(一三三九)十月十三日に足利直義が西大寺以下三四カ寺に祈禱させていること(西大寺文書)からみても、三四カ寺であったと考えられる。
なお、西大寺文書・西大寺蔵本・極楽寺文書・護国寺文書・『帝王編年記』には祈禱寺注文があるが、若干の異同が見られる。主なものをあげれば、前三者は国名表記がなく、配列は全く同じであり、護国寺文書は配列は同じであるが、国名表記が加えられており、明らかに前者の写である(浄住寺・三ケ院・光台寺・舎那院の国名表記は誤り)。『帝王編年記』はこれらと配列が異なり、国郡名の表記があるが、最福寺・泉福寺・真福寺・金剛寺・利生護国院・妙楽寺が脱落しているかわりに、白毫寺・極楽寺が入れられている。
(29) 極楽寺文書永仁六年五月十一日忍性書状に御教書が出されたことが見え、『男山考古録』も御教書とするが、『道明尼律寺記』は下文とする。
(30) 吉田文夫「忍性の思想とその教学」(下)(『日本仏教』六、一九五九年、四八頁)、和島芳男『叡尊・忍性』(吉川弘文館、一九五九年)一四九〜一五〇頁。

(31) 極楽寺文書永仁六年五月十一日忍性書状案（『鎌倉市史』史料編三、四〇八号）。
(32) 西大寺文書（『大和古文書聚英』九三号）、護国寺文書永仁六年九月九日六波羅施行状写（『和歌山県史』中世史料一、一九号）に「任二今年八月十日関東御下知之旨一」とあり、西大寺蔵本に「四月十日」と記されているのは誤りであろう。
(33) 河合正治「西大寺流律宗の伝播」（『金沢文庫研究』一四—七、一九六八年）、網野善彦『蒙古襲来』（小学館、一九七四年）、川添昭二「鎌倉時代の対外関係と文物の移入」（『岩波講座日本歴史』中世2、岩波書店、一九七五年。のち『日蓮とその時代』に収録〔山喜房仏書林、一九九九年〕）。なお関東祈禱所に早く着目した川添氏は、「蒙古襲来と中世文学」（『日本歴史』三〇二、二四頁注(4)、一九七三年。のち『中世文芸の地方史』に収録〔平凡社、一九八二年〕）で、短い記述ながらも関東祈禱所が蒙古襲来を機として増加し、「得宗の鎮西支配の精神的支柱をなしていた」と指摘している。
(34) 早瀬保太郎「伊賀国における西大寺の末寺」（『大和文化研究』一五—二、一九七〇年）、上田さち子「叡尊と大和の西大寺末寺」（大阪歴史学会編『中世社会の成立と展開』、吉川弘文館、一九七六年）、八尋和泉「筑前飯盛神社神宮寺文殊堂文殊菩薩騎獅像および豊前大興善寺如意輪観音像について——九州西大寺末寺の仏像新資料二例——」（『九州歴史資料館研究論集』2、一九七六年）は、伊賀・大和・山城・河内・九州におけるそうした試みであるが、今後はさらに全国的な視野が必要である。
(35) 黒田俊雄「鎌倉時代の国家機構」。
(36) 川添昭二氏の御教示による。
(37) 『金沢文庫古文書』五二四三号。
(38) 『金沢文庫古文書』五八五六号。
(39) 櫛田良洪『真言密教成立過程の研究』六〇八頁。
(40) 和島芳男『日本宋学史の研究』（吉川弘文館、一九六二年）、和島芳男『中世の儒学』（吉川弘文館、一九六五年）。
(41) 辻善之助『日本仏教史』（中世篇之二、岩波書店、一九四九年）一二七頁。ただし、辻氏が「この皇帝万歳を祈る事はもとより半ば形式の詞であろう」と表現しているのは、「皇帝万歳」という観念が鎌倉期の政治過程においてもちえた現実的な意味を十分に認識したものではない。
(42) したがって、両者の間にとり結ばれた密接な関係の原因を、「その厳しい宗教性とともに禅宗に密着している儒教などの文化的な要素が、新興の為政者意識を満足させたためであろう」(河合正治『中世武家社会の研究』、吉川弘文館、一九七三年、一四二頁)と説くのは、ことの副次的な側面を指摘したものにすぎない。
(43) 『鎌倉遺文』一三九九一号。
(44) 円爾の禅が密教的色彩を濃厚にもつことは従来指摘されているが(林岱雲『日本禅宗史』、荻須純道『日本中世禅宗史』〔木耳社、一九六五年〕など)、ここで指摘した権力志向的な性格が基調をなしていたことについては軽視されている。なお、この点は円爾が日本における宋学の提唱者であったという論点(和島芳男『中世の儒学』六七~六八頁)とも深く関わっている。
(45) 多賀宗隼「北条執権政治の意義」(『鎌倉時代の思想と文化』、目黒書店、一九四六年、三一〇頁)。
(46) この点、川添氏が鎌倉後期における関東祈禱寺の増加現象の要因を、北条氏と禅宗との関係の密接化に求めたのは(「鎌倉時代の対外関係と文物の移入」七六頁)、両者の関係を論ずる限りでは全く正しいが、関東祈禱寺に即して言えば、やや正確さを欠く。
(47) 玉里文庫所蔵古文書写元久二年七月日僧相印譲状写(『鎌倉遺文』一五五七号)。
(48) 桂林寺文書承久元年九月二十三日凡海是包等連署田畠寄進状案(『鎌倉遺文』二五四六号)。
(49) 長瀧寺真鏡貞応元年七月日某寄進状写(『鎌倉遺文』二九八八号)。
(50) 石清水八幡宮記録(『大日本史料』五—三、四四三頁)。
(51) 古文叢寛元二年十一月日平某荒田寄進状(『鎌倉遺文』六四一一号)。
(52) 台明寺文書仁治元年十月三日大隅台明寺牒(『鎌倉遺文』五六二五号)。
(53) 奥田真啓「武士の氏寺の研究」(二)(『社会経済史学』一一—二、一九四一年、六三頁)。
(54) 高城寺文書文永八年八月二十七日沙弥尊光比丘尼明阿弥陀仏連署寺領寄進状案(『佐賀県史料集成』二巻、五号)。
(55) 高城寺文書弘安十一年正月十八日沙弥某寄進状(『佐賀県史料集成』二巻、一四号)。
(56) 宝慶寺文書正安元年十月十八日知円寺敷地寄進状(『越前若狭古文書選』二六二頁)。

(57)　上司家文書正安三年十一月十五日藤原定基寄進状案（『防長風土注進案』10、四九四頁）。
(58)　元亨元年八月□□日山河暁尊寄進状案（『金沢文庫古文書』五三一〇号）。
(59)　泉州久米田寺隆池院由緒覚（『岸和田市史』六巻、一二七号）。
(60)　多田神社文書正安三年十月二十一日得宗公文所奉行人連署奉書、嘉暦三年十一月十九日政所沙弥某名田寄進状（『川西市史』四巻、三〇四頁・三二一頁）。
(61)　安良城盛昭『歴史学における理論と実証』Ⅰ部（御茶の水書房、一九六九年）二〇八頁。
(62)　幕府内部の問題としては、武士の氏寺が浄土教系から禅宗系に移行するように（河合正治『中世武家社会の研究』一二〇頁）、また得宗被官の間に日蓮宗に帰依する者が見られたように、いわゆる鎌倉新仏教に対する信仰も強く見られたのであるが、それらは一般に「私」の側面においてのことであり、何よりも幕府が専修念仏を禁止したことが端的に示すように、公権力としての幕府の仏教政策の基調は旧仏教護持にあった。
(63)　黒田俊雄『日本中世の国家と宗教』四六一頁。

第二篇　室町幕府と比丘尼御所

第四章　足利氏の女性たちと比丘尼御所

はじめに

日本の家族系譜には一つの共通した特徴が認められる。それは男性に比べて、女性についての記述がきわめて乏しいことであり、多くの場合、その存在すら書かれていない。

十四世紀半ばからほぼ二世紀にわたって、室町幕府の首長の地位にあった足利氏の場合にも、断片的な記録に登場することを除けば、女性たちの存在に光があてられることは稀であった。たとえば、『尊卑分脈』に収められた足利氏の系図には、わずかに義政の女子として七人、義煕に一人、義晴に三人の女子が記されているのみであり、また、『続群書類従』に収められている「足利系図」には、尊氏に一人、義政に八人、義尚（義煕）に一人、義晴に五人の女子が記されるにとどまっている。しかも彼女たちは「女子」と記されるのみで、生涯の事績はもちろん、その名さえ明らかにされることはなかった。

足利氏の女性たちは、比丘尼御所と呼ばれた格式の高い尼寺に入って生涯を終える者が多かった。しかし、その実態はこれまでほとんど解明されていない。室町幕府の首長であった足利氏と比丘尼御所を始めとする尼寺との関係を検討することは、単に室町幕府の宗教政策を明らかにするにとどまらず、家としての足利氏と宗教との関わりや、さらに尼寺の社会的役割を分析することにもつながるはずである。

本章では、まず尼寺に入った足利氏の女性たちを検出することから始め、続いて彼女たちの活動と尼寺の実態について検討したいと思う。

一　足利氏の女性たち

室町幕府の初代の将軍となった尊氏には五人の女子がいた。若年で亡くなった者が多く、尼寺に入った女子は確認できない。文和二年（一三五三）十一月六日から三夜にわたり、尊氏の娘鶴王のために前天台座主尊円親王により、十楽院熾盛光堂で冥道供が修されたが、この鶴王は同じ年の十一月九日に亡くなった頼子と同一人物であろう。(1)頼子には文和四年十一月六日に、先例を破って無位の人が叙せられることのなかった従一位が贈られている。

貞和三年（一三四七）十一月十一日、尊氏は京都八坂の法観寺に周防国高尾郷を娘了清の追善料所として寄進している。(2)この女子はこの年の十月十四日に五歳で没した人物であろう。(3)このほか、「足利系図」には鎌倉幕府最後の執権であった赤橋守時の娘登子を母とし、崇光天皇皇妃になった尊氏の女子が記されている。これは「北条系図」の登子の項に「義詮卿弁基氏・宮妃等母儀」と記された「宮妃」を指しているものと考えられる。

尊氏の子義詮には、応永二十九年（一四二二）四月二十七日に没した恵照がいる。(4)恵照は宝鏡寺殿と呼ばれており、この名は光厳天皇の皇女恵厳を開祖とするといわれる宝鏡寺に入室していたことによるものであろうから、足利氏の女子の中で、尼寺に入室していたことが確認できる最初の人物である。

禅林の五山の制にならったとみられる尼五山は天授六年（一三八〇）以降に制定されたといわれ、その筆頭に位置づけられた景愛寺は廃絶したのちも地位の高さのゆえに、その名跡は大聖寺・宝鏡寺の住持に継承された(5)。恵照は宝鏡寺に入室するとともに、史料によって確認できるところでは、景愛寺の最初の住持になっている。

三代将軍義満はその子の義教とならんで、歴代将軍の中では最も多くの女子をもうけた。永和三年（一三七七）正月十二日、義満二十歳の時に日野時光の娘で正室の業子が生んだ最初の女子はその日のうちに夭死している(6)。また寧福院殿を母とする聖久は義満の鍾愛をうけ、のちに述べるように、後光厳天皇の皇妃であった崇賢門院仲子の猶子となり、その没後に大慈院などの遺跡を相続した。これ以後、大慈院には足利氏の女子が多く入室するようになった。

入江殿とも呼ばれた三時智恩寺にも足利氏の多くの女子が入室した。足利氏の女性の中で、この尼寺に初めて入ったのは、義満と醍醐寺三宝院坊官安芸法眼の娘藤原慶子との間に生まれた覚窓聖仙であった。またその妹の尊順は、鎌倉時代に律宗の尼寺として再興された大和国法華寺に入室し、文明十一年（一四七九）九月四日に八十一歳で没した(7)。足利氏の女子の中で法華寺を含む律宗の尼寺に入室したことが確認できるのは、尊順のみである。このほか、義満の女子の中には、摂取院・光照院・宝鏡寺に入室した者がいる。

義満と母を同じくする弟の満詮の女子のうち、通玄寺・真乗寺に入室した女子はいずれも尼五山筆頭の景愛寺の住持になっている。また浄源院という女子は安禅寺を開いたといわれる(8)。

義満の子義持の女子の中で、初め三時智恩寺にいた慈敬は、光厳天皇の妃無相定円尼を開基とする大聖寺の第二世に(9)、寿山瑞永は尼五山の一つ通玄寺の子院であった慈受院の第二世になっている(10)。

義教は先に述べた義満の娘覚窓聖仙や義持と母を同じくする。永享五年（一四三三）閏七月二十四日、洞院満季の娘を母として生まれた義教の女子は、早くも翌月の八月二十七日には、伏見宮貞成親王の娘性恵が住持をつとめていた三時智恩寺に入室することが約束された。(11)この女子は法名を了山聖智といい、生まれて四カ月後の十一月二十五日に三時智恩寺に入室し、性恵が嘉吉元年（一四四一）五月二十八日に没したのち、この寺を相続している。(12)

了山聖智の産所をつとめた坪和氏は将軍近習であった。『御産所日記』を素材として、産所の性格づけ、将軍と近習勢力との関係の推移を検討した満田栄子氏によると、産所をつとめたことによって将軍家との結びつきが強まり、ある種の特権が与えられた。また義教の時期の産所は、有力守護家が見られずに近習で占められており、義教の専制政治が反映したものと考えられるという。(13)

義教の子義政と正室日野富子との間に、結婚して三年ほど経った長禄三年（一四五九）正月九日、初めての子が生まれた。この子について、『御産所日記』『尊卑分脈』は女子とするが、興福寺大乗院門跡の経覚は日記の中で男子の死産と記し、これは調伏によるもので、その黒幕とされた義政の乳母今参局が近江国に配流されたことを伝えている。(14)すでに早く三浦周行氏はこの伝聞に注意を向け、事実の可能性が高いことを指摘している。(15)

義政には富子を母とする女子のほか、一色右馬頭・大館持房という将軍近習の娘が将軍側室となって女子を産んでいることが注目される。足利将軍の妻妾には有力守護家の娘がほとんど見られない。これは特定の有力守護家との婚姻関係による将軍権力との結びつきが、注意深く抑止されていたことによるものではなかろうか。義政やその子の義煕の時の例によると、通常妊娠後五カ月目に行われる著帯祝や産所での諸費用の支弁は政所の職務であったようで、執事代から土倉や御倉奉行にその支出が命じられている。(16)

義政の弟義視の女子は、義政の猶子となって曇華院元揉の弟子となった。(17) これは義政が義視との対立を和解に導こうとする動きの一つであったとみられる。この女子は足利氏出身の尼には珍しく政治的動きの見られる人物である。六角高頼を討つため、近江に下っていた将軍義熙は、長享三年（一四八九）三月二十六日に鈎の陣で没した。文明九年（一四七七）に美濃の土岐成頼を頼って京都を離れていた義視・義材（義稙）父子はただちに上洛して、義視の娘がいた通玄寺に入っている。(18) またこの尼は明応七年（一四九八）七月十二日には、理由はわからないが、越中国に下っている。(19) さらに永正十七年（一五二〇）五月には、京都の支配権をめぐって細川高国と激しい抗争を続けていた三好之長を自らの居所曇華院に匿い、之長は捕えられたのち自刃した。このことで曇華院尼は時の将軍で兄の義稙と不和になっており、のちに和解している。(20)

義政の弟で伊豆国堀越に下って堀越公方となった政知の女子は、政知が延徳三年（一四九一）四月三日に没したのちもしばらくは駿河の今川氏のもとにいたが、明応七年（一四九八）正月には上洛し、(21) のち宝鏡寺に入ったようである。

義政の子義熙の女子は三人いて、出生の日に亡くなった女子を除く二人は三時智恩寺に入室した。

義視の子で義熙のあとをうけて第十代将軍になった義稙の女子理栄は、「大慈院歴代伝系」(22) によると、大慈院第九世になっている。

義晴の正室は近衛尚通の娘であるが、永正十年（一五一三）十一月、義稙は近衛尚通の娘を猶子として宝鏡寺に入室させており、(23) 義晴の正室になったのはこの女性かもしれない。義晴の女子は三時智恩寺・宝鏡寺・大慈院に入っている。これらの女子のうち、時の将軍義藤（のちの義輝）の妹が天文十七年（一五四八）二月二十四日、若狭の武田信統に嫁いで小浜に輿入れし、翌日、信統は義藤から一字を賜って義統と改めた。(24) この女子はのちに

付表　足利氏の女性たち

父	本人	母	生年月日	没年月日	産所	入室寺院	出　典
尊氏	頼子			文和2.11.9			師夏記・師守記
	某		建武4	暦応5.10.2			常楽記・園太暦
	了清		康永2	貞和3.10.14			師守記・法観寺文書
	某		康永3	貞和2.7.7			園太暦・常楽記
	某	赤橋登子					足利系図
義詮	恵照			応永29.4.27		宝鏡寺	兼宣公記・看聞
義満	某	日野業子	永和3.1.12	永和3.1.12	中条元威		愚管記・後愚昧記
	聖久	寧福院殿	応永2	永享5.⑦.13		大慈院	看聞・満済・吉田家日次記
	聖紹	寧福院殿	応永3	享徳2.7.26		大慈院	師郷記・康富記
	某	藤原量子	応永3				迎陽記
	某	宇治大清娘	応永3				迎陽記
	覚窓聖仙	藤原慶子	応永4	応永22.3.1		三時智恩寺	満済・万山編年精要
	尊順		応永6	文明11.9.4		法華寺	大乗院・実隆・長興宿禰記
	某	池尻殿(慈隆)	応永8.3.19				吉田家日次記
	某		応永13	応永31.4.20		摂取院	兼宣公記・満済
	某			正長2.6.26			薩戒記目録
	理久			享徳3.6.24		宝鏡寺	師郷記
	尊久	大炊御門冬宗娘				光照院	建内記
満詮	某		応永20	応永26.9.1			満済
	某					真乗寺	建内記
	聖詮					通玄寺	満済・建内記
	浄源院					安禅寺	
義持	某					大慈院	看聞
	某					惣持院	大乗院
	寿山瑞永	小兵衛督局	応永17.3.26	長享3.5.8		慈受院	教言卿記・実隆・鹿苑日録
	慈敬			永享元.12.26		大聖寺	兼宣公記・大聖寺之記
	某	徳大寺公俊娘		応永21.3.10			満済
義教	某	裏松重光娘	正長2.3.12	永享3.7.26		大慈院	満済・看聞
	某		正長2.6.22				薩戒記目録
	某	二条持基娘	永享元				御産所・建内記
	某	伊与局	永享2.8.19		伊勢因幡入道		満済
	某		永享2	文安3.6.25		柳　殿	師郷記
	某	裏松重子	永享4.3.10	永享4.3.10	畠山三河入道		満済・看聞
	某	八幡善法寺宋清娘	永享4.5.25		畠山持純		満済・看聞・御産所
	某	小宰相局	永享4.6.8	明応4.2.30	京　極	宝鏡寺	満済・看聞・御産所・師郷記
	了山聖智	洞院満季娘	永享5.⑦.24	大永6.6.15	垪　和	三時智恩寺	満済・看聞・御産所・二水記

父	本人	母	生年月日	没年月日	産所	入室寺院	出　典
義教	某	裏松重子	永享9.9.24	寛正6.3.1	赤松持家	大慈院	看聞・御産所・蔭涼軒・親元
	某	あや御料	永享10.1.20	永享10.1.20			看聞
	某	裏松重子	嘉吉元.10.23		籾　井		建内記・御産所
	日山理永	宇治大路				宝鏡寺	大乗院
	某					光照院	大乗院
義政	某	一色右馬頭娘	宝徳2.2.17		二階堂忠行		基恒・足利系図・尊卑
	某	造宮使在直妹	享徳3.7.12		細川氏久		基恒・康富記・御産所・尊卑
	尭山性舜	大館持房娘	享徳4.1.9		六角久頼	惣持院	基恒・康富記・御産所・尊卑
	某	赤松貞村娘	長禄2.①.27		山名政清		御産所・尊卑
	某	日野富子	長禄3.1.9		細川成之		御産所・尊卑
	某	御料人局	長禄4.6.19				尊卑
	某	日野富子	寛正3.7.14	永正2.8.26	一色義直	大慈院	碧山日録・御産所・実隆
	因山理勝	日野富子	寛正4.7.20	文明18.10.23	土岐持益	宝鏡寺	大乗院・蔭涼軒・御産所
	某	少　将	寛正5.10.27		山名教之		御産所
	某	日野富子	文正2.2.10	文明6.7.12	細川教春	三時智恩寺	親基・御産所・親長・言国
義視	某			天文14.10.28		曇華院	親長・御湯殿上・厳助往年記
政知	某			永正5.3.13		宝鏡寺	後法成寺関白記
義熙	某		応仁元	文明6.7.12		三時智恩寺	親長
	某	御やち(山名氏)	文明18.6.11	文明18.6.11	北御所		実隆・十輪院内府記
	某	御やち(山名氏)	長享元.⑪.16	永禄元.9 1 2		三時智恩寺	親長・蔭涼軒・兼右卿記
義稙	理栄			文禄3.3.3		大慈院	大慈院歴代伝系
義晴	某	近衛尚通娘	天文8.5.29				大館常興日記
	某	近衛尚通娘		元亀2.4.14		三時智恩寺	言継・尊卑
	某						若狭記・足利系図
	理源	近衛尚通娘				宝鏡寺	鹿苑日録・言継・尊卑
	某	近衛尚通娘				大慈院	尊卑・足利系図
義輝	某	小侍従局	永禄7.2.24				言継
	某	小侍従局	永禄8.4.17				言継
	耀山	近衛前久娘		元和4.10.2		大慈院	大慈院歴代伝系

注1：生没年月日を確定できない人物については、重複して掲出している可能性がある。
　2：出典により、母および生没年月日に異同がみられるが、特に注記しなかった。
　3：出典欄のうち、頻出する次に掲げたものについては略記した。
　　看聞日記・満済准后日記・大乗院寺社雑事記・実隆公記・蔭涼軒日録・御産所日記・斎藤基恒日記・尊卑分脈・親長卿記・御湯殿上日記・言継卿記

元次を産んでいる。(25)

また義晴の女子で、天文十八年（一五四九）三月八日、宝鏡寺に入室していた理源は、永禄十二年（一五六九）三月二十七日、兄の義昭が将軍の時、織田信長の媒酌によって三好義継と結婚している。(26)義継は三好長慶の嫡子義興が病死したのち、一族の十河家から入って三好氏の家督を継いだ。義継は義昭の兄義輝が松永久秀らによって暗殺された際に深く関わっており、義晴の女子との結婚は、義昭の旧恨を心配した信長の仲介によるものと考えられている。(27)

戦国期には大名の間に政略結婚がしばしば行われるようになり、この時期の武士の女性の特徴と考えられてきた。室町幕府の最末期、将軍が義藤・義昭の頃には、将軍家の女子が輿入れするようになった。このことは足利氏の女性たちの歴史ではこれまでみられなかったことである。これが将軍権力の弱体化によるものであることは言うまでもないが、一方で、戦国期の武家女性の役割を和平・外交の担い手として位置づけた田端泰子氏の新たな視点(28)にも注目しておく必要がある。

付表に掲げたように、足利氏の女性はこれまでに確認しえた限りでも六十人を越している。またすでに分析したように、足利氏の女性たちは、義詮の娘恵照を最初の例として、多くの者が尼寺に入室した。なかでも義満・義教・義政の娘たちの入室が多く見られた。尼寺の中では大慈院が最も多く、さらに三時智恩寺・宝鏡寺・曇華院のほか、摂取院・光照院・法華寺・真乗寺・通玄寺・安禅寺・惣持院・慈受院・大聖寺への入室も見られた。またこれらの尼寺の住持になった者も多く、さらに格式の高かった尼五山の筆頭である景愛寺の住持になった女性もいた。

二　比丘尼御所と室町幕府

足利氏の女性たちが尼寺に入ったことによって、尼寺と幕府との間にはどのような関係がうまれたのだろうか。永享五年（一四三三）十月、将軍義教は三時智恩寺に所領を寄進した[29]。この時、三時智恩寺の住持は伏見宮貞成親王の娘性恵であったが、この年の閏七月二十四日に生まれた義教の女子（了山聖智）は、早くもこの年の八月二十七日に三時智恩寺に入室することが約束されており、この時の所領寄進はこれに関係があるものとみられる[30]。義教の娘の入室に際して、貞成親王が自らの日記『看聞日記』に「御寺繁昌基」と記したことが[31]、早くもこういう形で実現したわけである。

尼寺の中で足利氏の女性たちが最も多く入室した大慈院の所領構成については、次節で検討するが、義満の女子聖久が入室した際、義満から譲られたものがあるほか、文明十七年（一四八五）七月十八日・二十四日には合せて一万三〇〇〇疋が法華八講料などとして義政から大慈院に贈られている[32]。この時、大慈院には寛正三年（一四六二）七月十四日に日野富子が産み、文明八年（一四七六）四月十一日に得度した義政の女子がいた。

また日野富子が寛正四年七月二十日に産んだ女子は宝鏡寺に入って、のちに文明九年四月二十六日に得度し、法名を因山理勝と名乗った。得度の折に、畠山・細川・山名・赤松らの幕府枢要の人々から祝物を献上されている[33]。

曇華院は義詮の夫人紀良子の母智泉尼が開いたといわれる尼寺であるが、応仁・文明の乱が京の寺々に荒廃を招いたように、この寺も文明十七年の頃、寺の周囲の壁が破れ、盗賊が乱入するというありさまであった。寺からの訴えによって蔭涼軒亀泉集証は義政に取り次ぎ、義政は、「此寺事非㆘可㆓見棄㆒之在所㆖、殊注文之分、非㆓

過分之義一、以二御料所当年貢之内一修補之事、可レ命二之伊勢守一として、幕府料所からの修理費用の支出を命じた。修理注文には五七貫三〇〇文が計上されていたが、結局五〇〇〇疋（五〇貫）が曇華院に贈られた(34)。この時、曇華院の住持は元揉芳戚であったが、先に述べたように、文明九年七月十九日、義政は弟義視の娘を猶子とし元揉尼の弟子として入室させている。先の義政による曇華院の修理費用の支出は直接にはこのことに基づいていると考えられる。このように、足利氏の女子が入室した尼寺には、幕府により所領の寄進や修理造営料の援助などが行われた。

応永三十四年（一四二七）の九月から十月にかけて、義満の娘大慈院聖久は母を同じく寧福院殿とすると考えられる聖紹や義満の側室北野殿らと、住心院実意を先達として熊野詣を行った。実意が聖久の求めによりまとめた『熊野詣日記』(35)には、大慈院の尼僧の名が記されていて注目される。たとえば九月十六日の精進屋入に同行したのは、素玉・聖貴・聖芳・聖運・聖本・見康・信助らであった。このうち、素玉は広橋仲光の娘で、大慈院の開基である崇賢門院仲子は仲光の父兼綱の養女であったから、仲光とは義理の兄妹の間柄であった。したがって、素玉はいわば叔母の開いた寺に入ったわけであり、『尊卑分脈』によると、のちに宝鏡寺恵照院の開山となった。
また素玉は応永十一年（一四〇四）二月十八日に、義満より「御恩」として摂津国の所領を与えられている(36)。「御恩」の具体的な内容はわからないが、この時大慈院に入室していた義満の娘聖久の養育に関わるものと思われる。また聖芳は広橋仲光の子兼宣の娘で、素玉の姪にあたり、こういう公家出身の女性たちが大慈院の尼衆を構成していた。

さらにこの熊野詣には、細田・塀和・長谷川・河嶋・三上といった武士が同行している。いずれも詳しいことはわからないが、細田は宝鏡寺文書のうちの大慈院関係文書に名を見せており、弥永貞三氏が言うように、「宝鏡寺と武家・公家その他の間を奔走し、寺家の経済のために活動していた」(37)だけでなく、熊野詣の随行にみられるように、広く大慈院の庶務に関わっていたようである。また塀和は坍和のことと考えられ、一族の左京亮・筑前守、および三上一族の三郎は日野富子の御供衆として見えている。(38)のちに述べるように、日野富子は大慈院と深い関わりをもっていた。また三上氏の一族美濃入道は奉公衆であったが、大慈院や大和国の尼寺法華寺の所領経営に関わっていた。(39)

文明十七年（一四八五）七月二十四日に、義政が大慈院に贈った法華八講料三〇〇〇疋を受け取ったのは目賀田光吉であった。(40)この人物はこののち延徳元年（一四八九）から翌二年にかけて、大慈院の奏者として蔭凉軒との間でさまざまな交渉を行っている目賀田と同じであろう。(41)この時期、大慈院には寛正三年（一四六二）七月十四日に生まれた義政の女子が入室していた。また同じ頃、大慈院領の美濃国国衙領代官を大慈院の被官中沢という人物がつとめている。(42)

こうした尼寺と関わりをもった武士の実態については不明の点が多いが、足利氏の女性たちの入室している時期にその存在が知られ、しかもその一族に奉公衆や御供衆がみられたことを考えあわせると、足利氏の女性たちの入室を契機に、室町殿近習が尼寺と幕府との仲介役として活動し、寺の経営に従事していたことを推測させる。

次に尼寺に入った足利氏の女性たちの宗教活動について検討したいと思うが、このことを具体的に知りうる史料はきわめて乏しい。

応永十七年（一四一〇）五月六日、義満の三回忌仏事が梅松殿で営まれた。この時、崇賢門院仲子と義満の娘で崇賢門院の猶子となっていた聖久が諷誦文を捧げている。(43)梅松殿は崇賢門院が聖久とともに居所としていた梅町殿のことと考えられ、ここで聖久は父義満の菩提を弔っていたのであろう。

長禄四年（一四六〇）正月十八日、義持の娘で通玄寺慈受院の寿山尼は、父義持の三十三回忌にあたり、東福寺の雲章一慶を請じて拈香説法を行わせた(44)。

明応六年（一四九七）五月二十日、日野富子の一周忌が大慈院で行われた。その折、相国寺鹿苑院主であった景徐周麟が拈香を作成したが、周麟の漢詩文集である『翰林葫蘆集』によると、「伏惟尊霊長女、現領二大慈院主席一、面称二首平浄土一宗一、時人謂二御所一而不レ名焉」(45)という。つまり周麟は、富子の長女が大慈院主であって、浄土宗の長としての地位にあり、人々は御所と呼んだと記している。これは大慈院がもっぱら南御所と呼ばれていたことを指しているのであろう。また周麟によると、富子一周忌の当日には、「率二尼衆一昼夜称名、専志二於追薦一」という状況であった。この時の大慈院尼は長禄三年（一四五九）正月九日に生まれ、永正二年（一五〇五）八月二十六日に没した。この女性は「大慈院歴代伝系」にいう、富子のあとをうけて大慈院第七世になり、永正元年十一月一日没と記されている渓山のことかもしれない。

文亀元年（一五〇一）三月二十六日、義熙の十三回忌が行われ、三条西実隆は三時智恩寺に観普賢経を献じた(46)。この時、三時智恩寺には長享元年（一四八七）閏十一月十六日に生まれ、翌年十二月五日に入室した義熙の娘がおり、幼少とはいえ、ゆかりの寺で父の年忌仏事が執り行われたのであろう。

大永元年（一五二一）十二月七日、義政の三十三回忌が翌年正月七日を早めて執り行われた。この年忌は大慈院を会場に、定法寺公助を導師として経供養が行われた(47)。

鎌倉時代の律宗の尼および尼寺の実態と宗教活動について詳細な分析を行った細川涼一氏によると、この時期の尼衆の主要な仏事は、死者の忌日に菩提を弔う供養であり、その対象は僧衆や父母、あるいは天皇家の関係者であった(48)。

尼寺に入室した足利一族の女性たちの宗教活動の実態については、なお不明の点が多いが、尼衆としての日常的な仏事のほかに、父母や一族の人々の年忌供養や追善が尼衆によって営まれていたことは先にいくつかの例を示した。年忌供養や追善は、施主自身はもちろん、先祖の功徳にもなり、あわせて家の存続が祈願されるところに重要な意味がある。

先祖の供養は家の存続と結合のための紐帯をなしており、足利一族の女性たちの多くが尼寺に入ったことの社会的意義がここにある。足利一族の女性たちが入った尼寺と幕府との関係が、室町殿による所領の寄進や造営料の援助に見られるように、密接な関わりをもつようになったのは、入室した女子個人に対する生計の援助であるとともに、その女子および尼寺が足利一族の家の永続に対して宗教的役割を期待されたからにほかならない。

本来、家の繁栄の基礎は、まず何よりも成員の増加とそれを支える財産の蓄積とにある。しかし、同時に、家の権威と財産の限度をこえた成員の増加は、所領の相続などをめぐって家の存立を脅かしかねないものとなる。そもそも門跡寺院や比丘尼御所は、天皇家や高貴な身分に属する公家の子女の収容機関として成立し、しかも世俗の身分原理が濃厚に反映した社会的緩衝地帯として維持されたのである。この点についてはいま詳しく論ずる余裕をもたないが、これらの寺院の社会的役割がこの点にあることを見逃してはならないと思う。門跡寺院に入った者は、男子の場合、たとえば義教や義視のように、将軍の後継者が絶えた場合に時として世俗の世界に戻りうる予備軍としての性格があったとはいえ、本来、男女ともに自らは家族を構成することを認められない社会的立場に置かれており、亡くなった先祖および親族の後世を弔うことを生涯のつとめとした。

室町幕府全盛の基盤をつくったとされる義満が、子女の多くを門跡寺院に入れたことについては早くから注目されてきた。田中義成氏は「之を要するに、男子といい、女子といい、いずれも宮方の入らせらるる重なる寺院に入れたるは、如何にも僭上の至にして、是亦彼が非望を遂げんとする準備の一なるべし[49]」と述べた。義満の「非望」とは、田中氏によれば、「彼が天皇の位を窺窬せるをいう」のであって、具体的には子の義嗣を天皇に、自らは太上天皇になろうとしたことをいい、子女の門跡寺院への入室はその一環であったとみている。

これに対して、中村直勝氏は、門跡寺院は相当の寺領をもち、寺格が高いことから、義満にとって子女の恰好の片づけ先であったとみる。そして、「義満の子女が皇子皇女と同等の資格を獲たことになるのであるから、謂わば僭上の沙汰であった[50]」と指摘した。また、このほか、義満が宮廷内部で実力を伸ばしていくための一つの方策であったとみる意見もある。[51]

義満の男子が青蓮院・三千院・仁和寺・大覚寺などに入室し、その後も足利一族の多くの男子が、醍醐寺三宝院・実相院・聖護院などのいわゆる旧仏教系の寺院に入ったことの意味については、足利氏と宗教との関係を考えながら、本章で明らかにした女子の場合も合わせて、機会を改めて論じたいと思うが、さしあたり、子女を多く門跡寺院に入室させたことの意味を宗教政策の面からみれば、足利氏がこれらの門跡寺院を自らの支配に服さしめようとする意図の現われであったと考えることができよう。しかし、この問題を政策面からのみ考えるのは十分ではなく、もう一方で、これらの寺院に入った子女が族的結合の精神的紐帯としての役割を果たし、さらに門跡寺院が、高貴な身分に属したがゆえに俗界ではほかに生きる途のなかった人々の収容機関であったことを軽視してはならないと思う。

これらの寺院が高貴な機関であり続けるためには、高貴な身分に属する人物の入室と生計の維持を可能にする経済的な援助が必須であった。足利氏の女性たちが比丘尼御所に入室して、中には住持の地位につく者までが現われるにいたったことは、足利氏のほかの同族には見られないことであり、足利氏が武門の最高の地位として貴種としての権威を確立したことを意味している。

室町期における尼寺がどのような支配をうけたかについて、『蔭凉軒日録』長禄二年（一四五八）三月一日条に次のような記事が見える。すなわち、鹿苑院主瑞渓周鳳は、将軍義政より四カ条の禁令を比丘尼寺に触れるよう命じられた。その四カ条とは、

一住持年期未満事

一織色小袖

一沈二麝香一嗜二艶色一事

一酒宴遊楽事

であり、若年の住持選任を認めず、尼衆の奢侈を禁じたものである。

康暦元年（一三七九）十月、春屋妙葩が最初の僧録に任じられて五山叢林の最高責任者となり、のちには相国寺の鹿苑院主が代々僧録の職務を兼帯して鹿苑僧録と呼ばれるようになった。その職務の一つに禅院内の行事規範の統制管理があった[52]。比丘尼御所の宗派は不明のものもあるが、多くはいわゆる鎌倉新仏教に属しており、中でも臨済宗が多かったようである。『蔭凉軒日録』に記された先の禁令四カ条は、「比丘尼寺禁法条々」とあるからには、臨済宗の比丘尼御所にも当然適用されたと考えられる。しかし、鹿苑僧録の職務権限が禅宗以外の、たとえば大慈院や三時智恩寺のような浄土宗の寺院にもおよんだか明らかでない。ただ、僧録とは直接関わらないが、義持や義教の頃、景愛寺・大聖寺・三時智恩寺などへの入室や遺跡の処分に際して、宗派にかかわらず、しばしば事前に室町殿の内意を得ることが行われており[53]、これらの寺格の高い尼寺が室町殿の強い統制をうけていたことを示していると考えられる。

三　大慈院と室町殿

ここでは、足利氏の女子が尼寺の中で最も多く入室し、しかも関係史料が比較的多い大慈院についてとりあげ、足利氏と尼寺との関わりをさらに具体的に考えてみたい。

大慈院は崇賢門院仲子を開基とする。開創の時期は不明であるが、浄土宗の寺院で、江戸時代には宝鏡寺の末寺になっていたものの、本来両者は別の寺院であった(54)。開基の崇賢門院は石清水八幡宮法印通世の娘で、広橋兼綱の養女となり、後光厳天皇の後宮に入った。また崇賢門院は義満の生母紀良子とは姉妹と考えられ、義満とも親しい間柄であった(55)。

応永八年（一四〇一）八月三日、義満の娘聖久が八歳の時に崇賢門院の猶子となり、同時に喝食となって北山第の中にあった崇賢門院の寝殿に住み、将来その遺跡を相続することが定められた(56)。聖久は寧福院殿を生母とし、のちに義満の夫人日野康子の猶子となり、義満の特に寵愛した娘であった(57)。聖久が崇賢門院の猶子となったのは応永八年八月三日、七歳の時であったから、応永二年の生まれということになる。応永三十四年五月二十日に崇賢門院が没したのち、定めの通りに遺跡を相続し、「南御所」「大慈院殿」と呼ばれるようになった。大慈院に入室した最初の足利氏の女子である。

喝食となって数年の間、「御喝食御所」と呼ばれた聖久の所領として、応永十五年から十六年にかけて備中国水田郷が見えるが(58)、崇賢門院の猶子となるにあたって義満から譲られたものであろう。

正長二年（一四二九）六月十九日、義教はこの年の三月十二日に裏松重光の娘宗子との間に生まれた娘を、妹聖久のいる大慈院に弟子として入室させた(59)。義教はおそらくこの女子を聖久の後継者として将来を託したのであろうが、永享三年（一四三一）七月二十六日にわずか三歳で夭死してしまった。[60]

聖久は永享五年閏七月十三日、赤痢により四十年の生涯を閉じた。[61] 大慈院には聖久とともに義満の娘がもう一人いた。享徳二年（一四五三）七月二十六日に五十八歳で赤痢により没した聖紹である。[62] 応永三年生まれのこの女性は、生母を聖久と同じ寧福院殿とし、若年の頃は柳殿と呼ばれており、聖久らが応永三十四年に熊野詣をした際に行動をともにした「今御所」という人物ではないかと考えられる。今御所が母の寧福院殿から譲られた遠江国浅羽荘は遅くとも文明十四年（一四八二）には大慈院領となっていることをはじめ、[63] 今御所の所領に関する文書が宝鏡寺文書に含まれているのは、今御所が大慈院に入室したことが契機になっているものと思われる。

義持の娘にも大慈院に入室した者がいるが、詳しいことはわからない。

義教には、先にあげた永享三年七月二十六日に三歳で夭死した女子のほかに、もう一人大慈院に入室した女子がいる。この女子は永享九年九月二十四日に義教の正室であった裏松重光娘の妹重子を母として生まれ、[64] 大慈院への入室の時期はわからないが、寛正六年（一四六五）三月一日に二十九歳で没した。[65]

義政の正室日野富子は大慈院と深い関わりをもち、時には夫の義政とともに、大慈院にいた自分の生んだ娘のもとを訪れている。富子の執政とそれを支えた蓄財活動については、応仁・文明の乱前後の政治状況の中に位置づけて、近年かなり明らかにされつつある。だが、富子と宗教との関わりについては、いまだ十分な分析が行われていない。

夫の義政、続いて実子の義熙とも不和になったのち、富子は大慈院との関わりを一層強めたようである。「大慈院歴代伝系」によると、富子は大慈院の第六世とされているし、また「大慈院略記」は富子が大慈院に住んだとしている。富子の一周忌の供養が大慈院で行われ、相国寺鹿苑院主の景徐周麟が拈香を作成したことは前に記した。

「大慈院歴代伝系」は富子の娘渓山を第七世とし、宝鏡寺第十五世で、大慈院の兼住であり、景愛寺の住持にもなったと記す。渓山は永正十一年（一五一四）十一月一日に没し、洛西華開院の境内に葬られたという。渓山についてはよくわからないが、寛正三年（一四六二）七月十四日に生まれ、文明八年（一四七六）四月十一日に得度し、永正二年（一五〇五）八月二十六日に四十四歳で没した女性ではないかと考えられる。(66)この大慈院尼は、母富子の財力に支えられて、「天下一はんのふけんしや」(67)という評判を得ていた。三条西実隆はこの尼が亡くなった時、その日記の中で、「世以為レ重レ之、天性柔軟、寺中之儀於二勤行等事一更無二闕怠一、無双人也、諸人奉レ惜」(68)と評している。

文明十四年八月二十九日、富子は故一条兼良の娘を猶子とし、ついで十二月三日、自分の娘のいた大慈院に入室させた。(69)この女子は大乗院尋尊の妹であり、尋尊は自分の姉妹がみな日野富子の猶子になったことを「希有果報」と記して随喜した。

富子は一条兼良の娘に続いて、延徳元年（一四八九）八月二十六日に産まれた後土御門天皇の皇女（母は勧修寺教秀の娘房子）を、産まれて半月しかたたない九月十三日には大慈院の弟子として入室させる取り決めを結び、自ら養育するために十一月七日には自分の居所で大慈院に近接していた小川御所に迎えた。(70)『御湯殿上日記』にはこのことを「千しゆう万せゐとめてたし」と記している。

この年の三月二十六日に富子の実子義熙が近江国鈎の陣で没した。これ以前に男子では義覚、女子では三時智恩寺に入った娘も宝鏡寺に入った因山理勝も亡くなっていたから、この時四十九歳であった富子に残された実子は、大慈院に入っていた娘ただ一人であり、富子はこの娘と大慈院のために晩年の情熱を傾け尽したのではないかと考えられる。おそらく後土御門天皇皇女の大慈院への入室はその一環であった。

この皇女は文亀元年（一五〇一）六月十四日、十三歳の時に泉涌寺の善叙を戒師として出家し、こののち法名を理秀と名乗った。[71] 大慈院への皇女の入室はこれが初めてであり、[72] 富子の支援によって大慈院は一層の地位上昇を示したようである。こののち、「大慈院歴代伝系」は第七世に後柏原天皇の皇女光山覚音がなったことを記している。

大慈院の第九世には「大慈院歴代伝系」によると、義稙の娘理栄、第十世には義輝の娘耀山がなった。理栄は宝鏡寺の第十六世、耀山は同じく第十八世に転住し、また耀山は景愛寺の住持も務めた。このほか、義晴の娘で近衛尚通の娘を母とする女子も大慈院に入室した。このように、大慈院には確認できる限りでも、足利氏の女性が少なくとも九人は入室している。

大慈院の所領構成については、宝鏡寺文書の中に「南御所御料所事」という題をもつ注目すべき史料がある。長いので引用は控えるが、この南御所、すなわち大慈院の所領目録は別の機会に明らかにしたように、[73] 後欠の可能性があって作成された年月日を欠くものの、現在断簡になっている三通は本来一連のもので、義満の娘聖久が没した永享五年（一四三三）閏七月十三日以後まもなくの時期に作成されたものと考えられる。したがって大慈院草創期の所領構成を示しているとみられるものである。

これによると、大慈院の所領は大きくみて、「鹿苑院殿よりまいる分」「寧福院より御相続」「北山院よりまいる分」「崇賢門院よりまいる分」から成り立っていた。さらに細かくみると、大慈院には聖久の父義満から寄進されたものとして、美作国小吉野荘年貢七〇〇貫文・備前国香登荘年貢四二〇貫文・摂津国上津畑年貢二〇〇貫文、生母の寧福院殿より相続したものとして、讃岐国南条山年貢二〇〇貫文、聖久を猶子とした義満の夫人北山院（日野康子）から寄進されたものとして、河内国十七ケ所の年貢九七九貫文、同じく聖久を猶子として迎えた崇賢門院より寄進されたものとして、近江国高島郡林寺関の年貢六〇貫文・美濃国国衙年貢三一五貫文があった。ここに掲げられたものだけでも総計二八七四貫文に上り、後欠の部分にもいくつかの所領が書かれていたはずである。このうち、河内国十七ケ所は幕府料所であり、大慈院の他の所領が十六世紀初めには退転したのに対し、天文十三年（一五四四）頃まで所領としての実質が確保された最大の荘園であり、(74) また近江国高島郡林寺関は今津付近の若狭路の要衝で幕府料所であった保阪の近くにあったとみられている。(75)

このように、草創期の大慈院の所領は、義満の鍾愛した聖久の入室を契機に、義満・寧福院殿という父と母、また日野康子・崇賢門院という聖久と疑似的親族関係にあった人々から寄進ないし相続されたものであり、これらの親族の支援なしには寺の経営が成り立たなかった。しかも先に述べたように、三上美濃入道らの奉公衆などの武士が大慈院の経営に携わっていた。

これらの所領のほかに、先の所領目録とほぼ同時期のものと考えられる大慈院の所領を安堵した義教の御内書二通がある。ともに宝鏡寺文書であるが、前者は反町氏収集文書になっている。

備前国か、みの丶国か、さぬきの国南条山のちとう職、白布棚公事、尊勝寺、十七ケ所の内、御知行ふんの事、御当知行にまかせて相違あるへからす候也、あなかしく、

三月十八日　（足利義教）（花押）

南御所

美作国小よし野庄、備前国か丶との庄、摂津国上津畑、備前国か、みの丶国か、近江国駒関、さぬき国南条山ちとう職、白布棚公事、尊勝寺事、任二御当知行一相違あるへからす候也、

十一月十二日　　　　　　（足利義教）（花押）

南御所

二通ともに年次を確定できないが、義教御内書であることから、先の所領目録と近接した時期のものと考えられ、それに見られなかった備前国衙・近江国駒関・白布棚公事・尊勝寺は、あるいは先の大慈院所領目録の後欠の部分に書かれていたのかもしれない。

大慈院の所領としてこのほかに確認できるものは、聖久の妹今御所が生母の寧福院殿より譲られ、大慈院に入ってのち、その所領になったと考えられる遠江国浅羽荘・小松・祝田、[76] 文明十年（一四七八）に栖葉豊清が寄進した摂津国瀬河・桜井・秋永・常吉など[77]がある。

大慈院に支援を寄せた日野富子が明応五年（一四九六）五月二十日に亡くなったのち、「七珍万宝ハ公方歟南御所歟、何方へ可レ被レ召レ之哉、不二一定一云々」[78]と、富子がその生涯をかけて築いた莫大な遺産の継承が世の注視を集め、娘の大慈院尼も候補者の一人とみなされていた。しかし、大慈院に譲られた形跡はない。

大慈院がいつ宝鏡寺の末寺になり、伝来の文書が宝鏡寺文書として一括されるようになったかは不明である。もともと義満の娘聖久の入室を直接の契機として発展し、さらに日野富子の支援により寺格を高めた大慈院にとって、足利氏の援助を断たれたことは、盛時の繁栄が、次第に過去のものとなりゆく道を歩ませることになったことと思われる。

むすび

以上、足利氏と宗教との関わりを究明するという問題関心のもとに、足利氏の女性たちと尼寺との関係について、従来明らかにされていなかった事実の確定を主なねらいとして分析したが、それらはおよそ次のようにまとめられる。

一　足利氏の女性は総数で六十名を越しており、そのうち尼寺に入ったのは義詮の娘で宝鏡寺の恵照が最初であった。こののち、大慈院に入った者が最も多く、三時智恩寺・宝鏡寺がそれに次いだ。

二　足利氏の女性たちの入室を契機に、室町殿により所領寄進や修理造営料などの援助が行われ、室町殿との関係が密接になった。また室町殿近習が寺の経営に携わり、尼寺と幕府との間を仲介していた。

三　足利氏の女性たちの多くが寺格の高い尼寺に入った社会的意義は、単に幕府の宗教政策の側面からのみ考えられるべきではなく、父母や一族の人々の供養や追善によって、家の存続と結合のための精神的紐帯をなしていたことにも注意する必要がある。

四　足利氏の女性が尼寺の中で最も多く入った大慈院は、義満の娘聖久の入室を契機に発展し、さらに義政の夫人日野富子の支援により寺格を高めた。その所領は聖久の父母など縁戚の人々によって寄進されたものや幕府料所などから構成されていた。

(1)　『門葉記』巻六十六冥道供三・巻六十七冥道供四、『園太暦』文和四年十一月四日・六日条、『師守記』貞治四年五月八日条。
(2)　法観寺文書貞和三年十一月十一日足利尊氏寄進状案（『大日本史料』六―十、九四四頁）。
(3)　『師守記』貞和三年十月十四日条。
(4)　『兼宣公記』応永二十九年四月二十七日条。
(5)　荒川玲子「景愛寺の沿革――尼五山研究の一齣――」（『書陵部紀要』二八、一九七七年）。

(6)『愚管記』『後愚昧記』永和三年正月十二日条。
(7)『大乗院寺社雑事記』文明十一年九月四日条。
(8)荒川玲子「景愛寺の沿革」六九頁注(17)。
(9)「大聖寺之記」（東京大学史料編纂所影写本）。
(10)飛鳥井慈孝編『通玄寺志』（笠間書院、一九七八年）。
(11)『看聞日記』永享五年八月二十七日条。
(12)『建内記』嘉吉元年五月二十八日条。
(13)満田栄子「『御産所日記』の一考察──室町幕府近習の研究──」（『史窓』二七、一九六九年）。
(14)『経覚私要鈔』長禄三年正月十七日条。
(15)三浦周行「日野富子」（『歴史と人物』、東亜堂書房、一九一六年。のち『日本史の研究』新輯二に収録（岩波書店、一九八二年）二六七頁。『新編歴史と人物』岩波文庫、一九九〇年）。
(16)『斎藤基恒日記』宝徳二年二月十七日条、『親元日記』文明十七年十一月十日条。
(17)『親長卿記』『御湯殿上日記』文明九年七月十九日条。
(18)『宣胤卿記』長享三年四月十四日条。
(19)『後法興院政家記』明応七年七月二十日条。
(20)『二水記』永正十七年五月七日・九日条、『後法成寺尚通公記』永正十七年六月八日条。『大日本史料』九─十一、三三二～五九頁に関係史料が収められている。
(21)『実隆公記』明応七年正月二十四日条。
(22)宝鏡寺文書で、その謄写が宮内庁書陵部所蔵の「尼門跡書類」に収められている。
(23)『後法成寺尚通公記』永正十年十二月二十一日条。
(24)『後鑑』天文十七年二月二十四日条所収の『若狭記』による。
(25)『浅羽本若州武田系図』（『続群書類従』五輯下）。『山県本武田系図』（『続群書類従』五輯下）は元明とする。
(26)『言継卿記』永禄十二年三月二十七日条。

(27) 今谷明『戦国三好一族』(新人物往来社、一九八五年)二一八頁。
(28) 田端泰子『日本中世の女性』(吉川弘文館、一九八七年)一五八頁。
(29) 『看聞日記』永享五年十月十日条。
(30) 中井真孝「崇光院流と入江殿(三時智恩寺)」(『日本宗教社会史論叢』、国書刊行会、一九八二年、三二七頁)。
(31) 『看聞日記』永享五年八月二十七日条。
(32) 『親元日記』文明十七年七月十八日・二十四日条。
(33) 『親元日記』文明九年四月二十六日条。
(34) 『蔭凉軒日録』文明十七年十一月二十八日・十二月六日・十二月二十四日条。
(35) 図書寮叢刊『伏見宮家九条家旧蔵諸寺縁起集』所収。
(36) 『兼宣公記』応永十一年二月十八日条。
(37) 『岐阜県史』通史編中世、二四一頁。
(38) 二木謙一『中世武家儀礼の研究』(吉川弘文館、一九八五年)三八一頁。
(39) 御前落居奉書永享八年八月二十五日室町幕府奉行人連署奉書(桑山浩然編『室町幕府引付史料集成』上巻、近藤出版社、一九八〇年、八七頁)。
(40) 『親元日記』文明十七年七月二十四日条。
(41) 『蔭凉軒日録』延徳元年十一月十六日・延徳二年十二月三日・同年十二月晦日条。
(42) 宝鏡寺文書長享参年二月五日某注進状案(『岐阜県史』史料編古代・中世四、四六四頁)。
(43) 聖護院文書(『大日本史料』七—十一、一七九頁)。
(44) 『碧山日録』長禄四年正月十八日条。
(45) 上村観光編『五山文学全集』四巻(帝国教育会出版部、一九三六年)六三〇頁。
(46) 『実隆公記』文亀元年三月二十四日条。
(47) 『二水記』『実隆公記』大永元年十二月七日条。
(48) 細川涼一「鎌倉時代の尼と尼寺——中宮寺・法華寺・道明寺——」(『中世の律宗寺院と民衆』、吉川弘文館、一九八七年）、細川涼一「王権と尼寺――中世女性と舎利信仰――」（『列島の文化史』五、一九八八年。のち『女の中世　小野小町・巴・その他』に収録（日本エディタースクール出版部、一九八九年））。
(49) 田中義成『足利時代史』（明治書院、一九二三年）五九～六〇頁。
(50) 中村直勝『東山殿義政私伝』（河原書店、一九七〇年）五九～六〇頁。
(51) 『京都の歴史』３（学芸書林、一九六八年）五二頁。
(52) 今枝愛真「禅律方と鹿苑僧録」（『中世禅宗史の研究』、東京大学出版会、一九七〇年）。
(53) 『看聞日記』応永二十四年九月二十九日・応永二十九年二月六日・応永三十一年四月二日・永享二年十二月九日・永享五年二月十五日条。
(54) 現在、宝鏡寺文書と呼ばれている文書群は、宝鏡寺に伝えられたものの他に、大慈院・恵照院・瑞花院などの江戸時代には宝鏡寺の末寺になった寺院の文書や、尼五山の筆頭でのちに廃絶し、名跡が宝鏡寺に継承された景愛寺の文書などが寄せ集められたものであり、その中では大慈院に関わる文書が最も多い。なお、大慈院と宝鏡寺との関係、および大慈院の所領については、本篇第六章で簡単に触れた。
(55) 臼井信義『足利義満』（吉川弘文館、一九八九年）一五八頁。
(56) 『迎陽記』応永八年八月四日条、『吉田家日次記』応永九年三月十四日条。
(57) 『看聞日記』永享五年閏七月十三日条。
(58) 『教言卿記』応永十年七月十九日・応永十六年正月四日条。
(59) 『建内記』正長二年七月一日条。
(60) 『満済准后日記』永享三年七月二十六日条。『看聞日記』は七月二十五日に没したとする。
(61) 『看聞日記』永享五年閏七月十三日条。
(62) 『師郷記』『康富記』享徳二年七月二十六日条。
(63) 宝鏡寺文書文明十四年八月二十三日柴豊宗等連署言上状。
(64) 『看聞日記』永享九年九月二十四日条。
(65) 『親元日記』寛正六年三月一日条。

(66) この女子は、『蔭凉軒日録』文明十九年正月二十六日条にみえる大慈院の住持で二四歳の聖俊と同一人物と考えられる。
(67) 『大乗院寺社雑事記』文明十四年十二月三十日紙背文書(法華寺秀高書状、『大日本史料』八―十四、六二九頁)。
(68) 『実隆公記』永正二年八月二十六日条。
(69) 『大乗院寺社雑事記』文明十四年八月三十日・十二月三日条。
(70) 『御湯殿上日記』延徳元年九月十三日・十一月七日条。
(71) 『実隆公記』文亀元年六月十四日条。
(72) これ以前に、「大慈院歴代伝系」によると、葆光院治仁王の娘宗山真栄が第二世になっている。真栄は応永二十一年(一四一四)に生まれ、同三十一年八月三十日に喝食になり、享徳二年(一四五三)七月二十六日に没したという。葆光院治仁王は伏見宮貞成親王の弟であるが、『看聞日記』応永三十一年八月三十日条によると、治仁王の第二姫宮が岡殿に入り、喝食となって法名を真栄と名乗っている。大慈院第二世宗山真栄と同じ日に喝食になっており、同一人物と考えられる。そうすると、真栄は岡殿から大慈院に転住したことになる。
(73) 湯之上「遠江国浅羽荘と比丘尼御所」(『地方史静岡』一三、一九八五年。本篇第六章)。
(74) 『御湯殿上日記』天文十二年正月十六日条。
(75) 豊田武「中世における関所の統制」(『国史学』八二、一九六〇年。のち豊田武著作集三巻に収録〔吉川弘文館、一九八三年〕四一三頁)。
(76) 湯之上「遠江国浅羽荘と比丘尼御所」(本篇第六章)。
(77) 宝鏡寺文書文明十年八月四日室町幕府奉行人連署奉書(『大日本史料』八―十、六一三頁)。
(78) 『大乗院寺社雑事記』明応五年六月六日条。

第五章　遠江国浅羽荘の成立と変遷

はじめに

遠江国浅羽荘は、鎌倉初期には藤原氏の氏院である勧学院領であったことが確認でき、そのなかでは最大の荘園であった。そして室町時代には、比丘尼御所に入室した将軍家の女子に地頭職が相伝され、比丘尼御所の財政を支えた。しかし、これまで勧学院領・比丘尼御所領ともに、伝領の経過や支配の実態が明らかにされたことはほとんどない。

浅羽荘はそれらの事実をいくらか解明できる注目に価する荘園であって、基礎的事実を明らかにすることにより、勧学院領や比丘尼御所領の成立過程や構造を検討するための有効な素材になり得るものと考えられる。

本章では、浅羽荘の勧学院領としての成立と室町時代にいたる伝領の過程、鎌倉時代の地頭職の変遷、在地の経営の状況について分析を行いたい。

一　勧学院領浅羽荘の成立と伝領

広橋経光の日記『民経記』の寛喜三年（一二三一）十月記紙背文書のひとつに、つぎのようなものがある。

遠江国浅羽荘者、□□令レ知御候、勧学院領候、相伝知行候、件造宮米事、被レ催二院家一、自二院□〔家〕一可レ有二尋沙汰一候□〔処カ〕、官使等直来催候、不レ可レ然之由存候、且以二氏院下文一可レ催二下知一之□〔由〕、再三雖レ令レ申二左大弁一、其沙汰も不レ候、難治之次第□〔候〕且如レ此之事、申沙汰候之□（後欠）

この文書は書状の形式をとっているようであるが、後部を欠いているために年次や差出人・宛所は明らかでない。年次を推定できる唯一の手がかりは、文中の「件造宮米事」という言葉である。この文書を含む寛喜三年十月記紙背文書のなかには、内裏造宮米の賦課に関する文書が数点あり、日記が書かれた寛喜三年十月に近いそれ以前の内裏造営が行われた年は、『大日本古記録』の編者が推定したように、承久二年（一二二〇）をおいてほかにない。

承久元年七月十三日、謀反を起こした右馬権頭源頼茂は、後鳥羽上皇の遣した官軍との間で合戦になったのち、内裏仁寿殿に入り火を放って自殺し、そのため宜陽殿などの殿舎が焼失した(1)。そののち、十一月十九日の諸道による造営の勘申をうけ(2)、翌年三月二十二日には、木造始が行われて再建工事が進み(3)、この年の十月十八日に上棟、十二月八日に造営は完了している(4)。

これらの事実によって、先に掲げた文書は、諸国の荘園に内裏造営役が賦課された承久二年のものと考えられるのである。後欠のため、内容を正確に理解することはできないが、遠江国浅羽荘は承久二年の時点で勧学院領であり、その関係者のある人物が相伝知行していたこと、また造宮米の徴収にあたっては、本来、本家である勧学院に催促されるべきであるにもかかわらず、今回官使が直接現地に来て催促したのは不当と差出人は考えていること、さらに差出人は氏院下文（勧学院政所下文）をもって命令を発するよう、再三左大弁日野家宣に申し上げたが、実施されなかったこと、を読みとることができる。

勧学院は弘仁十二年（八二一）、藤原冬嗣により、藤原氏出身の学生に宿舎を提供し、学資を支給することを目的として創建された。(5)官吏養成機関である大学寮の南にあったため南曹とも、氏院とも呼ばれた。氏長者が維持管理の権限をもち、政所に別当・知家事・案主などの職員を任命して、藤原氏の氏寺・氏社の統制や、それらの所領に関する裁判・警察、祭祀・法会の実施、建物・仏像・宝物などの管理にあたらせた。

冬嗣は自らの封戸のうち一〇〇〇戸を割いて、施薬院・勧学院の費用にあて、のちには摂政・関白や氏長者に限らず、藤原氏出身で大臣になった者が任官後、職封を割いて寄進することが慣例となった。勧学院領は藤原氏の荘園の膨張にともなって増加し、諸荘園の荘司は氏長者によって補任された。

その後、勧学院は弘安四年（一二八一）以前に顛倒し、のち最小限度に縮小して再建されたが、いつしか廃絶し、名称のみが江戸時代末期まで形式的に踏襲されることになった。(6)

浅羽荘がいついかなる事情によって勧学院領となったかは明らかでなく、先に掲げた文書によって承久二年以前にさかのぼることを確認できるにとどまる。こののち、近衛家文書の「宝帳布所進諸荘目録」には、正応三年（一二九〇）に浅羽荘から宝帳布一段が進上されたことが記されている。(7)これは前年の四月十三日、関白に就任した近衛家基に浅羽荘が殿下渡領として伝えられたことによる。(8)

嘉元三年（一三〇五）四月十二日、九条師教は関白氏長者になったが、九条家文書のなかにこれを機に九条家側で作成したと考えられている「摂籙渡荘目録」(9)と呼ばれている文書がある。この文書は、氏院（勧学院）領三四カ所、法成寺領二八カ所、同末寺一九カ所、東北院領三四カ所、平等院領一八カ所、同末寺一一カ所を国別に載せたものである。

摂関家の所領は、保元の乱、治承・寿永の乱以後、摂関家の内部分裂によって、家領と氏院寺領とは分離されて別個に伝領されるようになり、氏院寺領は摂関・氏長者の地位に付属した所領として、摂関家の間を渡り動く渡領となった。そして鎌倉中期以後、家領から完全に分離された氏院寺領は摂籙渡荘あるいは殿下渡領と称されるようになり、「摂籙渡荘目録」が作成されることになった。[10]

この「摂籙渡荘目録」の氏院領のひとつとして、次のように浅羽荘が記されている。

大外記師顕相伝云々、
浅羽荘　田百六十九町三段六十歩

ほかの荘園のなかに年貢所当の内容や高が記されているものがあるのに比べると、浅羽荘にはそれらが見られず、単に田数の記載にとどまっているが、その規模は「摂籙渡荘目録」に列挙された一三〇カ所を越す所領のなかでは最大である。それぞれの所領のなかには右肩に預所あるいは奉行人の名が注記されているものがあり、浅羽荘の場合には「大外記師顕相伝云々」がそれにあたる。

大外記師顕とは、中原師顕のことで、師顕の在職した外記局は、令制では奏宣をつかさどる天皇直属の秘書局と、官人の人事管理事務を行う人事局との二重の側面をあわせもつ要職であった。[11] 中原氏は初め十市部と称し、天慶六年（九四三）有象が少外記に任じられたのが、外記局と関わりをもった初めである。のちその子致時が大外記に進み、明経博士を兼任し、正暦二年（九九一）には、局務（上首の大外記）の地位に上った。そして、中原氏は清原氏とともに、明経道を家業としつつ、十一世紀中頃以後、急速に外記局に進出するようになった。[12]

また致時の子師任が永承二年（一〇四七）十二月九日に関白頼通の政所別当になったのをはじめ、その子孫のなかから摂関家の家司となる者が相ついだ。鎌倉時代に入っても、師顕の曾祖父師尚は、『玉葉』建久六年（一一九五）正月一日条に関白兼実の家司として見え、[13] その子師重は、香取大禰宜家文書建永二年（一二〇七）十月日関白藤原家実家政所下文に、「大炊頭兼大外記主計権助助教但馬権守中原朝臣」として署判しており、[14] 大炊頭・大外記であるとともに、明経道の助教をつとめ、関白家実の家司をも兼ねていた。

摂関家と中原氏との結びつきは、中原氏が外記という要職につき、また明経道を家業とする儒学の専門家であったことが、摂関家の庶務運営にとってはなはだ都合のよい、欠くべからざる職能をもつ家柄と認識されていたことによるのであろう。

中原師顕は、鷹司兼平を摂政・氏長者とし、牛車参内を認める『兼仲卿記』建治元年（一二七五）十月二十一日条に収める後宇多天皇宣旨に、[15]「大外記兼博士越前権守中原朝臣師顕」と署判しており、大外記で明経博士でもあった。兼平が新摂政になって間もなくの十一月四日、師顕は政所別当に任じられており、[16] 師顕も父祖とおなじように、摂関家家司の職についていた。

[中原氏略系図]

……師尚―師重―師兼―師顕―師古―師右―┬師茂―師夏―師孝―師照
　　　　　　　　　　　　　　　　　　　└師守―師豊―師勝―師藤―師親―師村

すでに述べたように、九条師教が関白氏長者になった嘉元三年（一三〇五）四月頃に、九条家側で作成したと考えられている「摂籙渡荘目録」に、浅羽荘は「大外記師顕相伝」と注記されていた。「摂籙渡荘目録」に列挙された所領の肩付には、単に人名が記されたものや、「政所料所」のように用益権が定められているものとは別に、師顕の場合のように、ある人物の相伝と注記されているものがある。これは所領がその人物以前から伝領され、子孫に継承されることが予定されていることを示しているものと考えられる。浅羽荘も師顕以前にさかのぼって中原氏に伝領されたものとみられるが、いつどのような事情によるものかは明らかでない。

勧学院別当藤原光親は建永元年（一二〇六）七月、別当を辞任した。[17] これは氏長者近衛基通が院領の依儀荘（近江国儀俄荘カ）を光親から召し上げて藤原顕家に与えたことに抗議したもので、勧学院領の充行や安堵の権限が氏長者に属していたことを示している。また、笙の名手豊原利秋が氏長者近衛基通から勧学院領の一所を預けられていることも、[18] その一例と考えてよいであろう。

弘安六年（一二八三）五月、広橋兼仲は勧学院領近江国篠田荘を拝領した。[19] 兼仲によれば、この荘園は建長年間（一二四九～五六）には兼仲の父経光が知行していた。篠田荘は、経光・兼仲父子が摂関家の執事をつとめていたことによって与えられたものとみられるが、経光から兼仲に相伝されたのではなかったようで、「摂籙渡荘目録」には篠田荘は勧学院政所料所とされているから、広橋家に相伝されたのではなく、一代に限って与えられたのであろう。おそらくこれが、氏長者から摂関家の家司らに勧学院領が与えられる場合の通常の形態であったと考えられる。

これに対して、のちに述べるように、勧学院領のなかで最大の面積をもつ浅羽荘は、南北朝にいたっても中原氏相伝が認められている。このことは、外記・明経道を家業とするとともに、摂関家家司をもつとめた中原氏が摂関家で重要視されていたことを示すものであろう。師顕に伝えられた浅羽荘の年貢の高や内容など、支配の実態を知り得る史料は見出せない。

「摂籙渡荘目録」は、嘉元三年（一三〇五）の作成と推定されているもののほかに、もう一通暦応五年（一三四二）正月日の年紀をもつものがある。[20] 前者に後者の巻末一紙が欠落していることを除くと、両者には所領名に異同がなく、摂籙渡荘の規模は嘉元三年の時点で固定したものとみられている。[21] 後者は九条道教が暦応五年正月二十七日、関白氏長者になったことを機に作成されたものと考えられる。

浅羽荘は氏院領として、次のように記載されている。

大外記師右相伝之、
浅羽庄　　田百六十九町三段六十歩

田数は嘉元三年のものと同じであるが、肩付が「大外記師右相伝之」にかわっている。大外記師右とは、中原師右のことで、嘉元三年の目録に見えた師顕の孫である。師右の父師古と浅羽荘との関係はわからないが、師古も大外記・明経博士・局務などをつとめているから、浅羽荘は師顕から師古を経て師右に伝領されたと考えてよいであろう。

師右は永仁三年（一二九五）に生まれ、延慶四年（一三一一）権少外記に任じられて外記局に入り、元徳元年（一三二九）大外記となった。[22] さらに大炊頭・穀倉院別当・明経博士なども歴任している。師右は康永四年（一三四五）二月六日に没したが、[23] その前日、子師茂への大炊寮寮務の相伝が認められるよう、院宣を申請している。[24] 師右の死没を聞いた洞院公賢は、日記『園太暦』に、

云二公務一、云二雑訴一、累葉之上、故実之仁也、可レ惜々々、今年五十一歳云々、可レ哀云々、[25]

と記し、公務や雑訴の処理に中原氏永年の経験を示した師右の死を惜しんだ。

近衛家文書に年次不詳の四八カ所の所領を列挙した目録[26]があり、その最初に掲げられた「当知行不レ可レ有二改動一地等」のなかに、

浅羽庄　　師右

と、中原師右が浅羽荘を知行していたことが記されている。

宮川満氏は、この目録を応永十八年（一四一一）から二十年にかけての近衛家領目録とし、浅羽荘を含む「当知行不レ可レ有二改動一地等」三一カ所は、「近衛家が直轄支配する本所（領家）――預所型荘園」で、南北朝内乱前後に衰退した近衛家領のなかでなお存続した直轄荘園と指摘した(27)。

これに対して、吉村亨氏は、この目録は「近衛家の所領目録ではなく、ある時期の殿下渡領の目録」であり、宮川氏の指摘はまったく根拠がないと批判した(28)。この目録は吉村氏が論じたように、殿下渡領目録とみるのが正しい。そして作成の時期については、吉村氏は特に論じていないが、師右が記載されていることや、近衛家文書であることなどからみて、宮川氏が指摘した応永より古い、先に掲げた暦応五年（一三四二）の「摂籙渡荘目録」の前後で、近衛基嗣が関白氏長者になった建武四年（一三三七）四月十六日頃の可能性がある。この推定が妥当であれば、師右は摂関家が交替しても、浅羽荘の相伝が認められていたことになる。

このののち、浅羽荘は師右の子師茂に相伝された。師茂の弟師守の日記『師守記』には、貞和元年（一三四五）十一月十三日条に浅羽荘が初めて見えるほか、荘役請負や年貢上納などについて、関係記事が見出せる。これらについての具体的な検討は、のちに行うことにしたい。

正和元年（一三一二）に生まれた師茂は、文保元年（一三一七）に権少外記に任じられ、以後、大外記・大炊頭などを歴任して、永和四年（一三七八）七月七日に六十七歳で没した(29)。訃報を聞いた近衛道嗣は、「為二局務一為二旧老一存二故実一者也、可レ惜云々(30)」と日記に記した。

貞治六年（一三六七）八月二十七日、鷹司冬通が二条良基にかわって関白氏長者になった。その二日後の八月二十九日、師茂に浅羽荘を安堵する冬通の長者宣が発給されている。

勧学院領遠江国浅羽庄、任二相伝知行一不レ可レ有二相違一者、

殿下御気色如レ此、仍執達如レ件、（鷹司冬通）

貞治六年八月廿九日　　　　左少弁（広橋）執事仲光判

四位大外記殿（中原師茂）

執事御奉行不ㇾ存知ㇾ候之間、為ㇾ早速言上ㇾ候、

御慶事、師茂参仕之時言上仕候了、猶々目出存候、抑遠江国浅羽庄事、代々相伝知行地候之間、毎度申ㇾ下安堵長者　宣ㇾ候、任ㇾ先規ㇾ被ㇾ成下ㇾ候之様得ㇾ御意ㇾ可ㇾ有ㇾ申御沙汰ㇾ候乎、恐惶謹言、

八月廿九日　　　　師茂状

平少納言殿棟有朝臣(31)

これによれば、藤氏長者の交替にあたり、師茂に代々相伝知行地の由緒をもって浅羽荘を安堵する長者宣が出されたわけで、勧学院領を含む摂籙渡荘の家司らへの安堵は、このような長者宣によって行われたと考えられる。享徳三年（一四五四）七月一日、二条持通に代わって鷹司房平が関白氏長者になった。この時の氏長者交替にあたって、中原師茂の孫師益は、八月八日に先の貞治六年の長者宣を提出して、浅羽荘の安堵を房平に申請した。(32)いったんは師益に安堵の長者宣が下される内意が示されたにもかかわらず、局務清原業忠からの申し入れにより、審理に一カ月以上を費やしたのち、意外なことに、浅羽荘は清原業忠に与えられることになり、九月二十三日に次の長者宣が業忠に発給された。

遠江国浅羽庄可下令ㇾ知行ㇾ給上之由、殿下

御気色所レ候也、仍状如レ件、

享徳三年九月廿三日　　　　刑部卿判

清大外記殿（清原業忠）[33]

中原氏は平安時代末期の師平以来、一流のほとんどが大炊頭を世襲して大炊寮領の管理にあたり、室町時代の師夏・師孝父子にいたったが、師孝は文安五年（一四四八）九月、隼人司領山城国大住荘御稲のことにつき、武家からの申し入れを承引しなかったり[34]、大炊寮領を勝手に売却したりしたため[35]、大炊頭を免ぜられ、代わって大外記清原業忠がその職に就いた。師益は中原氏が世襲してきた大外記にも任じられることがなかった。大炊寮領は師夏・師孝の代に放漫な管理のために有名無実となったものが多く、大炊頭になった業忠はその再興を図った[36]。浅羽荘が清原業忠に与えられるにあたって、交渉に功のあった中原康富は、曽祖父とみられる康隆以来、「清家門徒」といわれて清原氏に従っていたが[37]、交渉の参考のため、貞治六年の長者宣と師古以後の中原氏略系図を日記に書き記し、師孝には次のように注記を加えた。

自㆓公武㆒被㆑処㆓御罪科㆒、師孝知行分大炊寮領等被㆑下㆓少納言業―真人㆒之後、師孝死去、件一流断絶也[38]、

これまで中原氏代々に相伝されてきた浅羽荘が師孝の代に安堵されなかったのは、こうした事情が背景にあったことによると考えられる。師孝には僧籍にあった師照のほかに子がなく[39]、中原氏のこの系統はここに断絶した。中原氏に代わって浅羽荘を知行した清原業忠は、後花園天皇や将軍足利義勝・義政に四書・五経を進講するなど、儒者・法曹官僚としてその名声は一世を風靡して、中原氏に優越する地位を獲得し、局務になるとともに、永享四年（一四三二）以来、将軍家の家司としても重用された[40]。業忠は交流のあった禅僧太極が、「天下学者皆師㆑之、以㆓公出故㆒、清家之学大興也[41]」と評するなど、清原家儒学再興の祖とされた。

また、業忠は公家・武家両方の法制にわたって該博な知識があり、『御成敗式目』に関する業忠の講義を筆録した「清原業忠貞永式目聞書」は、清原家式目註釈学の根幹と評価されている[42]。子宗賢の嗣子に、卜部神道の大

成者兼倶の子で、「清原宣賢式目抄」を著した宣賢がいるが、浅羽荘が業忠ののち、はたして清原氏に相伝されたかは明らかでない。

明応六年（一四九七）十月十日、関白氏長者二条尚基が没し、二十三日に一条冬良が関白氏長者になった。この時の氏長者の交替にあたって、中御門宣胤が写した「殿下渡領目録」(43)に、

浅羽庄遠江　田代百六十九町余

と見え、田数は嘉元三年（一三〇五）・暦応五年（一三四二）の「摂籙渡荘目録」とほぼ同じであるが、肩付には他の荘園にも人名が記されておらず、この時期の摂籙渡荘はすでに実質をもつものではなかったと考えられる。

二　浅羽氏と浅羽荘の地頭

浅羽荘が初めて史料にあらわれるのは、『吾妻鏡』治承五年（一一八一）三月十三日条である。それによると、遠江守護安田義定は、平家の襲来に備えて遠江国橋本に要害を構えるため、人夫を徴発しようとしたところ、浅羽荘司宗信らは協力せず、加えて義定の前を乗馬のまま通過するという非礼を行った。義定はこうした行為が野心を含むものであり、また宗信の一族の多くが平家に従っているとして、源頼朝に処罰を請うた。

頼朝は宗信の所領を没収して義定に領掌させ、宗信が陳謝してその言い分に理があれば、逆に義定を処罰することにした。結局、宗信は謝罪して、いったん没収された所領のうち、浅羽荘内の柴村と田所職を返還された。その理由は、「子息郎従有ㇾ数、尤可ㇾ為二御要人一之故」というものであった。宗信がもっていたそれ以外の所領は義定に与えられたと思われるが、その内容はわからない。

浅羽荘司宗信は、下総国下河辺荘司行平や相模国渋谷荘司重国らの例と同じように、浅羽を名字の地とする開

発領主で、養和元年には宗信の名が見えることから、遅くとも平安時代末期には土着していたものと考えられる。

浅羽氏の出自は明らかでないが、注意しておきたいのは、武蔵国の浅羽氏である。この一族は武蔵国北部一帯に勢力のあった児玉党に属し、入間郡麻羽郷（現埼玉県坂戸市浅羽）を本領としていた。児玉党は有道維行（遠峯）を先祖と仰ぎ、平安時代末期の小太夫行業にいたって浅羽を名乗り、以後、三郎行親、小三郎行光、その弟五郎兵衛尉行長と続く。[44] 行親・行光兄弟は、奥州平泉の藤原泰衡追討の軍勢に加わったり、源頼朝の上洛に従ったりしたことが『吾妻鏡』にみえている。[45] 児玉党は伊香色男命を遠祖とする物部氏族であり、[46]「武蔵七党系図」によると、この一族は「行」の一字を共通の名乗りとすることが多く、しかも浅羽荘司宗信の名は「武蔵七党系図」にみえない。しかし、遠江と武蔵の浅羽氏の間に何の関係もなかったと断定するには、なお検討を要するように思われる。

浅羽氏の軍事力の規模を具体的に知り得る史料は見出せないが、『吾妻鏡』に子息郎従を数多くかかえる「御要人」と記された有力武士であった。宗信は元暦二年（一一八五）六月九日、平宗盛をともなって帰洛する源義経に、橘公長らとともに随行している。

いったん没収されたのち、謝罪して宗信に返還された柴村は浅羽氏の本拠地とみられる。宗信の居館の位置は明らかでないが、江戸時代の地誌はいずれもそれが柴村にあり、宗信の子孫が住んでいると伝えている。たとえば、内山真龍は『遠江国風土記伝』で、柴村円明寺の西隣の宅地には宗信の子孫伊藤善蔵が住み、牆がわずかに残っていると記述している。現在、周辺は宅地化が進み、土塁跡や堀跡がわずかに認められるにすぎない。

宗信がもっていた所職のひとつに田所職があった。田所は本来、国衙におかれた在庁所のひとつで、検田などの土地関係業務を主な職掌とし、十二世紀中頃から荘田の管理などにあたる荘官として荘園にもおかれるようになった。[47]宗信に返還された田所職は、「彼庄内柴村幷田所職」と書かれていることからみて、浅羽荘の田所職と考えたほうがよさそうである。

遠江守護安田義定が、浅羽荘司宗信の一族に平家に従う者が多いと頼朝に注進したのは、決して根拠のないことではなく、遠江国には侮りがたい平氏勢力があったと考えられる。保元三年（一一五八）には平清盛の長男重盛、翌年には清盛の三男宗盛、その翌年には清盛の次男基盛がいずれも遠江国司になっており、この時期に遠江国に平氏勢力が扶植されたとみてよい。遠江国司になった重盛は、「笠原荘一宮記」[48]によれば、浅羽荘の東に接する笠原荘の初代地頭であったという。

治承四年（一一八〇）八月、頼朝が伊豆国に挙兵したのち、駿河国目代橘遠茂が駿河国のみならず、遠江国の兵をも率いて源氏軍に抵抗しているのは、こうした背景があったからであろう。遠江国は平氏勢力に接する頼朝勢力の最前線であり、国内の平氏勢力に対抗するための強力な指揮者として、治承四年十月二十一日、頼朝から守護に任じられたのが、義定であった。義定は寿永二年（一一八三）八月十九日には、さらに遠江守にも任じられている。

ところが、義定は浅羽荘司宗信の例に見られるように、遠江国内の御家人を掌握できておらず、またかれらのなかには武威をもって院宣をうけたり、国司・領家らの下文を掠め取って荘公年貢を横領する者がいるなどの風聞が幕府に伝わっていた。[49]それればかりか、義定は伊勢外宮領遠江国鎌田御厨の押領を禰宜為保に訴えられ、頼朝は義定に尋問することなく、ただちに外宮領として安堵している。[50]また義定は、伊勢神宮領小杉御厨について、後鳥羽天皇の命に背いたため訴えられ、頼朝から諷詞を加えられている。[51]

義定の遠江国における所領・所職は浅羽荘のほかに、頭陀寺荘惣検校職があったが、これは仁和寺門跡守覚法親王から幕府に改替をもとめられている。[52] これらはいずれも義定が遠江守護・遠江国司としての権限に基づいて、遠江国内に自らの勢力を拡大しようとする行為であった。このほか、義定は遠江守として、文治四年（一一八八）五月、遠江国巌室寺での大般若経書写の願主になっている。[53]

義定の子義資は建久四年（一一九三）十一月二十八日、女房に艶書を送ったことが露見し、頼朝の命をうけた加藤景廉によって梟首された。この時、義定も頼朝の勘気を蒙っている。[54] 義定は、荘郷地頭の設置にともなって、年次は不明ながら、浅羽荘地頭職に補任されていたが、義資の一件の縁坐の罪に問われ、義資梟首ののち旬日を経ずしてそれを没収され、浅羽荘地頭職は加藤景廉に給与された。[55] そしてその翌年八月十九日、義定は謀反が発覚したとして梟首された。[56] 義定のあとの遠江守護には北条時政が任命されたと思われ、[57] その子時房以後、貞直にいたるまで、北条氏一門の大仏氏が代々守護を相続した。[58]

安田義定に代わって浅羽荘地頭になった加藤景廉は、謀反をおこした梶原景時の朋友だったとして、正治二年（一二〇〇）正月二十四日に所領を収公された。[59] このなかに浅羽荘地頭職も含まれていたであろうが、遅くとも建仁三年（一二〇三）までに景廉の所領は回復されたと考えられている。[60]

網野善彦氏によって紹介された「加藤遠山系図」には、景廉の子のなかに「遠江尼」と呼ばれる女子がいて、「所領遠江国浅場庄」をもっていたことが記されている。[61] その内容は、父景廉のもっていた地頭職と思われる。

こののち、年次は不明ながら、文永五年（一二六八）から文永十一年にかけてのものと考えられる基重言上状[62]に、「浅羽庄地頭筑後左衛門二郎入道智定」が見えている。この筑後左衛門二郎入道智定について、網野氏は八田（小田）知尚の孫で、浅波太郎と号した左衛門太郎重家がその近親であり、浅羽荘は景廉の女子から小田氏一族に伝えられたとみている。[63] 注目すべき指摘であり、さらに推測を重ねるならば、八田知尚の子知定は筑後左衛門次郎知定と号していることから、「浅羽庄地頭筑後左衛門二郎入道智定」と同一人物の可能性がある。この推測に誤りがなければ、浅羽荘は加藤景廉の女子から八田知定に移り、さらにその子重家に伝えられたことになる。浅羽荘が景廉の女子から八田氏に移った契機は、婚姻や養子縁組によるものとも考えられるが、なお確証を得ない。

十三世紀後半以後、いわゆる得宗専制が進行する過程で、浅羽荘地頭職がはたして八田氏に継承されたのか、ほかの御家人に与えられたのか、あるいはたとえば常陸国で見られたように(64)、北条氏一門の守護大仏氏の所領となったのか、推測の手がかりを見出すことができず、今後の検討に委ねたいと思う。

観応二年（一三五一）六月二十四日、佐々木貞氏は足利尊氏から近江国播磨田郷の替地として、浅羽荘地頭職などを充行われた(65)。貞氏は宗氏の子で、高氏（道誉）の兄にあたり、観応の擾乱の際、観応二年正月十六日、足利直義方に走り、そのため尊氏から越後国白河荘上下条を没収され、勲功賞として細河頼和に充行われた(66)。貞氏の所領であった近江国播磨田郷も敵方跡として没収され、尊氏方についた武士に与えられたと思われる。しかしその後、尊氏と直義の間に和議が成立したため、六月になって貞氏に替地として浅羽荘などが与えられたのではなかろうか。

「佐々木系図(67)」によると、貞氏の子秀頼（秀敦とも）は鏡松下左衛門尉と号して遠州山名郡松下に居住し、さらにその孫秀俊は遠州松下の元祖になったという。山名郡松下（現浅羽町浅名地内）は浅羽荘内と考えられるところで、貞氏が浅羽荘地頭職を充行われたことを契機に、一族がこの地に居住することになったのであろう。

応永年間（一三九四～一四二八）になって、浅羽荘地頭職は将軍足利義満の側室寧福院殿、さらにその娘に与えられ、その後引き続いて将軍の娘に相伝されることになる。この点については、次章で検討することにしたい。

三　浅羽荘の在地経営

浅羽荘の荘域については、関係史料に柴村・岡郷が見えるにとどまることから、これまで現在の浅羽町北部を中心とすると考えられてきた。これに対して、山本義孝氏は、浅羽町北部にとどまらず、南部の松原・梅山をも含む広い地域を荘域と想定している。山本氏は浅羽三社八幡と呼ばれる梅山・八幡・馬場の各八幡社に伝わる稚児流鏑馬などの祭祀を検討し、梅山八幡社と同じ境内にある春日社は勧学院領に藤原氏の氏神が勧請されたもので、初期の段階の浅羽荘鎮守社とした。その後、観応二年（一三五一）佐々木貞氏が地頭職を与えられたことを契機に、石清水八幡宮が勧請され、三つの八幡社に王御前社が加わった四社が鎮守社の役割をはたすようになったと論じた。[68]

この山本氏の見解は、春日社や八幡社の創建時期、両社の祭祀の系譜について、なお詳細に検討する余地が残されているものの、勧学院領浅羽荘に勧請された春日社が鎮守社としての役割をはたし、春日社のある梅山も荘域とする指摘には従うべきであろう。寛政（一七八九～一八〇一）末年頃に編纂されたといわれる山中豊平の『遠淡海地志』に、当時の童謡として、「浅羽〳〵と何処が浅羽、梅田・松原・柴・浅羽」と記されているのは、浅羽荘の荘域を江戸時代まで伝承したものと思えて興味深い。

ところで勧学院領はこれまでに四三カ所が判明し、勧学院の財政はこれら荘園からの収入を中心に、食封などによって維持されたことが指摘されている。[69]しかし、勧学院領に関する史料がきわめて乏しいために、在地構造や貢納の実態については、これまでほとんど明らかにされたことがなく、播磨国滝野荘に関するわずかな史料が知られているにすぎない。

滝野荘は嘉元三年（一三〇五）作成と考えられている「摂籙渡荘目録」に、勧学院領として三八町九段四五代の田地があり、荘内の高嶋から贄三度の貢納を行う荘園と記されている。(70) 滝野荘は平安時代中期には勧学院領であったことが確認でき、(71) それ以後「摂籙渡荘目録」にいたるまで田数に大きな変動はなかったものとみられ、長保二年（一〇〇〇）の年貢は淀定米一〇五石であった。(72)

正応二年（一二八九）十月二十一日、その前日勧学院別当になった勘解由小路兼仲は吉書の儀を行い、そのなかで滝野荘から進上される一二三石五斗の年貢に対して、次の返抄が作成された。

勧学院政所返抄
　検納米佰弐拾参斛伍斗事
右、滝野御庄当年御年貢米内、且検納如レ件、故返抄、
　正応二年十月廿一日　　　知院事高橋　判
別当左中弁藤原朝臣　在判(73)

この時、各院領にも下文が出され、知行する青侍らに渡されているから、氏長者や勧学院別当の交替の際、浅羽荘を含む勧学院領にこのような手続きがとられたのであろう。

浅羽荘の在地の状況や貢納の実態については、鎌倉時代のことはよくわからないが、南北朝時代になると、当荘を相伝した中原師茂の弟師守の日記『師守記』に関係記事が見えている。

貞和五年（一三四九）八月二十三日、中原師茂は浅羽荘預所職に善覚を補任した。

家君（中原師茂）判
遠江国浅羽庄除二岡郷一預所職事、為二御恩一所レ被二仰付一也、可レ被二存知一之状、依レ仰執進如レ件、

貞和五年八月廿三日　　　左衛門尉国継（清原）上

謹上　左衛門太郎入道殿　善覚

追申、　判

於レ所レ出二参分壱之一者、可レ為二預所得分一、同可レ被二存知一候也、(74)

岡郷を除く浅羽荘の預所職に任じられた善覚は、中原家の青侍で、師茂が寮務であったことから、大炊寮領摂津国六車御稲の雑掌もつとめていた。浅羽荘預所職としての善覚の得分は、上納のうち三分の一と定められている。

貞治五年（一三六六）十一月七日、師茂のもとに到着した年貢は「請料十五貫・別進十五貫、以上三十貫文」で、このことから現地の経営が請負によっていたことが知られ、この時の預所職善覚の実際の得分は三分の一ではなく、請料十五貫の一割にあたる一貫五〇〇文が、申次分として与えられている。(75)

岡郷では浅羽荘の他の地域とは別個に年貢の請負が行われていた。貞和三年（一三四七）二月には、中原家青侍の友阿に岡村の請料のなかから熟食八貫文が与えられている。(76)この年の十月には、明年分の年貢が十五貫文で請負われていることからみて、(77)前年に翌年分の請負額が定められたようである。

岡郷の年貢請負人がわかるのは、貞治元年（一三六二）のことで、現地に住む柴入道重西という人物が年貢を請負っていた。請料は七貫文余りであったが、この年の十二月十日、重西は二貫文しか師重に上納しなかったため譴責をうけ、(78)翌年になって、結局三回にわけて合計七貫二五〇文を、当時京都にいた重西の子在景が上納し、そのつど師茂から請取状が出されている。(79)また重西は、貞治六年には、明年の年貢七貫五〇〇文を上納し、ほかに茶・鰹干などを進上している。(80)上納は替銭によって行われたことが知られる。(81)柴入道重西は、浅羽荘内の柴を本拠とする武士と考えられ、次章に述べるように、柴氏は浅羽荘岡郷の年貢を中原氏から請負うとともに、足利将軍の女子のもつ地頭職の代官をもつとめていた。

師茂ののち、先に述べたように、浅羽荘は師夏・師孝と相伝され、さらに清原業忠に移ったが、この時期の経営について語ってくれる史料は見出せない。

むすび

浅羽荘は遅くとも平安時代末期には成立し、鎌倉時代初期には勧学院領になっていた。そして十五世紀半ばにいたるまで、摂関家家司の中原氏に相伝され、続いて清原氏の知行するところとなった。勧学院領はこれまで四〇カ所以上が知られているにもかかわらず、関係史料が乏しいために検討の手が加えられてこなかった。浅羽荘は勧学院領の支配と伝領の実態を明らかにできる稀有の荘園である。そして伝領の経緯を分析することによって、中世における中原氏・清原氏という摂関家家司の存在形態の一端をも知ることができた。在地構造を具体的に明らかにしうる史料は見出せないが、南北朝期には請負が行われており、摂関家家司の家産経営の一端を知り得たことは大きな意味をもっている。

（1）『仁和寺日次記』承久元年七月十三日条。
（2）『百錬抄』承久元年十一月十九日条。
（3）『玉蘂』承久二年三月二十二日条。
（4）『仁和寺日次記』承久二年十月十八日条・十二月八日条。
（5）勧学院の組織や機能については、桃裕行「勧学院の組織と経済」（上・下）（『歴史地理』六八―二・三、一九三六年）、桃裕行「勧学院の一機能——氏寺・氏社の統制——」（上・下）（『歴史地理』七八—三・四、一九四一年）参照。のち、いずれも『上代学制の研究』（吉川弘文館、一九四七年）、『上代学制の研究　修訂版』（思文閣出版、一九九四年）に収録。

(6) 松野遵崇「勧学院」（『史林』七—一、一九二二年）。

(7) 『鎌倉遺文』一七五一三号。

(8) 吉村亨「近衛家領研究序説」（『中世日本の歴史像』、創元社、一九七八年、五一頁）。

(9) 図書寮叢刊『九条家文書』一、一〇一頁、『書陵部蔵御摂籙渡庄目六』解題、宮内庁書陵部、一九六四年。

(10) 橋本義彦「藤氏長者と渡領」（『続日本古代史論集』下巻、吉川弘文館、一九七二年。のち『平安貴族社会の研究』に収録〔吉川弘文館、一九七六年〕）。

(11) 佐藤進一『日本の中世国家』（岩波書店、一九八三年）三一頁。

(12) 佐藤進一『日本の中世国家』三四頁。

(13) 『地下家伝』。

(14) 『鎌倉遺文』一七〇三号。

(15) 『鎌倉遺文』一二〇五九号・一二〇六〇号。

(16) 『鎌倉遺文』一二一〇四号。

(17) 『三長記』建永元年八月九日条、『明月記』建永元年八月十一日条。

(18) 『猪隈関白記』建久八年四月二十三日条。

(19) 『勘仲記』弘安六年五月二十九日条。

(20) 『九条家文書』一、一一九頁。

(21) 橋本義彦「藤氏長者と渡領」二五五頁。

(22) 小林花子「師守周囲の中原家の人々」（『師守記』一一、一九八二年、三〇三頁）。

(23) 『大日本史料』六—八、七六一頁以下に卒伝を収める。

(24) 『園太暦』康永四年二月五日条。

(25)『園太暦』康永四年二月六日条。
(26)『静岡県史』資料編5・中世一、一五五七号。
(27)宮川満「荘園制の解体」(『岩波講座日本歴史』7・中世3、岩波書店、一九六三年、一四八〜一四九頁。のち宮川満著作集一巻に収録〔第一書房、一九九八年〕)。
(28)吉村亨「近衛家領研究序説」六三頁。
(29)小林花子「師守周囲の中原家の人々」三〇三頁。
(30)『愚管記』永和四年七月八日条。
(31)『師守記』貞治六年八月三十日条。
(32)『康富記』享徳三年八月八日条。
(33)『康富記』享徳三年九月二十三日条。
(34)『康富記』文安五年九月十九日条。
(35)『康富記』宝徳三年十月二十九日条。
(36)橋本義彦「大炊寮領について」(『日本歴史』二九四、一九七二年。のち『平安貴族社会の研究』に収録、二二八頁)。
(37)橋本義彦「大炊寮領について」二二八頁。
(38)『康富記』享徳三年八月八日条。
(39)『康富記』宝徳二年六月十八日条。
(40)足利衍述『鎌倉室町時代之儒教』(日本古典全集刊行会、一九三二年、復刻版〔有明書房、一九七〇年〕)四六六頁、和島芳男『日本宋学史の研究　増補版』(吉川弘文館、一九八八年)一九三頁。なお『大日本史料』八－一、一九二頁以下に業忠の卒伝を収める。
(41)『碧山日録』長禄三年四月二十三日条。
(42)池内義資編『中世法制史料集』別巻(岩波書店、一九七八年)六三七頁。
(43)『静岡県史』資料編7・中世三、二三七号。

(44)「武蔵七党系図」(『続群書類従』五輯下)。
(45)『吾妻鏡』文治三年八月十五日条・文治五年七月十九日条・建久元年十一月七日条。
(46)宝賀寿男『古代氏族系譜集成』中巻(古代氏族研究会、一九八六年)一一九六頁。
(47)『国史大辞典』「田所」の項参照。
(48)『静岡県史』資料編5・中世一、四八七号。
(49)『吾妻鏡』元暦二年五月十九日条。
(50)『吾妻鏡』養和二年五月十六日条。
(51)『吾妻鏡』文治元年十月十四日条。
(52)仁和寺文書(建久三年)八月二十七日守覚法親王御教書(『鎌倉遺文』六一三号)。
(53)滋賀県神崎郡能登川町柳瀬在地講所蔵大般若経巻三二〇奥書(『静岡県史』資料編8・中世四、付録1・六号)。
(54)『吾妻鏡』建久四年十一月二十八日条。
(55)『吾妻鏡』建久四年十二月五日条。
(56)『吾妻鏡』建久五年八月十九日条。
(57)石井進「一の谷遺跡と中世都市」(『歴史手帖』一四―一一、一九八六年、三四頁)。石井進「一の谷中世墳墓群の背景としての遠江国府」(『国立歴史民俗博物館研究報告』五〇、一九九三年、一〇二頁)。
(58)佐藤進一『増訂鎌倉幕府守護制度の研究』(東京大学出版会、一九七一年)五〇頁。
(59)『吾妻鏡』正治二年正月二十四日条。
(60)網野善彦「『加藤遠山系図』について」(小川信編『中世古文書の世界』、吉川弘文館、一九九一年、一三三頁。のち「加藤遠山系図」と改題し、『日本中世史料学の課題――系図・偽文書・文書』に収録〔弘文堂、一九九六年〕)。
(61)網野善彦「『加藤遠山系図』について」一四頁。「浅羽本系図」二八に収める加藤系図には、「所領遠江国浅羽庄」と記されている。
(62)『静岡県史』資料編5・中世一、一一七九号。
(63)網野善彦「『加藤遠山系図』について」二四頁。

(64) 石井進「鎌倉時代の常陸国における北条氏所領の研究」（『茨城県史研究』一五、一九六九年）。
(65) 『静岡県史』資料編６・中世二、四四〇号。
(66) 『静岡県史』資料編６・中世二、四二八号。
(67) 『続群書類従』五輯下。
(68) 山本義孝「遠江国浅羽荘の荘園鎮守社とその祭祀」（『静岡県博物館協会研究紀要』一七、一九九四年）。
(69) 久木幸男『日本古代学校の研究』（玉川大学出版部、一九九〇年）二二四頁。
(70) 網野善彦氏は、「氏院領には『御贄』を出す志摩国和具や播磨国滝野荘内高嶋が含まれており、単純な上分寄進による荘園は、むしろ少ないのではないかと思われる」と指摘しているが（『土地制度史』Ｉ〈体系日本史叢書６〉、山川出版社、一九七三年。のち『日本中世土地制度史の研究』に収録、塙書房〔一九九一年、七五頁〕）、「摂籙渡荘目録」に列挙された勧学院領三三カ所のうち、二カ所に見えるにすぎない贄貢納をもって勧学院領全体の性格を判断するには、なお検討を要する。
(71) 『権記』長保二年八月九日条。
(72) 『権記』長保二年九月二十六日条。
(73) 『勘仲記』正応二年十月二十一日条。
(74) 『師守記』貞和五年八月二十三日条。
(75) 『師守記』貞治五年十一月七日条。
(76) 『師守記』貞和三年二月十九日条。
(77) 『師守記』貞和三年十月十日条。
(78) 『師守記』貞治元年十二月十日条。
(79) 『師守記』貞治二年閏正月五日条・閏正月十三日条・二月三十日条。
(80) 『師守記』貞治六年九月九日条。
(81) 『師守記』貞治三年四月二十五日条。

第六章　遠江国浅羽荘と比丘尼御所

はじめに

　本章は、室町期に比丘尼御所の所領となった遠江国浅羽荘の地頭職の沿革を検討することを主眼とし、関連して比丘尼御所の存在形態、および比丘尼御所と幕府との関係についても若干の考察を行おうとするものである。比丘尼御所とは、本来、皇女や摂関家の女子など高貴な身分の女性が寺主となり、彼らを中心として成立した居所をも兼ねた寺院である。(1) のちには将軍室町殿の女子も多く入室するようになり、将軍から料所の寄進をうけるなど、将軍家との間に密接な関係を生ずるにいたった。

　前章に述べたように、浅羽荘の成立は、少なくとも平安後期にまではさかのぼり、浅羽荘は遅くとも鎌倉初期には藤原氏の氏院である勧学院の所領であったことが確認でき、勧学院領の中では最大の荘園であった。(2)
　浅羽荘については、関係史料が乏しいとされてきたために、従来専論がなく、(3) わずかに筆者が『袋井市史』通史編において、概要を述べた程度にとどまっている。

一　基本史料の検討

叙述の必要と便宜のため、まず基本史料を一括して掲げ、事実の確定と相互の関連を検討することから始めたい。出典は本節における六点のほか、本章における大半は宝鏡寺文書であり、ほとんどが従来未刊のものである。(4)

A　遠江国柴村（山名郡）、東手山香内宇奈村（豊田郡）、石野郷（山名郡）、貫名郷（山名郡）内平六名、浅羽庄地頭職等事、早任二御書之旨一、可レ被レ沙二汰一付御料所御代官一之由所レ被二仰下一也、仍執達如レ件、

応永六年九月十八日　沙弥（畠山基国）（花押）

今河伊予入道殿（了俊）

B　遠江国西手山香内裏鹿村（豊田郡）、豊永御厨内々野郷（長上郡）、小松郷（長上郡）、祝田郷（引佐郡）等事、早任二御書之旨一、可レ被レ沙二汰一付御料所御代官一之由所レ被二仰下一也、仍執達如レ件、

応永六年九月十八日　沙弥（畠山基国）（花押）

今河右衛門佐入道殿（仲秋）

C　遠江国柴村、東手山香内宇奈村、石野郷、貫名郷内平六名、浅羽庄地頭職、西手山香内裏鹿村、豊永御厨内々野郷、小松郷、祝田郷等事、早任二今年四月十三日御書之旨一、可レ被レ沙二汰一付御料所御代官一之由所レ被二仰下一也、仍執達如レ件、

応永卅年十月廿九日　沙弥（畠山満家）（花押）

左兵衛佐殿（斯波義淳）

D　遠江の国柴のみの丶入たう所々の所りやうの事、料所として御ちきやう候へく候、

九月十七日　(足利義満)(公家様)(花押)

E　遠江国しはみの丶入道所々の所りやうの事、寧福院殿の如二御知行一、可レ有二御管領一候也、

卯月十三日　(足利義持)(公家様)(花押)

今御所

F　遠江国しはみの丶入道所々の所りやうの事、任二御当知行一、相違あるへからす候也、

十一月十二日　(足利義教)(武家様)(花押)

今御所

まず年紀を欠くD・E・Fについての検討から始めよう。年紀の確定と内容の検討にあたって注目したいのは、Cの室町将軍家御教書にある「早任二今年四月十三日御書之旨一」という文言である。この文書は、応永三十年（一四二三）十月二十九日、管領畠山満家が遠江守護斯波義淳にあてて、遠江国柴村以下の所領を「今年四月十三日御書」の旨に任せて、料所代官への沙汰付を命じたものである。室町将軍の発給した御内書が足利尊氏の時期に「御書」と呼ばれていたことはすでに指摘されている。(6)義満の時期にも同様であったかどうかについては、なお検討の余地は残されているとしても、将軍家御教書に「御書」と記されていることからみて、御内書のことと考えてまず誤りはないであろう。そう考えると、「今年四月十三日御書」とは、日付が一致すること、および管領が畠山満家であることからみて、Eの足利義持御内書のことを指すものと考えられるのである。つまり、Eは応永三十年四月十三日の足利義持御内書であり、Cはそれをうけて発給された室町将軍家御教書ということになる。

Eの年紀をこのように推定できれば、内容が類似していること、および管領が畠山基国であることから考えて、

Dの義満御内書は応永六年九月十八日同日付のA・B中にみえる「御書」のことと想定され、年紀を応永六年と推定できる。一方、Fの義教御内書は、(7) D・Eのように直接対応する室町将軍家御教書を見出すことができない。この御内書は永享五年（一四三三）あるいはそれ以後の近い時期のものと推定できるが、その根拠についてはのちに述べる（注7・72参照）。

応永六年のものと推定したDの義満御内書は充所を欠いている。それを推定するならば、Eの義持御内書はDの義満御内書を直接の前提としていると考えられ、さらに「寧福院殿の如二御知行一」という文言に注目すると、Dの充所は、記載されていない理由は明らかでないとしても、本来、「寧福院殿」であったと考えるべきであろう。

以上のやや煩雑な考証を整理して、本節に引用した史料六通の事実関係をまとめると、ほぼ次のようになろう。すなわち、応永六年（一三九九）九月十七日、将軍義満が遠江国柴美濃入道の所領を寧福院殿の料所として安堵し（D）、それをうけて同年九月十八日に管領畠山基国が今川了俊・同仲秋に料所代官への沙汰付を命じた（A・B）。そして応永三十年（一四二三）四月十三日には将軍義持が今御所に先と同じ料所を安堵し（E）、同年十月二十九日、管領畠山満家が守護斯波義淳に料所代官への沙汰付を命じた（C）。さらに永享五年（あるいはそれ以後の近い時期の）十一月十二日、将軍義教が今御所に当知行に任せて料所を安堵した（F）。文書は現存しないが、こののち前例と同様に、将軍家御教書が発給されたものと考えられる。

二　浅羽荘と今御所

応永六年に料所の安堵をうけたとみられる寧福院殿とは、将軍義満の側室の一人で、臼井信義氏によると、実名は明らかでないが、「地方の相当な武家の娘」と考えられ、仏事法語には「寧福院殿従三位光厳大禅定尼」とみえ、応永二十八年（一四二一）二月十日、五十二歳で没している。(8)義満との間に少なくとも二人の娘をもうけたことは、のちに述べる通りである。

寧福院殿が義満から安堵された遠江国柴美濃入道の所領の内容は、前節に引用したA・B二通の室町将軍家御教書に示されている。すなわち、柴村、浅羽荘地頭職、山香内宇奈村・裏鹿村、石野郷、貫名郷内平六名、豊永御厨内内野郷、小松郷、祝田郷の合計九カ所であった。これらの所領は、浅羽荘・豊永御厨内内野郷を除けば、国衙領であった可能性が高い。

これより前、南北朝期の観応二年（一三五一）六月、浅羽荘地頭職は同じ遠江国の小椙郷とともに、近江国播磨田郷の替地として佐々木貞氏に充行われた。(9)貞氏は婆娑羅大名として著名な高氏（道誉）の兄で、佐々木鏡を称し、観応の擾乱に際して、直義方に走った。(10)観応二年二月十三日、「越後国白河庄上下条（佐々木近江入道跡）」が尊氏から細河頼和に充行われているが、(11)佐々木近江入道とは、近江守をつとめ、建武二年（一三三五）に出家して善観と号した貞氏のことであり、(12)白河荘は貞氏が直義方に走ったため没収されたものであろう。近江国播磨田郷も敵方跡として、尊氏の味方についた武士に充行われたものと考えられ、尊氏・直義の間にいったん和議が成立したのち、六月になってその替地として、浅羽荘地頭職が貞氏に与えられたものであろう。

観応二年八月には、尊氏・直義の間に第二次分裂がおこる。貞氏はそれからおよそ四年のちの文和四年（一三五五）十一月十九日に没した。(13)第二次分裂以後、浅羽荘地頭職はどうなったか明らかでない。それを推測する材料として、貞氏のほかの所領について検討してみたい。貞和三年（一三四七）十一月に貞氏が尊氏から充行われた近江国多賀社地頭職は、(14)貞氏の死後、延文四年（一三五九）六月には弟の道誉に充行われ、(15)また貞氏の所領であった近江佐々木鏡跡は、一族で道誉の孫高詮に充行われるなど、[16]貞氏の所領は同族の京極氏に与えられているものが多い。これらを参考にすると、浅羽荘地頭職のみがひとり貞氏の子に相続されたとは考えがたい。[17]前節で明らかにしたように、応永六年（一三九九）には浅羽荘地頭職は柴美濃入道の領有するところとなっていたから、貞氏ののち、柴美濃入道に充行われたか、あるいはいったん闕所になったものを柴氏が旧領と称して獲得したのではなかったろうか。

柴美濃入道とは、今のところ、実名を明らかにしえない。おそらく、浅羽荘柴村土着の人物と考えられる。貞治元年（一三六二）から同六年にいたる時期に、勧学院領としての浅羽荘岡郷の年貢上納を請負っている柴入道重西という人物があり、[18]また貞治元年にはその息子が在京して年貢上納に携わっているが、[19]時期が近接していることから、彼らのいずれかであった可能性も十分考えられる。

柴氏の一族と考えられるものに、鎌倉時代には、建久五年（一一九四）、遠江守護安田義定に縁坐して刎首された伴類の一人として柴藤三郎がみえ、[20]南北朝期には、建武四年（一三三七）七月、遠江国御家人三和光継の三方原合戦における軍忠を見知した柴孫五郎がいる。[21]また明徳三年（一三九二）八月二十八日に行われた相国寺供養の際、先陣五番をつとめた今川貞秋の随兵の中に、「播副《張替役》柴兵庫助藤原家秀」がみえている。[22]藤原姓を名乗っていることからすれば、遠江国円通院の禅僧松堂高盛の語録にみえる「遠陽浅羽荘居住、藤原朝臣武庫」や「同姓信安」[23]も柴氏であった可能性がある。このののち、戦国期の天文八年（一五三九）には、今川義元が三浦弥次郎に柴村の柴小次郎屋敷分を充行っている。[24]系譜関係を明らかにすることは困難であるが、この人物も柴氏の後裔であろう。

浅羽荘柴村には浅羽荘司宗信の屋敷跡と伝えられる遺跡があり、[25]柴村は浅羽荘の中でも中心的な位置を占めていたと思われる。柴氏の出自は明らかでないが、浅羽荘柴村を本拠としていた在地土豪と考えられ、浅羽荘の開発領主と推定される浅羽氏の系譜をひく一族ではなかったろうか。(26)

応永六年（一三九九）に、柴美濃入道の所領が寧福院殿料所となった理由については、直接そのことを示す史料を見出せないため明らかではない。さしあたり考えられることは、何らかの理由によって闕所地とされたものが、将軍義満の側室寧福院殿に与えられたか、または柴氏が自らの所領を料所とすることによって、他の在地勢力の押領を排除しようとしたかであろう。この点は臆断を避けて、後考に俟ちたい。

前節に引用したA・B二通の室町将軍家御教書は、いずれも同日付で、管領畠山基国から今川了俊と同仲秋に発給されたものである。遠江守護職に関わる問題であるから、簡単ながら触れておく必要があろう。

了俊は応永二年（一三九五）に九州探題を解任されて失脚したのち、従来駿河半国を与えられて、所領遠江に下ったとされていた。これに対して、秋本太二氏は先の二通の室町将軍家御教書によって、了俊は遠江半国守護職をも与えられたと論じた。(27)了俊に発給されたAは、当時守護であったことが明らかな仲秋宛のBと比べると、地名を除けば同文であり、秋本氏が論じたように、半国守護職と考えるかどうかについては、なお慎重な検討を要するとしても、了俊が遠江守護職に関係する権限を与えられていたことは疑いないであろう。(28)したがって、この点については、従来の理解には修正を要する。

浅羽荘地頭職は、前節に引用したC・Eによって明らかなように、応永三十年（一四二三）には今御所の領有するところとなっていた。寧福院殿は応永二十八年二月十日に没したから、これを契機にして、浅羽荘地頭職は寧福院殿から今御所に領有が移転したものと考えられる。御所号は、皇族や将軍の子女などの居所に基づく敬称として使われ、当時はよく知られていても、現在では人名の比定に困難をともなう場合が少なくない。

応永三十年前後に今御所と呼ばれた人物として知りうるのは、まず「入江殿今御所」[29]「今御所《入江殿》」[30]などと史料にあらわれる、入江殿に入室していた人物がいる。この入江殿とは、「入江殿三時知恩院事也、黒衣比丘尼、伏見殿御女、禁裏御実妹〔姉カ〕也、」[31]とみえる通り、三時知恩院（現三時知恩寺）のことである。この寺は後光厳天皇の皇女見子内親王（入江内親王ともいう）が崇光天皇の御所を寺とし、義満の娘覚窓聖仙を開基として迎え、のち皇女や摂関家の女子が住持となった。また、将軍義持の娘修善院慈敬や義教・義政・義尚・義晴の娘も入室しており、比丘尼御所の中でも将軍家と特に密接な関係をもった。応永三十年前後に入江殿今御所と呼ばれた人物は、崇光院の侍女真修尼（三条局）の産んだ娘である。[32]

この時期に、今御所と呼ばれたもう一人は、応永三十四年の『熊野詣日記』[33]に「いま御所さま南御所御一腹の御兄弟」とみえる人物である。『熊野詣日記』の別の箇所には、「今御所」とも記されている。この日記は応永三十四年九月、南御所が今御所らと熊野詣をした折のことを、先達をつとめた住心院実意が記録したものである。南御所はのちにも触れるように、義満の娘聖久のことで、実母はさきにも述べた義満の側室寧福院殿であった。

義満の子女について、詳細な検討を行った臼井信義氏が、寧福院殿の子としているのは聖久のみである。[34]しかし、『熊野詣日記』の記述によるかぎり、今御所は南御所聖久と母を同じくする兄弟ということであるから、寧福院殿にはもう一人子がいたことになる。この場合、兄弟とは男子に限らず、親を同じくする子供たちということであり、しかもこの時の参詣に随行した人々は、素玉（宝鏡寺恵照院開山、広橋仲光娘）・聖芳（大慈院尼、広橋兼宣娘）など尼僧がほとんどであったから、今御所も女性と考えるほうが自然であろう。今のところ、人物を確定できる史料を見出せないが、生母が不明の義満の娘の中では、法敬寺（宝鏡寺）某[35]・柳殿聖紹[36]などの可能性が考えられる。

応永三十年前後に今御所と称された人物二人のうち、浅羽荘地頭職を領有していたのは、前者が寧福院殿との間に関係があったことを確認できないこと、また実母の寧福院殿のあとをうけて所領を継承したと考えるのが自然であることから、後者の義満側室寧福院殿の娘と考える方が妥当であろう。(37)

応永三十年以後も今御所が浅羽荘地頭職を継続して領有していたことを示す史料が宝鏡寺文書の中にある。

G　今御所御領遠江国浅羽庄并小松・祝田以下本主等事、致下可二乱入一之企上云々、事実者不日可レ被レ誅二伐彼等一之由所レ被二仰下一也、仍執達如レ件、

嘉吉元年七月卅日　　右京大夫（細川持之）（花押）

千代徳殿（斯波義健）

この文書が発給された嘉吉元年（一四四一）七月といえば、この年の六月二十四日、将軍義教が赤松満祐に暗殺され、政情不安が一挙に表面化した時期であった。遠江では、これより前、駿河守護今川範忠が遠江の回復を図って、永享五年（一四三三）九月には「国堺一大事」が起こっていた。(38)さらに嘉吉元年には、「遠江国今河殿遠州押領之間、自二京都一、甲斐・細田両人下向」(39)という状況で、今川範忠が遠江進出を図っていた。これは将軍義教暗殺を契機とする混乱に今川氏が乗じた動きと考えられ、嘉吉の乱の地方への余波といえる。

浅羽荘でも、所領の旧知行者が荘内への乱入を図っており、管領細川持之が守護斯波義健に誅伐を命じたのが、先のG室町将軍家御教書である。本主の知行権を否定しているが、本主とは一体いかなる人物をさすのか具体的なことはわからない。浅羽荘とともに小松・祝田もあげられていることからみて、これらのいずれにも関係のあった柴氏が何らかの理由によって所領を没収され、旧知行の回復を図ったとも考えられるが、断定はできない。

浅羽荘地頭職は、すでに寧福院殿料所であった応永六年（一三九九）から代官の請負に委ねられており、それ

は今御所料所になってからも変化がなかった。しかし、その実態については、これまでに掲げた史料からは明らかでなかった。宝鏡寺文書に収める次の史料は、年貢などの内容と上納状況などを具体的に明示していて注目される。

H　（端裏書）「浅羽庄請文嘉吉元うけふみ かたやま」

請申御料所遠江国浅羽庄御代官職事

右御領者、毎年御年貢捌百貫文仁請申所也、毎月参拾貫文宛、月充晦日前仁無二懈怠一進上可レ申、若雖レ為二一月一、無沙汰之儀候者、懸二請人一可レ預二御催促一、同御公用銭事、盆前参拾貫文、憑前伍拾貫文、其外随時可レ致二秘計一、但月充外秘計者、七月訖之利平加二三文子一、可レ致二勘定一候、就中地下人夫銭、毎月参貫文宛取次可レ申、此外御茶三百袋・搗栗拾袋・糸五百文目・綿六百文目・布六端進上可レ申、万一天下一同旱風水損時者、以二近郷引懸一遣二損亡一、彼損免内三分一之事者、為二御代官一入立申、於二御年貢一者、年内可二皆済申一、次検断事者致二注進一、以二上使一可レ有二御沙汰一、背二此請文之旨一令二難渋一者、雖レ為二何時一、被レ召二‐放御代官職於一、御年貢以二上使一可レ有二其沙汰一候、如レ此雖二申上候一、当年事者、御百性〔姓〕等逃散仕、五月中仁還住候間、自二正月一御月充積申候、只今御公用分借用仕、進上申候、国静謐、御領無為候者、請人於立申、御月充夫銭等、如二御定一進上可レ申候、若国方押二‐取御年貢一、失墜之子細候者、上使相共仁以二起請文一可二申上一候、仍為二後日一請文如レ件、

嘉吉元年七月　日

片山大和入道
沙弥性山（花押）

文中に「今御所」という語は見えないが、嘉吉元年（一四四一）七月三十日の時点ではなお今御所料所であったことは、G室町将軍家御教書によって明らかであるから、この代官職請文も今御所料所である浅羽荘の代官職

についての具体的な請負条項であることは疑いない。最後に近い部分に、「若国方押二取御年貢一、失墜之子細候者、上使相共仁以二起請文一可二申上一候」とあるうちの、国方とは守護のことであろうから、今御所料所浅羽荘は守護沙汰ではなかったことを示している。

この請文で請負われた年貢・公事銭などの内容を簡略にまとめると、次のようになろう。(1)年貢の請負高は八〇〇貫文で、毎月三〇貫文ずつ、晦日以前に納入する。[40] (2)公用銭は盆前三〇貫文、憑（八朔の祝）前五〇貫文、そのほか臨時の公用銭にも応ずる。ただし、月充以外の公用銭は、七月末で一〇〇文につき三文の利子を加えて勘定する。地下人夫銭は毎月三貫文ずつ取次ぐ。(3)茶三〇〇袋・搗栗十袋・糸五〇〇文目・綿六〇〇文目・布六端を進上する。(4)天下一同の旱風水損があった場合は、近郷の例によって損亡を計算し、損免のうち三分の一は代官が負担し、年貢は年内に皆済する。(5)検断については注進し、上使の沙汰に従う。以上の条項に違反した場合は、代官職を罷免されてもかまわない、というのがこの請文のおよその内容である。

代官職を請負った片山大和入道性山という人物については、他の徴証を見出すことができない。応永十一年（一四〇四）から二十三年にかけて山城守護をつとめた高師英の奉行人に片山隼人入道正覚（光如）[41]がおり、また片山太郎左衛門尉正次[42]・片山彦左衛門尉祐重[43]のほか、「常徳院御動座当時在陣衆着到」[44]に二番衆として片山平三がいるが、いずれも系譜関係は明らかでない。

嘉吉元年（一四四一）七月に片山大和入道性山が請負った年貢などは銭納で、この他に茶などの現物の上納も義務づけられており、損免の規定にみられるように、請切ではなかった。これらが実際に履行されたかどうかは明らかでないが、契約の内容からいえば、代官側に重い負担であったといえる。

なお、この史料に関して注意しておきたいことは、「当年事者、御百性〔姓〕等逃散仕、五月中仁還住候間」とあることで、百姓らが逃散したため、正月からの月充が納入できず、公用分も借用して進上したことを述べている。おそらく、これは前にも述べたように、この年、駿河の今川範忠が遠江進出を図ったことによる混乱によって、百姓らが逃散したことを意味するものと思われ、この時期の遠江の状況を具体的に示していて注目される。

嘉吉よりも前、永享三年（一四三一）には、「御前落居奉書」の中に浅羽荘に関する次のような室町幕府奉行人連署奉書案がある。

I　　　（花押影）（足利義教）

遠江国小松・祝田事、雖レ被レ入二御借物一、首弘都官同国浅羽庄内正作并国衙年貢以下、不レ載二毎年勘定状一之間、糺明之処、引負之条勿論之上者、早退二周琳蔵主一、庄主如レ元可レ有二御知行一之旨、可レ被二申入一之由、所レ被二仰下一也、仍執達如レ件、

永享三年三月廿八日　　和泉守（清秀定）
散位（飯尾貞元カ）

三上美濃入道殿(45)

応永三十年（一四二三）以後、嘉吉元年（一四四一）にいたる時期、浅羽荘・小松・祝田がいずれも今御所料所であったことはすでに述べた通りであるから、嘉吉元年より十年前のこの史料もまた今御所料所に関するものである。文章そのものが簡略な上、関係史料を見出せないことから、きわめて難解な史料であり、安易な推定は大きな誤解を招きかねないが、さしずめ次のような解釈を提示したい。今御所料所であった小松・祝田の庄主職をつとめていた周琳蔵主が年貢を未納し、（催促に応じて）納入した。しかし、同じく周琳蔵主の請負っていた浅羽荘内正作・国衙領の年貢が毎年の勘定状に載っていないため、首弘都官が糺明したところ、なお未納分が残っ

ていたので、今後は周琳蔵主を罷免し、新しい庄主に知行させるよう、幕府奉行人が三上美濃入道に申し入れさせたものであろう。

命令をうけた三上美濃入道は、「永享以来御番帳」の御供衆にみえる「三上美濃入道年世」のことと考えられる。[46]三上美濃入道は一万部経料所であった尾張国山田荘の荘務に関係したり、[47]永享四年（一四三二）には、義満の娘尊順が入室していた法華寺の料所山城国上桂東代官職を熊谷近江入道の代官に渡すよう命じられている。[48]またのちに述べるように、義満から南御所に与えられた美作国小吉野荘などの代官をつとめるなど、将軍の女子の入室していた比丘尼御所に深く関係しており、奉公衆が比丘尼御所の所領経営に関わっていたことは注目すべき事がらである。

ところで、禅宗寺院の所領経営には、東班衆があたったことについては、すでに藤岡大拙氏が指摘している。[49]藤岡氏によれば、代官のことを指す庄主という用語は禅宗独自のものであり、ほとんど例外なく東班衆から補任され、[50]任期は原則として五年で、年貢の十分の一程度の得分をもち、請切制をとる場合もあった。応仁の乱を契機として、この制度も崩壊するにいたったという。

先の史料にもどると、首弘都官・周琳蔵主ともに、いかなる人物か明らかでない。永享三年当時、小松・祝田などは今御所料所であったから、この二人の僧は今御所の僧侶であったとも考えられ、そうすると、今御所は禅宗寺院であったということになる。しかし、東班衆は、東寺など禅宗以外の寺院の荘園経営を委託されて活動している場合もあり、[51]しかも尼寺の所領経営については、その実態がほとんど明らかにされていないため、いまは庄主による請負が行われていたことを確認するにとどめ、断定はさしひかえたい。

三　浅羽荘と南御所

嘉吉元年（一四四一）七月には、浅羽荘地頭職は今御所料所であったことを確認できるが、その後しばらくの間明証を欠き、約四十年後の文明十四年（一四八二）には南御所の料所としてあらわれる。

J　畏言上、抑御料所遠江国浅羽庄事、今度就レ被レ成二下召符一、致二参洛一先規在様具令二言上一候了、然間当庄之事、為二　南御所様御直務一、年貢諸公事以下、於二御番衆三人中一可レ致二取沙汰一之由、任下被二仰出一之旨上、如二先規一厳重可レ致二其沙汰一、聊有二不法懈怠之義一者、一段可レ預二御罪科一者也、仍言上如レ件、

文明十四壬寅八月廿三日

渋谷右京亮 親重（花押）
本間中務丞 季能（花押）
柴兵庫介 豊宗（花押）

進上　南御所様 御奉行所(52)

この請文は浅羽荘について、南御所直務とし、柴豊宗ら三人の番衆(53)が沙汰することを請負ったものである。内容にたちいる前に、まず南御所についての検討から始めよう。

義満の正室日野康子は応永四年（一三九七）以後、北山第南御所に住み、当時「南御所」「上様」と呼ばれていた。(54)この南御所から南に接して崇賢門院の御所があった。(55)崇賢門院は石清水八幡宮法印通世の娘仲子で、勘解由小路兼綱の養子となり、後光厳天皇の後宮に入った。日野康子は応永二十六年（一四一九）十一月十一日、五一歳で没した。この時、南御所は崇賢門院に譲られたとみられ、さらに応永三十四年五月二十日に崇賢門院が没したのち、義満の娘聖久に譲られたと考えられる。

聖久は応永二年に生まれ、[56] 実母は寧福院殿で、[57] 義満の正妻康子の猶子となった。応永八年八月三日、崇賢門院の猶子となり、同時に喝食となった。[58] 前にも述べたように、今御所とは母を同じくする姉妹の関係にあった。若年の頃は「御喝食御所」[59]「御沙弥御所」[60]「しやみ御所」[61] などと呼ばれ、崇賢門院の没後まもない応永三十四年九月には「南御所」[62]、翌年正月には「大慈院殿」[63] と呼ばれており、大慈院にあって南御所とも呼ばれていた。

大慈院は宝鏡寺内にあった寺で、『尊卑分脈』の崇賢門院仲子の項に「大慈院開基」とみえる。[64] 日野康子の死後、崇賢門院に南御所が譲られ、寺にしたものと考えられる。[65] のちには「大慈院殿号二南御所一室町(義勝)殿御戚母也」[66]「南御所号二大慈院一」[67] などとみえるように、大慈院に入室して南御所とも称された尼僧が散見する。『洛中洛外図屏風』町田本・上杉本には、宝鏡寺内東側に南御所が描かれている。

義満の女子聖久は永享五年（一四三三）閏七月十三日に没した。[68] こののち、義満娘[69]・義教娘が入室し、史料Jの文明十四年（一四八二）頃には、「当南御所ハ御台(日野富子)腹、新将軍(義尚)之姉也」[70] とあるように、義政と日野富子との間に生まれた女子が入室していた。この女性は『蔭涼軒日録』文明十九年正月二十六日条に、「斎了謁二南御所一、大慈院有二御祈禱一、転二大般若一、住持廿四歳甲午、御名聖俊」とある人物のことと考えられる。[71]

ところで、浅羽荘は一体いつ南御所の料所となったのであろうか。南御所の料所については、宝鏡寺文書に次のような年月日不明だが料所を書き上げたとみられる注目すべき文書がある。やや長いが、引用して検討を加えてみたい。

K　南御所御料所事

(足利義満)鹿苑院殿よりまいる分

一美作国小吉野庄御年貢

柒佰貫文京着分　　御代官三上美濃入道
一備前国香登庄御年貢　同
肆佰弐拾貫文京着分
四月より参拾伍貫文御月宛、但既得二年定一
一摂津国上津畑御年貢
弐佰貫文京着分　同
以上参ケ所
永享五年正月より後七月まて引違申分御公用
本銭分伍佰伍貫弐佰文
寧福院より御相続
一讃岐国南条山御年貢永享弐年御安堵
弐佰貫文京着分　管領より御取次
」北山院(日野富子)よりまいる分
一河内国十七ケ所之内御年貢　畠山殿御取次
佰弐拾貫参佰文　御服方
参佰貫文　御堂方
伍佰伍拾捌貫柒佰文　御持仏堂方　此内被レ召方々
御庵　陸拾弐貫伍佰文
聖貞房　参拾捌貫文

帥殿　参拾玖貫弐佰文
東御寮　伍拾壱貫文
慈香房　弐拾陸貫捌佰文
祐光房　拾柒貫弐佰文
永印房　拾柒貫弐佰文
如光房　参貫陸佰文
慈貞房　弐拾捌貫文
真賀房　拾肆貫弐佰文
秀範房　拾貫文

M
御輿舁弐人参拾玖貫弐佰文
残分弐佰拾壱貫捌佰文
　　以上玖佰柒拾玖貫文
崇賢門院よりまいる分
一近江国高嶋郡林寺関御年貢　三条殿御取次
　陸拾貫文（毎月五貫文充、但四十六貫文の御しち一倍は当年正月より明年六月まで被レ入レ之、御しち物ハまいる、御使細田仕、）
一美濃国々衙御年貢
　参佰拾伍貫文内　取次申さるゝ方々

軽美　参拾貫文　日野殿御取次
公郷　捌拾肆貫文　正実
捌拾貫文　守護方より進上
但応永卅三年熊野御参詣之御時、弐佰貫文の御借物一倍之定、去年より銭主方へ是をつかハさる、御使細田仕、
去田　金光寺　参拾陸貫文　安禅寺殿御取次

これら断簡三通のうち、Ｌにみえる河内国十七ケ所の年貢は御服方・御堂方・御持仏堂方の三つに分配されている。その中で御持仏堂方五五八貫七〇〇文は御庵以下秀範房にいたる一一の尼僧分用途と興昇二人分および残分を加えたものに一致する。そして、御服方・御堂方・御持仏堂方の三つを合計すると、九七九貫文となる。つまり、ＬとＭはもともと接続していたことになり、さらに形式と表記の類似性から、Ｋ・Ｌ・Ｍの断簡三通は本来一連のものであったと考えられる。ただ、Ｋは首部と考えてよいが、ＫとＬが直接接続するかどうかについては、今のところ不明とするしかない。またＭは形式からみて、後欠の可能性がある。

内容にわたる全面的な検討はおくとして、この文書は一体いつ作成されたものであろうか。文中に浅羽荘の名は見えないが、はたして欠脱の部分に浅羽荘は含まれていたのであろうか。この文書は何らかの理由で南御所料所を一覧する目的をもって作成されたという可能性が高いように考えられる。いま文中にその手がかりを求めると、Ｋの「永享五年正月より後七月まで引違申分」という文言が重要な鍵を提供している。文中に記された年号では、この箇所の永享五年（一四三三）が最も新しい。先にも述べたように、永享五年閏七月十三日、南御所聖久が没しており、その料所が新しい南御所に継承されるに際して、当然料所の一覧が作成されたものと考えられる。先の料所目録は、その際に南御所料所の成立の由来と料所名、および年貢高と代官・取次者名などを書き上

げたものではなかろうか。つまり、南御所料所目録は、聖久の没した永享五年七月十三日以後まもなくの時期に作成されたものと推定する。(72)

この推定に基づいて、ここで浅羽荘について考えてみると、前節に引用したG室町将軍家御教書に明らかなように、永享三年（一四三一）よりものちの嘉吉元年（一四四一）に浅羽荘は今御所料所であったことが確認できるから、先の南御所料所目録は欠脱部分の可能性があるにもかかわらず、浅羽荘はその中には含まれていないということになる。

以上の考証により、浅羽荘は寧福院殿ののち、その娘である今御所に、さらに義政娘の南御所聖俊に領有が移ったことになる。今御所から南御所に領有が移った時期については、結局明らかにしうる徴証を得られないが、おそらくは今御所の死没（時期不明）を契機とするものと考えられる。

先のJの請文にみえる柴豊宗ら三人の番衆は、召符をうけて上洛し、「先規在様具令二言上一」とあることからみて、すでに文明十四年（一四八二）をさかのぼることそれほど遠くない時期に、浅羽荘の領有は今御所から南御所に移転したものと推測され、柴豊宗らは引続き番衆として浅羽荘の年貢請負に携わったのではなかろうか。

南御所料所の経営方式については、弥永貞三氏が美濃国国衙領について分析し、(イ)守護沙汰分、(ロ)取次者（守護以外の）沙汰分、(ハ)直務分の三つがあったことを明らかにしている。(73) 南御所料所の構成と経営方式については、全体にわたる検討を行わなければ、十分明らかにしえない。それは機会を改めることにし、さしあたり浅羽荘についていえば、直務分で代官請負の形をとっていた。請負の期間は明らかでないが、他の料所の場合、五年が多く、三年の場合もあった。浅羽荘は今御所料所であった時期には、すでに述べたように、年貢・公用銭など多くの負担があった。南御所料所になった初期の状況については明証を見出せない。しかし、延徳三年（一四九一）

には次に述べるように、請切の形式に変わっており、請負関係は簡素なものに変化していった。

南御所料所の経営方式で注目されるのは、Lを見れば明らかなように、美濃国国衙領のうち公郷八四貫文を正実が取次をしていることである。正実は山門被官として出発し、公方御倉・納銭方御倉として活躍した正実坊[74]のことと考えられる。幕府ときわめて深い関係をもっている人物が、南御所料所の年貢上納に関わっていたことは、幕府料所の中でも最も重要な一つであった河内国十七ヶ所[75]がLにみえるように、南御所料所になっていたことや、先に述べたように、奉公衆が料所代官をつとめていたこととも密接な関係をもっている。このことは南御所が将軍の娘であるということを背景に、幕府財政と深い関わりをもっていたことを示している。比丘尼御所に入室した将軍の娘個人に与えられた料所の経営の実態については、幕府の財政運営との関係を考える視点から、今後具体的に分析される必要があろう。

将軍室町殿の子女の多くが門跡寺院に入室したことの歴史的意義については、すでに義満の公武和合政策を象徴する事実として重視する見解がある[76]。それによれば、義満の子女の多くが門跡寺院に入って門跡となり、たとえば法尊のように、従来、皇族以外の門主の例がほとんどなかった仁和寺門跡に就任したものもあった。最盛期を迎えた幕府と将軍の権威の前に、宮門跡寺院や皇室ゆかりの寺も伝統の格式をゆるめることを余儀なくされたという。

室町将軍の子女のうち、男子については、記録・系図などによって判明しているが、女子については、系図などにもほとんど記載されず、またかれらと比丘尼御所との関係も、それ自体の研究がたち遅れていることもあり、しかも従来あまり関心がもたれなかったこともあって、具体的には明らかにされていない。その詳細については、本篇第四章に述べたので、ここでは概要を述べるにとどめたい。

室町将軍の娘で、比丘尼御所に最初に入室したのは、おそらく義詮の女子恵照であろう。宝鏡寺殿と呼ばれ、応永二十九年（一四二二）四月二十七日に没している。(77) 義満の娘は、一二名（うち一名夭折）のうち九名が、入江殿・摂取院・大慈院（二名）・法華寺・柳殿・光照院・今御所・宝鏡寺に入室したことを確認できる。

また義持の娘は慈受院・大聖寺に、義教の娘は大慈院・宝鏡寺・入江殿に入室している。

さらに義政の娘は惣持院・大慈院・慈光院・花光院に入室している。このほか、義尚の娘は入江殿に、義稙の娘は大慈院に、義晴の娘は入江殿・宝鏡寺・大慈院に、義輝の娘は大慈院に入室したことを確認できる。

このように、皇室・摂関家と深い関わりをもつ比丘尼御所（とりわけ宝鏡寺・大慈院・入江殿）と将軍家との関係は義詮に始まって、義満以降、特に顕著となる。このことは、将軍家の祈禱所や護持僧が義満以降、制度化され、増加の傾向を示すこと(78)とも密接に関係しており、将軍の地位の変化、および寺社勢力との関係について考える上で注目すべき事がらとして、今後検討を進めたいと考えている。

浅羽荘は南御所料所となったのち、延徳三年（一四九一）には、蔭山貞広が代官職を請負っている。

N　南　御所様御料所遠江国浅羽荘御代官職事、依レ致二競望一被二仰付一候、然間御年貢毎年京着百貫文、可レ致二進上一候、為二請切之地一上者、旱水風損幷臨時課役諸軍役以下悉除候、不レ可レ及二算用一候、万一有二無沙汰之儀一者、蔭山左京亮貞広知行分越中国新開発と申在所当知行仕候、彼以二年貢一為二質券之地一相当之間、可レ被二召置一候、尚以有二不儀一者、為レ上一段可レ預二御罪科一者也、仍為二後証一、証文之状如レ件、

延徳三年辛亥十一月九日　　蔭山左京亮 貞広（花押）

御奉行所

文明十四年（一四八二）には柴豊宗ら三人の番衆が浅羽荘代官職を請負っていた。それから十年ののち、蔭山

貞広が「競望」により請負を認められた。今御所料所であった時には年貢八〇〇貫文のほか、公用銭などの負担もあったが、蔭山貞広の請文によると、年貢は京着一〇〇貫文で、しかも請切となっており、負担は著しく簡素に、かつ低額になっている。

代官職を請負った蔭山左京亮貞広は、「永享以来御番帳」(79)の五番にみえる蔭山左京亮と同一人物の可能性が考えられる。そうすると、ここでも奉公衆が比丘尼御所の料所経営に関係していたことになる。

なお、文安五年（一四四八）八月に没した蔭山兵庫入道道筠の父匠作禅門とその子将監は遠江国橋本にいた。(80)彼らは遠江にあって所領経営にあたっていたのであろうか。このほか蔭山氏には、大和入道(81)・右京亮(82)・与次貞廉(83)・修理入道(84)・八郎(85)などを見出せるが、系譜関係は明らかでない。蔭山氏はこののち、一部は戦国大名今川氏の被官となり、松井宗恒の寄子として、蔭山尾張守・右京亮の名を見出すことができる。(86)

浅羽荘と南御所との関係を示す史料は、延徳三年の蔭山貞広代官職請文を最後として、以後は全く見出せなくなる。天文八年（一五三九）には浅羽荘内柴村が今川義元によって三浦弥次郎に充行われ、(87)また永禄四年（一五六一）には浅羽・柴の新田が今川氏真によって海老江菊千代に安堵されている。(88)美作国小吉野荘や備前国香登荘が永正年間（一五〇四～二一）まで南御所料所として確認できるのに比べると、浅羽荘は遠江国という遠隔地にあり、しかも今川氏の勢力がおよんだために、十五世紀から十六世紀の交にかけて、南御所料所としての実質が次第に失われていったのであろう。

むすび

遠江国浅羽荘地頭職は、足利義満の側室寧福院殿の所領となり、のち足利将軍の娘に相伝され、十五世紀末にいたるまで、かれらの入室した比丘尼御所の財政を支えた。本章では、浅羽荘と比丘尼御所に関する基礎的事実の詮索に力を注いだために、それら相互の連関と歴史的意義にまで立ち入った分析を果たすことができなかった。しかも、なお推定にとどまらざるをえなかった箇所も多い。これらを確定する作業は、すべて後日に譲るほかはない。

今後は、本章で提示しえた二、三の新しい知見に基づいて、史料の比較的ゆたかな南御所について、その料所構成と経営方式について全体にわたる分析を行い、さらに将軍の娘が入室していたという特殊な事情が、幕府との間にいかなる関係をとり結ばせたかについて検討すること、これがとり急ぎ着手すべき大きな課題である。

(1) 井之口有一・堀井令以知・中井和子『尼門跡の言語生活の調査研究』第一部研究編(一)尼門跡史概要（是沢恭三氏執筆、風間書房、一九六五年）。比丘尼御所については、従来あまり関心をもたれなかったため、研究がきわめて乏しい。その中で、一部の比丘尼御所の歴代の系譜については、大塚実忠「比丘尼御所歴代」(一)(二)(三)（『日本仏教』二六〜二八号、一九六七・六八年）があり、天授六年（一三八〇）以降に制定された京都尼五山の筆頭であった景愛寺については、荒川玲子「景愛寺の沿革——尼五山研究の一齣——」（『書陵部紀要』二八、一九七七年）がある。

(2) 勧学院領としての浅羽荘の実態と、鎌倉期における地頭職の沿革については、『袋井市史』通史編（袋井市役所、一九八三年）三六三頁以下に概要を述べたことがある。

(3) 原田和『浅羽風土記』（美哉堂書店、一九五七年）は、浅羽地域史としては、これまでのところ、最も詳しい概説書である。しかし、浅羽荘については、最も重要な宝鏡寺文書に全く触れていないなど、収集史料も十分でなく、叙述も少ない。

(4) 東京大学史料編纂所架蔵の影写本および写真帖による。閲覧にあたっては、桑山浩然氏・永村眞氏より示教を賜った。また坪井俊三氏の教示も得た。なお史料A・Bの一部は、秋本太二「遠江に於ける守護領国支配の推移——

とくに遠江今川氏の没落を中心として――」（『地方史静岡』二、一九七二年）に紹介されている。
（5）本文書の袖には「畠山左衛門政長」という押紙がある。しかし、日下の沙弥の花押は畠山満家のものであり、しかも政長が生まれたのは、これよりのちの嘉吉二年（一四四二）のことである。
（6）小要博「足利尊氏と御内書」（『日本史研究』一七三、一九七七年）六一頁。
（7）Fには袖に「慈照院義政公」という押紙がある。しかし、日下の花押は義教のもので、押紙は誤っている。なお、中野栄夫「備前国香登荘」（『岡山県史研究』五、一九八三年）は、比丘尼御所の一つ南御所の料所であった備前国香登荘について分析した貴重なものであるが、宝鏡寺文書の年欠十一月十二日の御内書を押紙の記載に従って義政のものとしている（二五頁）。これは本章に引用したFと同じ日付であり、花押は義教のもので、中野氏の記述は訂正されなければならない。この御内書が、いずれも永享五年（一四三三）あるいはそれ以後の近い時期の同年のものと推定されることは後述する。
（8）臼井信義『足利義満』（吉川弘文館、一九六〇年）二三五頁。
（9）佐々木文書観応二年六月二十四日足利尊氏袖判下文案（『大日本史料』六―十五、七三頁）。
（10）『園太暦』観応二年正月十六日条に「佐々木近江入道善願」とみえる人物は、『大日本史料』六―十、四三九頁に注記されているように、貞氏の法名善観のことと考えられる。
（11）野田文書観応二年二月十三日足利尊氏袖判下文（『大日本史料』六―十四、七三八頁）。
（12）『佐々木系図』（『続群書類従』五輯下）。
（13）『賢俊僧正日記』同日条（『大日本史料』六―二十、七〇頁）。
（14）正閏史料貞和三年十一月二十一日足利尊氏袖判下文写（『大日本史料』六―十、九六五頁）。
（15）佐々木文書延文四年六月十三日足利義詮袖判下文案（『大日本史料』六―二二、五八六頁）。
（16）佐々木文書応永六年七月二十日足利義満御判御教書案（『大日本史料』七―四、八頁）。
（17）『佐々木系図』の貞氏の子秀頓（異本と『尊卑分脈』には秀敦とある）の項に、「遠州山名郡松下居住」とみえ、その孫の秀俊は「遠州松下元祖」とされている。山名郡松下は浅羽荘の中心であった柴村の近くに位置する。この記載に信をおくことができるか、検討の余地はあるが、貞氏の子孫が松下に居住したことは、浅羽荘地頭職を与えられたことが契機であるとしても、地頭職が継承されたことを意味するものではないであろう。

(18) 『師守記』貞治元年十月五日条など。

(19) 『師守記』貞治元年十二月十日条。

(20) 『吾妻鏡』建久五年八月二十日条。

(21) 集古文書建武四年七月四日三和光継軍忠状（『大日本史料』六―四、二八三頁）。

(22) 『相国寺供養記』（『群書類従』二十四輯、三三七頁）。

(23) 『円通松堂禅師語録』（『曹洞宗全書』語録一、四七三頁）。

(24) 三浦文書天文八年十月一日今川義元朱印状写・同年十月十九日今川義元朱印状写（『袋井市史』史料編一、一七七・一七八号。『静岡県史』資料編7・中世三、一五〇九・一五一一号）。

(25) たとえば、『遠江国風土記伝』には、「浅羽庄司宗信之屋敷跡、円明寺之西隣有二宅地一、而築レ牆僅存焉、今時名職伊藤善蔵者住二于玆一、庄司之孫也」と記されている。

(26) 近世、柴村の庄屋浅羽善蔵を浅羽荘司宗信の子孫とする伝承のあったことは、『掛川誌稿』『遠江古迹図会』などにみえている。

(27) 秋本太二「遠江に於ける守護領国支配の推移」四六～四七頁。

(28) 了俊と仲秋が沙汰付を命じられた所領は、天竜川を挟んで東と西に分布している。このほか、了俊が守護として関係した原田荘細谷郷（秋本太二「遠江に於ける守護領国支配の推移」四六～四七頁）や、応永三年（一三九六）に了俊が本間範季に安堵した高部郷（本間文書応永三年六月十五日今川了俊書下・本間文書応永三年十月二十日今川了俊書下〔『袋井市史』史料編一、一〇三・一〇四号〕。『静岡県史』資料編6・中世二、一二二三・一二二六号）も天竜川の東にある。天竜川を境にして東西に守護職が了俊と仲秋に与えられたという推定も成り立つが、いまだ事例が乏しいので、なお今後の検討に委ねたい。

(29) 『看聞日記』応永二十三年四月二十日条など。

(30) 『看聞日記』永享四年七月二十八日条など。このほか、「入江殿今御所」（同永享二年十一月二十八日条）、「入江殿《今御所》」（同永享六年正月十八日条）とも記されている。

(31)『建内記』嘉吉元年五月二十八日条。
(32)『看聞日記』応永二十四年閏五月五日条。
(33)『熊野詣日記』(宮内庁書陵部所蔵「伏見宮記録文書」二十三冊)。
(34)臼井信義『足利義満』二八二頁、子女一覧表参照。
(35)『建内記』永享十一年二月二十四日条。
(36)『建内記』応永三十五年正月二十日条。聖紹はのち大慈院に入室した。
(37)この点、『袋井市史』通史編(三六七頁)では、応永三十年に浅羽荘地頭職を安堵された今御所を義持の娘慈敬とした。慈敬は義満の娘聖仙のあとをうけて入江殿にいた。しかし、慈敬は遅くとも応永三十年二月二十九日以前に入江殿から大聖寺に転住しており(「大聖寺之記」、『看聞日記』応永三十年二月二十九日条)、今御所に比定することはできない。『袋井市史』の記述は、入江殿を今御所と即断したために無理な解釈を行ったことによるもので、本文に述べたように、今御所を寧福院殿の娘と考えれば、入江殿との関係を考える必要はなくなる。
(38)『満済准后日記』永享五年九月十二日条。
(39)『東寺執行日記』嘉吉元年壬九月二十七日条。なお、甲斐氏は遠江守護代であるが、もう一人の細田氏は、宝鏡寺文書にしばしば登場する細田氏と同族と考えられる。これは「宝鏡寺と武家・公家その他の間を奔走し、寺家の経済のために活動していた者らし」(『岐阜県史』通史編中世、二四一頁)いとされている。先に紹介した応永三十四年の『熊野詣日記』にも、南御所聖久・今御所の随行者として、「殿原には細田はかりをめしくせらる」とただ一人の殿原として細田氏がみえている。
(40)年貢が毎月三〇貫文とすると、一年では三六〇貫文となり、定められた八〇〇貫文には足りない。不足分の納入方法については明らかでないが、南御所料所の美作国小吉野荘では、年貢一〇〇〇貫文のうち、毎月五〇貫文とし、残りは十一・十二月中に皆済することが定められており(宝鏡寺文書応永十八年六月三日なりよし入道大槻代官職請文、『大日本史料』七—十五、一四〇頁)、あるいはこうした方法が浅羽荘でも用いられたのであろうか。
(41)『教言卿記』応永十三年八月十六日条、東寺百合文書ツ応永十三年八月十八日山城守護高師英奉行人片山光如奉書案(『大日本史料』七—八、一九七頁)、『京都の歴史』10(学芸書林、一九七六年)「山城守護一覧表」。

(42) 政所賦銘引付文明七年九月十八日・文明八年四月九日（桑山浩然校訂『室町幕府引付史料集成』上巻〔近藤出版社、一九八〇年〕二八二・二八五頁）。
(43) 政所賦銘引付文明七年八月十六日（桑山浩然校訂『室町幕府引付史料集成』上巻、二八一頁）。
(44) 『群書類従』二九輯。
(45) 桑山浩然校訂『室町幕府引付史料集成』上巻、六四頁。
(46) この点はすでに中野栄夫「備前国香登荘」二八頁に指摘されている。なお、「年世」は水戸彰考館本では「承世」と記されている（二木謙一「足利将軍御供衆の成立」、『日本歴史』四二四、一九八三年、一七頁。のち『中世武家儀礼の研究』に収録〔吉川弘文館、一九八五年〕）。
(47) 御前落居奉書永享三年七月十二日（桑山浩然校訂『室町幕府引付史料集成』上巻、六九頁）。
(48) 御前落居奉書永享四年八月二十五日（桑山浩然校訂『室町幕府引付史料集成』上巻、八七頁）。
(49) 藤岡大拙「禅院内に於ける東班衆について――特に室町幕府の財政と関連して――」（『日本歴史』一四五、一九六〇年）。
(50) 小松・祝田などの経営に周琳蔵主という西班衆が携わっていることは注目される。西班衆が荘園経営に従事している例はこの他にもみられる（『蔭凉軒日録』文明十七年十二月八日条、大徳寺文書永正十四年十一月九日室町幕府奉行人連署奉書、『大日本史料』九―七、二三二頁など）。
(51) 今谷明『戦国期の室町幕府』（角川書店、一九七五年）五七頁。
(52) 本文書は『大日本史料』八―十四、九五八頁に収められているが、「台符」を影写本によって「召符」と改めた。
(53) 番衆三人は、召符により上洛して「先規在様」を説明していることからみて、遠江国在住の人物と考えられるが、詳細は明らかでない。文明十二年十月二十九日、冷泉為富から遠江国高部郷代官職に補任された本間中務丞久季（本間文書文明十二年十月二十九日冷泉為富代官職補任状〔『袋井市史』史料編一、一三四号〕。『静岡県史』資料編7・中世三、八号）は、番衆の一人本間中務丞季能と関係があるかもしれない。また柴兵庫助豊宗は、先に述べた明徳三年（一三九二）の相国寺供養で随兵をつとめた柴家秀と官途が同じであり、柴氏の一族であろう。
(54) 『兼宣公記』応永九年正月十四日条、『荒暦』応永十三年十二月二十七日条、『教言卿記』応永十三年五月九日・

同年十二月二十七日条など。南御所の構造については、川上貢『日本中世住宅の研究』（墨水書房、一九六七年）二一八頁参照。

(55)『北山殿行幸記』（『群書類従』三輯）。

(56)『吉田家日次記』応永九年三月十四日条（『大日本史料』七―五、四三〇頁）に「姫君准后御息女、八歳、去年為二崇賢門院御弟子一為二喝食一女院御遺跡可レ有二御相続一云々、」とみえ、逆算して応永二年の生まれであることがわかる。

(57)臼井信義『足利義満』二三四～二三五頁。

(58)『迎陽記』応永八年八月四日条（『大日本史料』七―五、九二頁）。

(59)『兼宣公記』応永九年正月一日条、『教言卿記』応永十五年七月十九日条など。

(60)『迎陽記』応永十五年六月二十五日諷誦文（『大日本史料』七―十、一七六頁）など。

(61)『祇園社記』（『大日本史料』七―十四、三五五頁）。

(62)『熊野詣日記』。

(63)『建内記』応永三十五年正月二十日条。

(64)のちにも述べるように、美濃国国衙領は南御所料所であった。これについては、『岐阜県史』通史編中世（二一〇頁以下）に弥永貞三氏による詳細な分析がある。弥永氏は、宝鏡寺の開創を光厳天皇の皇女恵厳尼とする寺伝を否定し、『尊卑分脈』の記載によって、崇賢門院を開基とする。しかし、崇賢門院を開基とするのは大慈院であり、弥永氏は、「大慈院、すなわち宝鏡寺」（二一一頁）と述べていることが象徴するように、両者を全く同じものとしており、それを前提として全体が叙述されている。大慈院はのちには宝鏡寺の支院となり、宝鏡寺住持が兼任し、そのため、大慈院関係の文書も宝鏡寺に伝来したと考えられるが、本来は両者は別々に経営が行われていたと考えられる。

(65)臼井信義『足利義満』二三四頁。

(66)『建内記』嘉吉三年三月四日条。

(67)宝鏡寺文書寛正二年四月四日室町将軍家御教書。

(68)『看聞日記』永享五年閏七月十三日条。

(69) 聖久の死後、大慈院をついだのは、応永三年に生まれた義満の娘と考えられる（臼井信義『足利義満』二四〇頁）。

(70) 『大乗院寺社雑事記』文明十四年九月一日条。

(71) 文明十九年に二四歳であることから、逆算すると、寛正五年（一四六四）の生まれとなる。この年に生まれた義政の娘は、『御産所日記』（『群書類従』二三輯）によると、十月七日に「少将殿」を母とする女性がいるのみで、日野富子所生の娘は見出せない。この前後で富子を母とし、しかも義尚よりも早く生まれた女子は、寛正三年七月四日と翌年七月二十日にいずれも「御躰様」を母とする二人がいる（「御躰様」が日野富子と考えられることは、満田栄子「『御産所日記』の一考察――室町幕府近習の研究――」、『史窓』二七、一九六九年、六四頁参照）。この二人のいずれかといえば、『実隆公記』永正二年八月二十六日条に「大慈院今朝御入滅云々、生年四十四歳、（中略）慈照院殿第三女、妙善院殿嫡女也」とあることから逆算すると、寛正三年の生まれということになり、寛正三年七月四日生まれの女子とした方が妥当のようである。とすると、文明十九年に二四歳とする『蔭凉軒日録』の記事は年齢を誤ったものであろう。

(72) 弥永貞三氏は、Mにみえる美濃国国衙領について、「応永三三年（一四二六）より以前に宝鏡寺に寄進された。それは応永三三年以降の、応永三三年を去ること遠くない時期に書かれた、宝鏡寺領年貢注文（以下、この文書を応永末年の年貢注文と呼ぶ）」（『岐阜県史』通史編中世、二二三頁）としている。この見解は、Mを単独の文書とみたことと、Mの文中に「応永卅三年」の語があることに基づくものと思われるが、K・L・Mは本来一連の文書と考えるべきである。

なお、宝鏡寺文書には備前国香登荘などを南御所料所として安堵した義教御内書がある。（注7参照）。これは南御所料所目録をうけて安堵されたものと考えられ、したがって永享五年あるいはそれ以後の近い時期のものと推定する。今御所宛のF義教御内書も同じ日付であることから、同じ時期に発給されたものと考えたい。

(73) 『岐阜県史』通史編中世、二二九頁。

(74) 正実坊については、桑山浩然「室町幕府経済機構の一考察――納銭方・公方御倉の機能と成立――」（『史学雑誌』七三―九、一九六四年）参照。

(75)　河内国十七ケ所の経営に寛正二年（一四六一）以後、相国寺の正盛都聞があたっていたことについては、藤岡大拙「禅院内に於ける東班衆について」二一・二五頁参照。なお、河内国十七ケ所がのちまで南御所料所であったことについては、『晴富宿禰記』文明十一年八月十六日条、宝鏡寺文書永正五年十二月十九日室町幕府奉行人連署奉書（『大日本史料』九―一、三五九頁）、『守光公記』永正十一年二月二日条（『大日本史料』九―五、八四頁）などにみえている。
(76)　『京都の歴史』3（学芸書林、一九六八年、五二頁）。なお、田中義成は『足利時代史』（明治書院、一九二三年）で、義満の子女が門跡寺院に入ったことに注目し、「彼が非望を遂げんとする準備の一なるべし」（五九～六〇頁）と評価している。
(77)　『兼宣公記』応永二十九年四月二十七日条。
(78)　室町将軍家の祈禱所・護持僧については、別稿を用意したい。
(79)　『群書類従』二九輯。
(80)　『康富記』文安五年八月三日条。
(81)　『康富記』享徳三年九月二十三日条。
(82)　『文安年中御番帳』（『群書類従』二九輯）。
(83)　『常徳院御動座当時在陣衆着到』（『群書類従』二九輯）、蠹簡集残編天文八年九月晦日今川義元判物写（『袋井市史』史料編一、一七九号。『静岡県史』資料編7・中世三、一五〇七号）。
(84)　『康富記』嘉吉二年十二月十日条。
(85)　『蔭凉軒日録』延徳四年三月二日条。
(86)　蠹簡集残編永禄三年十二月九日今川氏真判物写（『袋井市史』史料編一、四一一号。『静岡県史』資料編7・中世三、二八六二号）。
(87)　三浦文書天文八年八月朔日今川義元判物写（『袋井市史』史料編一、一七六号。『静岡県史』資料編7・中世三、一五〇三号）。
(88)　海老江文書永禄四年八月二日今川氏真判物（『袋井市史』史料編一、二一三号。『静岡県史』資料編7・中世三、二九五八号）。

［追記］　本章に引用した宝鏡寺文書のほとんどは『静岡県史』資料編6・中世二、同資料編7・中世三に翻刻された。A（二―一二四九号）、B（二―一二五〇号）、C（二―一六六九号）、D（二―一二四八号）、E（二―一六五七号）、F（二―一七四六号）、G（二―二〇〇九号）、H（二―二〇一〇号）、J（三―二八号）、N（三―一六七号）。

第三篇　六十六部聖と唱導説話

第七章　中世廻国聖と「社寺交名」

はじめに

本来料紙数枚が糊継されていた文書の中には、長い時間の経過とともに初めの形状が損われ、中間の料紙一枚だけになって現在に伝えられているものがある。この種の文書は、完全な形で残存している文書に比べると、不明の要素が多いだけに、その原状や作成者・作成年代・作成契機、さらに性格といった事がらについて、一層関心をひきおこさせるものがある。

神奈川県立金沢文庫には、多数の断簡が保管されていて、その中には今もなお性格を明らかにしえていないものがみられる。『金沢文庫古文書』七輯五二四五号に、単に「社寺交名」という名称をつけて収録された文書もその一つである。(1) この文書について検討し、史料的性格を明らかにしようとするのが、本章の主たる目的である。

一　「社寺交名」の解釈

1　「社寺交名」の概要

下総国　ネ〔神〕宮寺
常陸国　鹿嶋

東山道八ケ国

近江国　楞厳院
美濃国　南宮
飛騨国　袈裟山
信濃国　善光寺
上野国　一宮
下野国　日光山
陸奥国　松嶋日河
出羽国　立石寺

北陸道七ケ国

若狭国　霊応寺神宮寺
越前国　平泉寺白山
越中国　一宮

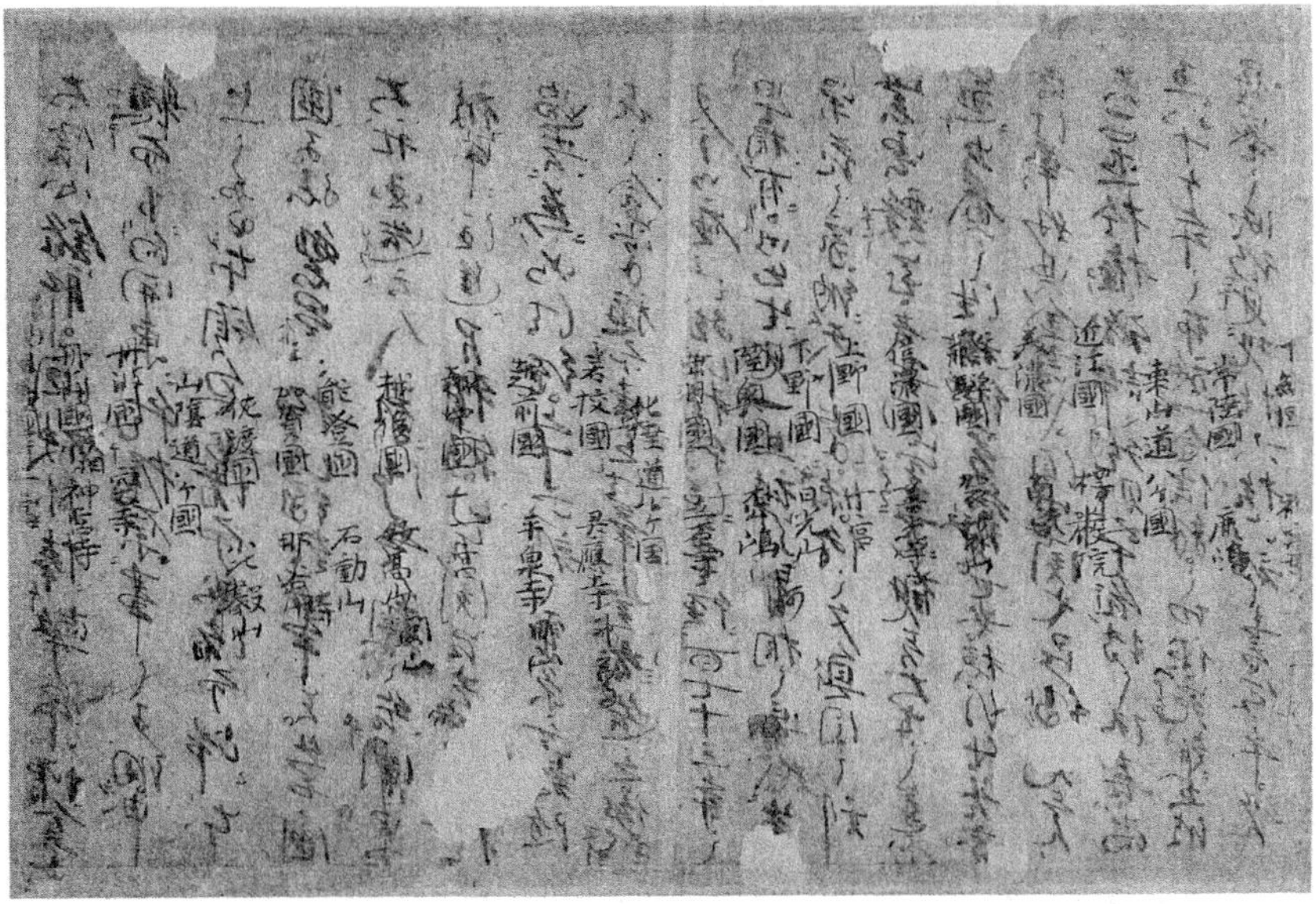

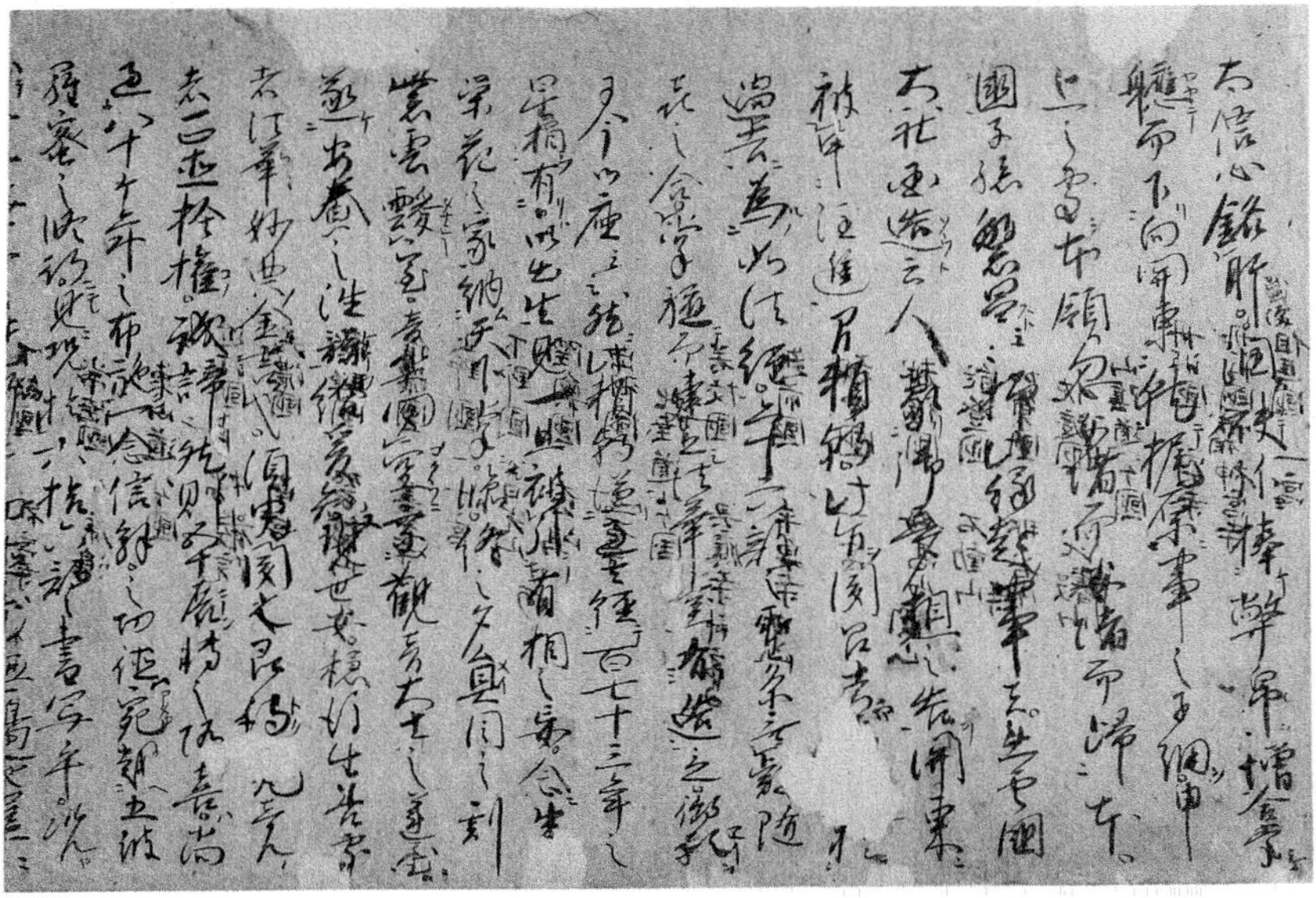

上・六十六部納経所交名　下・六十六部縁起　　　称名寺所蔵（神奈川県立金沢文庫保管）

越後国　妙高山関山

能登国　石動山

加賀国　那谷山寺

佐渡国　小比叡山

山陰道八ケ国

丹波国　穴大〔太カ〕寺

丹後国　成相神宮寺

但馬国　一宮

内容についての検討に先立って、本文書の形状をまず明らかにしておきたい。縦三二・五センチメートル、横四七・三センチメートルの一紙断簡で、のちに詳しく検討するように紙背文書がある。料紙は楮紙で、袖には墨痕が数カ所あり、また紙背文書の最終行が文字の右半分のみ残っている。これらはいずれもこの部分が紙継目にかかっていたことを示しており、この文書はもともと続紙で、その中の一部であったことが明らかである。さらに仔細に点検すると、料紙の地の一部が少し切り整えられているようにみえるが、そのほかには切り整えた形跡はみられず、全体としてもとの続紙から剝離した一紙に、ほとんどそのまま紙背文書を読める形に簡単な裏打ちが施されたとみてよい。この点はのちに本文書を復元する作業を行う際に重要な事実である。

2　入間田宣夫氏の解釈

この「社寺交名」について、これまでに本格的な分析を行ったのは入間田宣夫氏ただ一人(2)であるから、入間田氏の解釈を紹介することから始めることとしたい。

本文書を「なぞの社寺交名」と呼ぶ入間田氏の結論を先に述べれば、「関東御祈禱所のリスト」であるという。氏の解釈を要約すると、およそ次のごとくになろう。作成年代は「鎌倉後期と推定され」、この文書の本来の形は「日本六十六ケ国のそれぞれの国ごとに一ケ所の社寺名を記した注文または交名（名簿）」であったとするのが、入間田説の第一の前提である。さらに、この交名に記された二十の寺社に共通する性格を明らかにするため、入間田氏は「陸奥国　松嶋日河」「出羽国　立石寺」に注目する。そして「松嶋日河」とは天台寺院であった松島寺を指し、松島・立石の両寺は慈覚大師円仁の創建した寺院という伝えのあったことに共通点を見出している。

さらに入間田氏は、松島円福寺の後身である瑞巌寺に残された観応元年（一三五〇）十一月日松島円福寺雑掌景顗申状の一節に、建長年中（一二四九～五六）、北条時頼が当寺の檀那として「将軍家御祈願寺」としたという文言のあること、またこの時副進された「先代寄進状案文」とは、北条貞時が時頼の遺志を承けて、円福寺を将軍家祈願所として寄進する旨の文書と考え、他の綸旨など三通の副進文書もそれに関係するものと推定する（全文はのちに掲げる）。そして「松島円福寺は建長年間以降、北条時頼の外護によって将軍家御祈禱所となり、宗旨も禅宗に転じた」というのが松島についての入間田氏の結論である。

一方、立石寺について、入間田氏は立石寺文書のうち、院主・別当両職などを安堵した正慶元年（一三三二）十一月二十四日関東下知状写など四通（全文は次項に掲げて検討する）により、幕府の公文書によって院主・別当両職および領田が認定されるという、一般寺院にはみられない寺院統制のあり方は、「当寺が関東御祈禱所であったことの証明にほかならない」とする。

こうして松島・立石両寺が関東祈禱所であったとして、両寺の共通点を見出した入間田氏は、これら両寺が

「社寺交名」に記された理由は両寺がともに関東祈禱所であったからであり、したがって「社寺交名」は関東祈禱所のリストで、結局、「交名に載せられた諸国の社寺はすべて関東御祈禱所であったということにならざるをえない」というのが、「社寺交名」の史料的性格についての入間田氏の結論である。[3] もしこの見解が認められるならば、鎌倉幕府は各国に少なくとも一つは祈禱所を設定していたことになり、幕府の宗教政策について重大な問題を提起することになる。

はなはだ明快ならざる表現をもって結論づけることを余儀なくされたことが象徴しているように、「社寺交名」についての入間田氏の見解は十分な論証を経ていないばかりか、松島と立石寺の二例のみ（その解釈にも疑念のあることはのちに述べる）をもって、それらの共通点なるものを文書全体に敷衍して解釈を行っている。証明法としても問題を含むと考えられ、氏の見解には従いえないのである。「社寺交名」の検討を始める前に、入間田説の問題点を指摘しておこう。

3　入間田説批判

入間田氏が「社寺交名」を「関東御祈禱所のリスト」と結論づけた史料的根拠は、大まかに言えば二つになる。その第一は、観応元年（一三五〇）十一月日松島円福寺雑掌景顗申状である。入間田氏の釈文をそのまま掲げよう。

　　陸奥国松島円福寺雑掌景顗謹言上
　欲早被寄捐（棄）権少僧都乗範代良秀奸訴、任正安年中寄進状幷元弘年中　綸旨国宣当御代御堵（安）御下文旨、蒙御
　裁許、全寺務子細事

副進　一通　先代寄進状案文
　　　二通　綸旨国宣案文
　　　一通　当御代安堵御下文案文

右当寺者、去建長年中、為㝡明寺入道外護之檀那、成将軍家御祈願寺以降、皇帝万年(歳)之道場、当国第一之禅院也、随而僧侶一志長日御祈禱無退転、仍自開山発心(法身)長老至于住持十五代、寺務無相違処也、爰如良秀之奸訴状者、致山門管領之条、星霜漸久、勤行送数百年云々、此条無謂子次第也、彼寺成御願寺以来、於禅侶草創之管領、千秌(秋)万歳之御祈禱年久、次近年寄事於世上擾乱、或以武威押妨云々、此段就何篇如此掠申哉、理世直道之御代、宛如明鑑無闇、世上擾乱武威押妨之詞、是併軽上悩下之謂歟、所詮備進証文明鏡之上者、被寄捐良秀之奸訴、被処罪科之後、弥可致御祈禱之精誠之状、如件、

観応元年十一月日[4]

入間田説の前提は、この申状の一節「右当寺者、去建長年中、為二㝡明寺入道外護之檀那一、成二将軍家御祈願寺一以降、皇帝万年(歳)之道場、当国第一之禅院也」という文言に全幅の信を置いていることにある。その上で副進文書の「先代寄進状」について、北条貞時が円福寺を将軍家御祈禱所として寄進したという内容をもつ文書と推定している。

瑞巌寺の前身円福寺は初め天台寺院であり、鎌倉中期[5]に臨済禅に転じたとされている。しかし、なお天台勢力は根強く残存しており、南北朝期に寺務をめぐる両派の対立が表面化したことは、入間田氏自身が明らかにした通りである。景顗申状は両派の対立が尖鋭化した時期に相論の一方の当事者で、臨済禅に属する人物が作成した文書であることにまず注目する必要がある。当事者の主張は直ちにすべてが事実に基づくものでないことは言う

までもない。

別の機会に明らかにした通り、寺院が関東祈禱所として公式に機能するためには、関東御教書または関東下知状によって認定されることが必須の要件であった(6)。円福寺の場合、それが見られず、数通あったらしい寄進状がはたして幕府の公式文書であったのか、また鎌倉円覚寺のように関東祈禱所として寄進する旨の文書であったか、その確証はない。したがって、入間田氏のあげた論拠のみでは、松島寺を関東祈禱所とすることには躊躇せざるをえない。

入間田説の第二の史料的根拠は、立石寺文書の次の四通である。入間田氏の釈文をそのまま掲げる。

関東

立石寺院主別当両職、注記金剛杵田等、可令領掌之由、依仰下知如件、

正慶元年十一月廿四日　右馬権頭(北条茂時)在判
相模守(赤橋守時)　在判

立石寺識乗坊

国宣

立石寺院主別当両職、為譜代相伝所職之上者、管領不可有相違之由、国宣所候也、仍執達如件、

元弘元〔三〕年十月三日　前長門守国統(カ)

立石寺識乗坊

綸旨

立石寺院主別当両職、輿円阿闍梨領知、不可有相違者、天気如此、悉之以状、

建武元年十二月八日　宮内卿(中御門経季)有判

将軍家

出羽国立石寺院主職并別当職、任先例可令領知之状如件、

建武三年十二月八日　御判(足利尊氏)

立石寺識乗坊半竹(カ)御房(7)

立石寺の院主・別当両職が関東下知状によって安堵されるという、この特殊な寺院統制こそ、立石寺が関東祈禱所であったがためというのが入間田氏の見解である。しかし、院主職・別当職、あるいは神社の場合には神主職などが幕府によって安堵されることは、そうした形のみられないほかの寺社に比べて何らかの特殊な関係があったことは想定できるとしても、直ちに祈禱所であったことを証明することにはならない。また逆に祈禱所であることを直接の理由にして、院主職などの安堵が行われるわけでもない。両者は基本的には別の次元に属する事がらである。関東祈禱所であるためには、くり返すことになるが、幕府によって認定されることが必要であった。このことは室町幕府の場合にも引きつがれ、また権力による認定ということについていえば、戦国大名の場合にも共通して認められる。

入間田氏が有力な論拠とした立石寺文書の四通について検討してみると、第一に最初の関東下知状には「立石寺識乗坊」という充所があり、一般に下知状には充所がないことを特徴とすることから考えると（差出書が日下

にあるという異例は、写であるから問わないとして)、形式の上から慎重な検討を要する文書といえよう。[8]

また院主職などが安堵される場合、充所は一般には僧名(あるいは公名付や院坊名による僧の通称)の記されるのが普通で、先の四通のうち三通にみられるように、最初に表記された対象寺院名がことさらに充所にも記されるのは異例のように思われる。

一紙に一筆で写されているという立石寺文書四通は、鎌倉末期から南北朝期にかけての時期に、立石寺内部で寺務職をめぐる混乱のあったことを反映しているように思われるが、なお慎重な検討を必要とすることは以上に述べたところからも明らかであろう。祈禱所であったことの可能性まで否定するものではないが、少なくとも入間田氏の論拠は、立石寺が関東祈禱所であったことを証明するに十分なものとは言えないであろう。

以上、入間田氏のあげた史料的根拠に対して疑問点を呈示した。関東祈禱所については、これまでに一五カ国にわたる七四カ寺を明らかにしたが、[9]「社寺交名」に記された二〇の寺社がただの一つもそれには含まれていないことは、「社寺交名」を「関東御祈禱所のリスト」とする入間田説に対して、さらに根本的な疑念を抱かせるのである。それではこの「社寺交名」に記された二〇の寺社に共通するものは何か。また「社寺交名」はいかなる目的で作成されたのか。手がかりを探りだすための作業を始めることにしよう。

二 「社寺交名」の検討

1 「社寺交名」の内容

すでに明らかにしたように、「社寺交名」はもともと続紙であり、現存する一紙に東海道・東山道・北陸道・山陰道が規則正しく並んでいることから、入間田氏も述べた通り、本来全国六六カ国にわたって寺社の名が書き上げられていたことはまず疑いない。「社寺交名」を通覧してまず気づくことは、上野国・越中国・但馬国に一宮の記載のあることで、他の常陸国鹿嶋・美濃国南宮・下野国日光山も一宮であった。また下総国神宮寺は一宮香取神宮のそれであろうし、若狭国霊応寺神宮寺・丹後国成相神宮寺も一宮に関係するものと考えられる。したがって、「社寺交名」に書き上げられた二〇の寺社は、大まかに一宮およびその神宮寺とそれ以外の寺社とにわけることができる。後者の共通点をまず探り出し、さらに両者の共通点をも把握するのに必要な限りで、個々の寺社について検討してみたい。

下総国神宮寺　一宮香取神宮の神宮寺で、根本寺と称したが、廃絶した。[10]

常陸国鹿嶋　常陸国一宮で、下総国一宮香取神宮とともに、武の神として尊崇を集め、藤原氏の氏神となった。

近江国楞厳院　円仁が横川で四種三昧を修行した場所に法華経六十六部を納めた経筒を木造の小塔内に安置し、さらに首楞厳院と名づけられた小堂に納めた。[11]横川における堂塔伽藍の起源であり、根本如法堂とも呼ばれ、のち円仁の根本如法経に対する信仰の中心となり、納経のほか、付近には多数の経塚が形成された。[12]

美濃国南宮　美濃国一宮で中山金山彦大明神と称し、国府の南にあたるため南宮と呼ばれた。[13]

飛騨国袈裟山　山号からして千光寺のことと考えられる。元和七年（一六二一）の『飛州千光寺記』[14]によれば、仁徳天皇の時代に宿儺という者が草創し、時に山頂の土中に紺地金泥法華経一部八巻・袈裟一帖などがあり、それにちなんで山号がつけられたという。古義真言宗に属するが、『飛州志』によると、白山を開いたと伝えられる泰澄を開山とする伝説があり、初めは天台宗であった可能性もある。飛騨国一宮水無神社と密接な関係をもっていたといわれる。[15]

信濃国善光寺　仁寿二年（八五二）、円仁が参詣して常行三昧・法華三昧を修し、常行堂・法華堂を建立したという伝えがある。円仁の資恵亮の頃、天台化が進み、延喜年中（九〇一～九二三）にいたって天台宗となった。(16)正暦元年（九九〇）には播磨国書写山の性空上人が参詣し、六六人の経衆を契り、善光寺如来の前で法華経の読誦を行い、のちの連日読誦の起源になったという。(17)源頼朝、ついで北条氏が善光寺如来を尊崇し、以後善光寺信仰は全国に広がった。

上野国一宮　平安前期には帰化人の崇敬神であった貫前神が有力であったが、後期になると、武士の興隆とともにもともと物部族の崇敬神であった抜鋒神が有力となり、一宮として待遇されるようになった。(18)

下野国日光山　勝道上人が二荒山権現を祀り、四本竜寺を創建したことに始まるといわれる。円仁来山伝説があり、古くから法華経奉納が盛んに行われた。平安末期に別当をつとめた聖宣の頃に作成されたと考えられている藤原敦光の『中禅寺私記』によると、輪王寺の前身満願寺には法華経一〇〇〇部・大般若経六〇〇軸を納める堂があり、毎年大会が行われていたという。(19)『法華験記』には、下野国の法空という持経沙門が二荒山を巡礼の地の一つとしていたことがみえている。(20)男体山頂出土の経筒にも鎌倉期のもので承久三年（一二二一）、正和三年（一三一四）、元亨三年（一三二三）に奉納したことを示すものが確認されている。(21)また貞和二年（一三四六）には日光山に法華経を奉納した際の請取状があり、(22)戦国期の明応五年（一四九六）には座禅院留守職昌源が最澄筆と伝えられる法華経の開版を行っている。(23)

陸奥国松島日河　入間田氏が明らかにしたように、瑞巌寺の前身円(延)福寺のことであろう。円仁開山伝説があり、当初天台宗であったが、鎌倉中期になって臨済宗に改められたという。高橋富雄氏が注目したように、円福寺前面の海上にある雄島は法華信仰の聖地であり、行者にとって兜率天浄土の地とみなされていた。(24)したがって改宗後の円福寺は臨済宗勢力のみになったわけではなく、なお天台宗勢力が根強く残っており、南北朝期に両者の対立が尖鋭化したことを先にあげた観応元年（一三五〇）の景顗申状が示している。

出羽国立石寺　貞観二年（八六〇）円仁開山と伝えられるが、実際は円仁の高弟で出羽国講師をもつとめた安慧が開いたと考えられている。出羽国における天台宗の根拠地となった。(25) 入阿大徳が同志五人と法華経一部八巻を書写奉納した天養元年（一一四四）の如法経所碑があり、比叡山の横川如法堂を擬したものとされている。(26)

若狭国霊応寺神宮寺　一宮若狭彦神社の神宮寺で、初め鈴応山と称し、のち霊応山に改めたという。(27) 若狭神宮寺文書によると、「一宮根本神宮寺」「神宮寺」と書かれていることが多い。康正三年（一四五七）六月日神宮寺寺領目録(28)に、「一国分寺熊丸名供僧職六十六部聖沓銭宗寛小浜寄進」という項目がみえ、諸国の寺社に法華経を奉納することを行とした六十六部聖の沓銭が計上されていることは、六十六部聖の巡拝が盛んであったことをうかがわせる。

越前国平泉寺白山　白山は越前国の泰澄が開いたと伝えられ、白山妙理大権現を祀る。実際には泰澄を代表とする法華経持経者によって開かれたと考えられている。(29) 平泉寺は三馬場の一つ越前馬場にあたり、白山中宮となった。

越中国一宮　越中国には一宮と称される神社が四社ある。射水神社（二上神）・気多神社・高瀬神社・雄山神社（立山権現）がそれで、それぞれ平安前期・平安後期・鎌倉から室町前期・室町中後期と若干の競合をみせながら、ほぼ時代的に継承されたと考えられている。会津真福寺大般若経表紙裏打文書に、南北朝中期のものと推定される六十六部納経請取状があり、それによると越中国一宮気多社に奉納したことを示している。(30)

越後国妙高山関山　妙高山の登山口にある関山神社は、神仏習合により関山三社大権現と呼ばれた。裸行開山と伝えられている。平安末期頃熊野系修験の行場として開かれ、鎌倉末期から南北朝期にかけての頃、白山系修験が入ったと考えられている。(31)

能登国石動山　農耕神であるとともに、航海神・漁撈神としての神格をもつ伊須流支比古神の神願寺として石動寺があった。平安末期には古代国家の神祇統制に捉えられずに、地域の有力仏神として成長し、白山系天台の末寺となった。のち後白河皇女宣陽門院覲子の祈願所となったことを前提として、十四世紀後半段階頃、御室系真言にかわった。それにともなって仏神の世界も改編されたが、なお白山系天台の名残がみられた。(32) 石動山に六六部の法華経のうちの一部を奉納したことを示す年紀不明の護符が残されている。(33)

加賀国那谷寺　養老年中（七一七〜二四）に泰澄が開き、初め岩屋に千手観音を安置したことから岩屋寺と称し、のち花山法皇の命によって那谷寺に改めたという。(34) 古義真言宗に属するが、もとは天台宗であった可能性もある。

佐渡国小比叡山　大同初年、空海が開いて小比叡山蓮華峰寺と名づけたという。(35) 智積院末の真言宗寺院であるが、山号の小比叡は日吉信仰発祥の地であり、のち東本宮として山王七社に組織された比叡山の地守神であったから、『佐渡国誌』も言うように、初めは天台宗であったと考えられる。(36)

丹波国穴大寺　穴太寺のことであろう。慶雲二年（七〇五）大伴古麿が開いたと伝えられる。穴太寺文書応永十八年（一四一一）八月二十四日足利義持御判御教書に(37)「山門西塔院末寺丹波国穴太寺」とみえ、延暦寺西塔院の末寺であった。西国三十三所観音の二一番札所である。

丹後国成相神宮寺　成相という注記があることからみて成相寺のことであろう。成相付近には神宮寺という寺は見出せないから、成相寺が同じ成相山の麓に鎮座する一宮籠神社の神宮寺とされていたと考えられる。慶雲元年（七〇四）、真応上人が開いたと伝え、橋立の観音として知られ、西国三十三所観音の二八番札所である。(38)『成相寺旧記』(39) によると、成相寺の近くの上ノ山は常行三昧の場所で高国上人の墓があった。高国は法華経六六部納経の修行をし、その功徳によって丹後守護京極高国に生まれかわったという。古義真言宗。但馬国一宮　『大日本国一宮記』(40)には但馬国一宮は粟鹿神社と記され、弘安八年（一二八五）十二月日の但馬国太田文(41)では、一宮は出石大社で粟鹿大社は二宮とされている。

以上の説明によって、ひとまず「社寺交名」にみえる寺院の特徴と考えられそうなものをあげてみよう。まず天台宗寺院が多いことである。現在は真言宗である飛騨国袈裟山・加賀国那谷寺には泰澄伝説があり、白山天台の圏内に入っていたとみられ、佐渡国小比叡山は初め天台宗であった可能性が高い。

さらに近江国楞厳院・下野国日光山・陸奥国松嶋・出羽国立石寺などに顕著に見られるように、法華経信仰の霊場として知られていたり、法華経と何らかの関わりをもつ寺院が多いこともすぐ目につくところである。丹波国穴太寺・丹後国成相寺は西国三十三所観音の札所であるが、観音信仰は法華経巻八観世音菩薩普門品に基づいている。

神社と法華経との関係をみてみると、承和三年（八三六）には、「神道を護持すること一乗の力にしかず」として、五畿七道に使を遣わし、国内名神社ごとに法華経一部を読誦させている(42)。諸国の一宮が国内の名神社として巡拝と法華経奉納の対象に選ばれたことは容易に推測できる。南北朝期、越中国一宮気多神社に法華経が奉納されたことは先に述べたが、ほかにも徳治三年（一三〇八）には、常陸国一宮である鹿嶋神宮に常陸大掾氏の一族平宗幹によって法華経一部八巻が奉納されている(43)。また伊豆国一宮三島神社には、応永五年（一三九八）に繍字法華経が奉納されたことを知ることができる(44)。

神社と法華経との関係については、十世紀の半ば頃にはすでに諸国の神社で法華講会が営まれていたことが知られている(45)。神社における法華経読誦については、平安中期以後、本地垂迹思想の確立とともに成立したとみられる山王神道(46)の影響をも考慮に入れておく必要があろう。

「社寺交名」の史料的性格について、以上の検討からひとまず法華経奉納と何らかの関係があるかもしれないという手がかりをひき出すことができたと思う。さらにこの点の追及を紙背文書の検討によって進めたい。

2 紙背文書の検討

太信心銘レ肝。。《感涙》潤《ス》レ袂《ソテ》、弥《ヨ》捧《ケ》二弊帛《ヒヲ》一増一合掌《シ》、□
軈《ヤカテ》而下《リ》二向関東《ニ》一、就《テ》二梶原《ニ》一事之子細《ヲ》。申
上之処《ニ》、本領忽《ニ》安堵而安堵而帰二本。
国一、子孫繁昌《ストト》云々、抑此縁起《ノ》事者。、出雲国
大社国造《ソウト》云人蒙《リ》二御夢想之告《ヲ》一、関東《ニ》
被レ申二注進一間、頼朝。此旨《ヲ》聞召、去□《而》於《テ》二
過去《ニ》一為《ルノ》二如法経。六十六部之聖《リ》一条無レ疑、随
喜之合。レ掌、軈《テ》而建二立《シ》法華堂《ヲ》一、有《リ》三造二立。御影《エイヲ》
于今御座云々、然《ニ》此頼朝従《リ》二。過去経《テ》二二百七十三年之
星霜《ヲ》一、有《リト》二。御出生一見《ヘタリ》、一旦被レ引《テ》二有相之妄。念《ニ》、生
栄花之家一、納《ム》二天下掌《ニ》一、。臨《然》。終之夕冥目《メイ》之刻、
紫雲靉《タナヒキ》レ室、。音楽聞レ空《コクウニ》、乗《ソ》二観音大士之蓮台《ニ》一。、
遂《ケ》二安養之往詣《ケイヲ》一給、爰知《ヌ》。、現世安。穏、後生善処

者法華妙典《ノ》金言也、。須臾聞《ニ》之、（×也）即得《トク》□（究カ）竟《ノ》
者正直捨権《コノ》。誠諦也《ナリ》、然則五十展《テン》転之随喜《ハ》。、尚
過二八十ケ年之布施一《ニモ》、一念信解。之功徳《ハ》、宛《アタカ》越《ヘ》二五波
羅蜜之修行《ニモ》。、見況於《ニヤテ》二六拾六部之書写平、。況《ヤ》
［　　］〔於無二無三之梵行平功徳尤無辺也豈カ〕［　　］

（ふり仮名・送り仮名・返点などはすべて原本のまま、読点は引用者がつけた）

表に書かれた「社寺交名」とは別筆の何かの縁起らしいこの文書については、これまで全く検討の対象とされたことがない。前後部を欠く断簡であるため、十全な理解は困難であるが、およその内容は次のようになろう。何かの相論の当事者であったらしい信心深い某が鎌倉に下り、梶原に事の仔細を話したところ、本領を安堵され、子孫が繁昌した。出雲国造が夢想の告によって、（頼朝が、前世、如法経六十六部聖で、その功によって将軍に生まれかわったことを）鎌倉に注進したところ、頼朝は随喜し、法華堂を建立したという。この文書には続いて法華経の功能が説かれ、さらに法華経分別功徳品・随喜功徳品などの文句を引合いに出しながら、六十六部書写の功徳絶大なることが説かれている。

この縁起は法華経の書写や奉納の功徳を説いたところに基調があり、このことは先に紙背の「社寺交名」が法華経奉納と何らかの関係をもつと推定したことと密接な連関をもつように思われる。

ところで、この縁起と内容を同じくするものが日光山輪王寺天海蔵にある。これは巻子本に表装され、

日光山
慈眼堂御蔵

六十六部縁記（ママ）「二十七（異筆）」

という外題をもつ。(47)料紙は八枚で、縦三〇・五センチメートル、全長三六五・九センチメートル、朱界線が引かれ、界高二六センチメートル、界幅三・五～三・七センチメートル、一紙に一三行、一行にはやや大ぶりの字で一一～一二字が書かれている。

本書は首尾すべてが整っているため、断簡である金沢文庫本の内容の理解を助けることは(48)もちろん、さらに復元をも可能にさせる。両者を比較する意味から、金沢文庫本の改行にあわせて該当箇所を掲げよう。

太信心銘レ肝、感涙潤レ袂、捧二幣帛一増二合掌一、
則下二向関東一、就二梶原景時一事子細申
上処、本領忽安堵帰二本
国一、子孫繁昌云々、抑此縁起之事、出雲国
大社国造云人蒙二御夢想之告一、関東
被レ申二注進一間、頼朝此旨聞召、去者我於二
過去一為二如法経六十六部聖一条無レ疑、随
喜合掌、廳建二立法花堂一、有レ造二立御影一
于レ今御座云々、然彼頼朝自二過去一経二百七十三年
星霜一、有二御出生見一、一旦被レ引二有相之妄念一、生二
栄花家一、雖レ納二天下掌一、臨終夕瞑目刻、
紫雲达レ室、音楽聞レ空、乗二観音大士蓮台一、
遂二安養往詣一、爰知、現世安穏、後生善処

者法華妙典金言也、須臾聞レ之、即得二究竟
正直捨方便誠諦一也、然則五十展転随喜、尚
過二八十ケ年布施一、一念信解功徳、宛越二五波
羅密〔蜜〕修行一、況於二六拾陸部書写一乎、況
於二無二無三梵行一乎、功徳尤無辺也、豈

語句や体裁に若干の異同はみられるものの、内容は両者全く同じであり、金沢文庫本が訂正・挿入を多数含み、一行の字数も不定の草稿であったのに対し、天海蔵本は一行一一～一二字程度の、訂正などもほとんどみられない清書本である。両者の成立については、推測の域を出るものではないが、全く無関係に作成されたと考えるには両者に共通する要素の多いことから、金沢文庫本が祖本の一つとなり、それが転写されていく過程で天海蔵本が成立したのではなかろうか。

奥書をもたない天海蔵本の六十六部縁起について、『国書総目録』は室町時代写とし、本縁起に初めて注目して内容の簡単な紹介を行った新城常三氏は室町中期ころのものとしている[49]。

この六十六部縁起のおよその内容は次のようになろう。金沢文庫本の前の部分に書かれていたはずのことは、こんな話である。つまり、伊豆国の新平三という者が先祖相伝の所領を平家に没収され、訴訟を起したが、叶わなかった。そののち源氏の世になってから、所願成就のため出雲大社に参籠した。ある夜の夢告によると、頼朝房・時政房・景時房の三人の聖が六六部の法華経を六六カ国に奉納した功徳により、それぞれ源頼朝・北条時政・梶原景時として生まれかわり、檀那平大夫は大江広元になったという。また新平三は前世で景時房に麻糸三筋を奉加した縁があるという。そこで新平三は、関東に下ってこの霊夢を梶原景時に注進した。そしてこのとこ

ろから先の金沢文庫本の断簡に話はつながり、最後に法華経六十六部奉納の由緒と功徳とが明らかにされている。

天海蔵本の書出しは「敬白」で始まり、「沙門敬白」で終わっている。願文あるいは表白の形式に擬されていることからみて、この縁起は、本来読誦することを目的としたものではなかったろうか。六十六部縁起が天海蔵に入った経緯は明らかでないが、同類の縁起はおそらくほかにも残っているはずであり、こうした縁起を作成し、さらに書写して身に携え、法華経奉納の功徳を説いて回った聖集団の存在を想定できるように思われる。平安時代の持経者に系譜をひくと考えられている中世の六十六部聖[50]が、化他の勧進唱導活動を行う場合に、こうした縁起は有力な材料となりえたのではなかろうか。

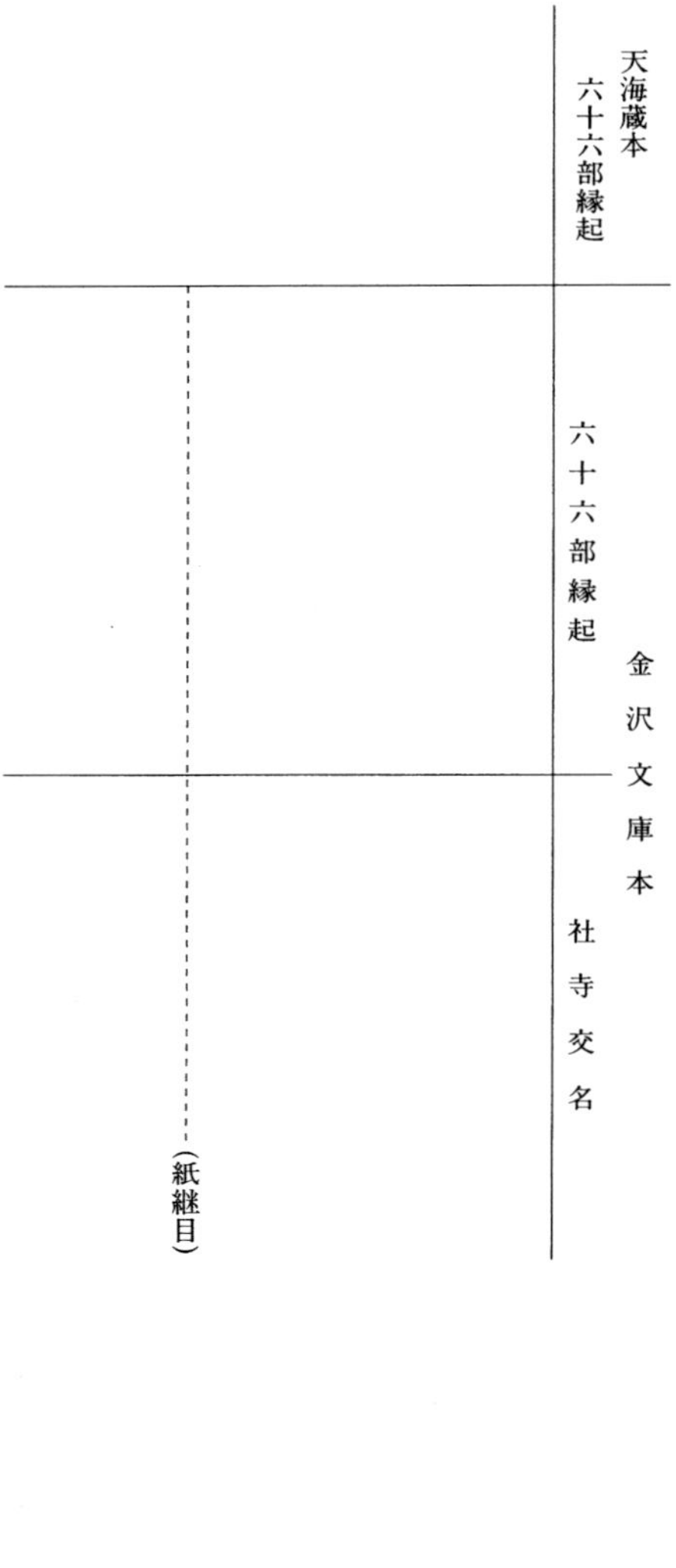

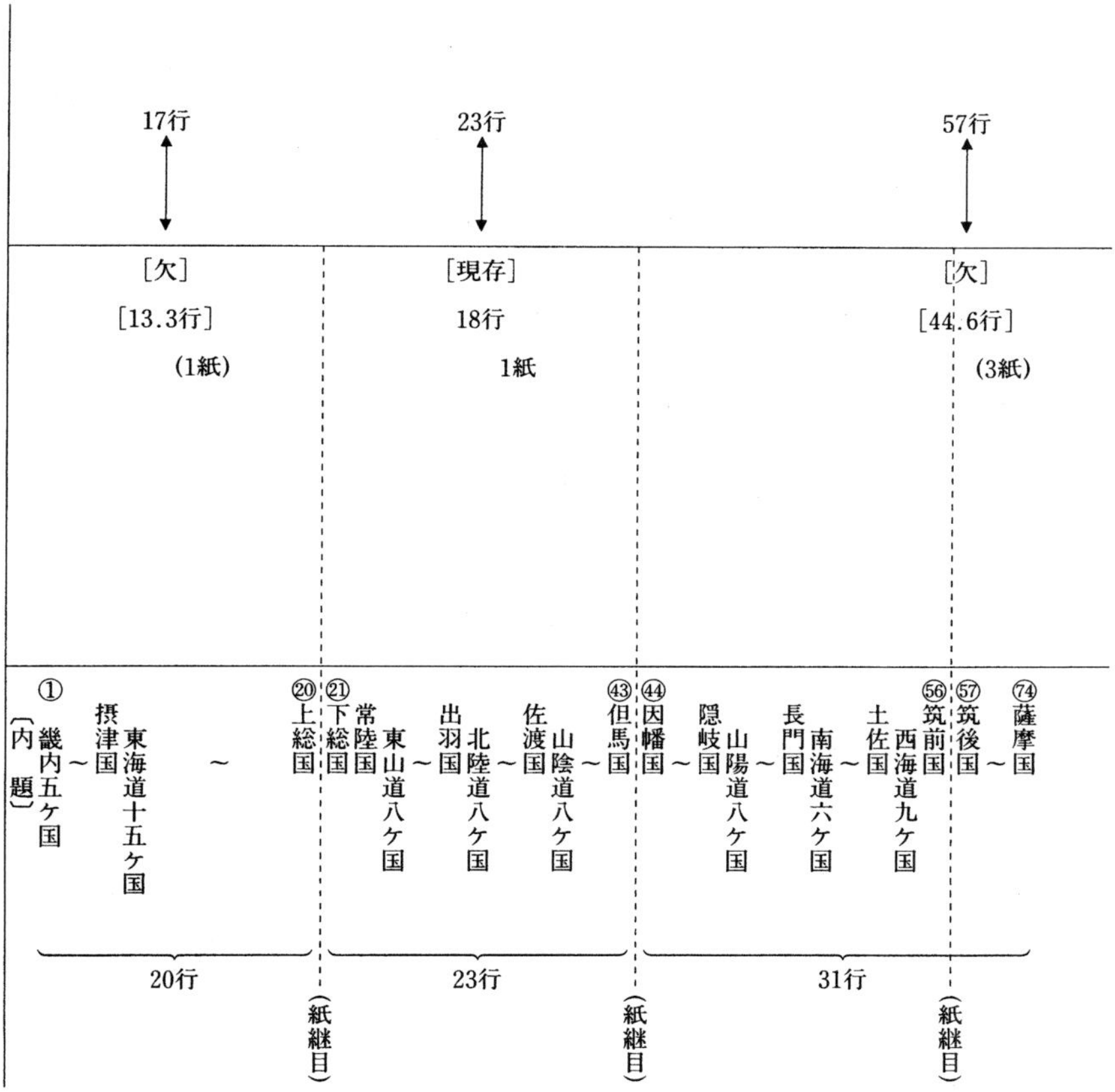
17行
23行
57行
［欠］
［13.3行］
（1紙）
［現存］
18行
1紙
［欠］
［44.6行］
（3紙）
〔内題〕
①畿内五ケ国
〜
摂津国
東海道十五ケ国
〜
⑳上総国
㉑下総国
常陸国
東山道八ケ国
〜
出羽国
北陸道八ケ国
〜
佐渡国
山陰道八ケ国
〜
㊸但馬国
㊹因幡国
〜
隠岐国
山陽道八ケ国
〜
長門国
南海道六ケ国
〜
土佐国
西海道九ケ国
㊱筑前国
㊲筑後国
〜
㊹薩摩国
20行
23行
31行
（紙継目）
（紙継目）
（紙継目）

3　「社寺交名」の復元

金沢文庫と天海蔵にある二つの六十六部縁起を対比してみると、前者の現存している一紙一八行分は、後者では一行の字数が少ないため二三行を要している。首尾の完存している天海蔵本にはこの前に五七行、後に一七行ほどが書かれている。先の割合で両者を計算してみると、金沢文庫本には現存する一紙の前に四四・六行、後に一三・三行があったことになる。現存する一紙に一八行書かれていることからすれば、先の行数が書かれるためには、料紙は前に三紙、後に一紙を要したことになる。この数値をもとにして紙背の「社寺交名」について考えてみると、前に書かれていたはずの畿内五カ国と現存する一紙に書かれている下総国・常陸国を除いた東海道一三カ国分の合計二〇行分（おそらく内題のあったことを考えると二一行程度）は、現存する一紙に二三行が書かれているから、ほぼ一紙に相当する。

現存する一紙に接続する後の部分は紙背の六十六部縁起の復元によって三紙あったことが推定されるが、この部分には山陰道因幡国以下西海道にいたる三一行分が書かれていたはずであるから、最後の薩摩国を書き終わった後にはかなりの余白が出ることになる。仮に一紙二三行であったとすると、料紙三枚のうち二枚目の三分の一程度で終わることになり、残りのおよそ三分の二と三枚目は白紙になってしまう。以上の煩雑な説明を図示すれば（一九二〜一九三頁参照）、料紙の表と裏の関係は明瞭であろう。

いま料紙の一方に「社寺交名」のみが、その紙背に六十六部縁起が書かれてあったという最もありうべき前提にたつと、六十六部縁起が第一次文書として先に書かれ、その紙背に「社寺交名」が書かれたと解するのが自然であろう。しかも金沢文庫本を仔細に点検してみると、六十六部縁起は料紙のほぼ天地一杯に書かれているのに対して、「社寺交名」は料紙の天地の部分にかなりの余白を残して、中央部に全体の三分の一程度を使って書かれている（一七五頁図版参照）。「社寺交名」を第一次文書とするには、不自然な料紙の利用法ではなかろうか。きわめて蓋然性の高いこの推測からすれば、入間田氏が「社寺交名」について、「寺社縁起の料紙として再利用されたために、前・後が切断されて断簡となった(51)」と理解したのは、縁起を第二次文書とする「常識」に捉われてしまったことに基づく重大な誤認であった。その影響は単に料紙の利用の仕方の理解にとどまらず、文書の内容の解釈にまでおよんでしまったのである。

　これまでの叙述によって、「社寺交名」は第一次文書である法華経奉納の功徳を説く六十六部縁起の紙背文書として書かれたものであり、その内容は六十六部法華経奉納に関係するものらしい、ということを明らかにしえたと思う。

三　「社寺交名」の史料的性格

　豊後国国東半島に栄えた六郷満山の一つ、夷石屋大力坊の後裔にあたる余瀬家に伝えられた多数の文書の中に、「六十六部奉納札所覚書」という名称をつけられたものがある。

　六十六部奉納所日□

　山城国 清水寺 八幡宮　大和〃 東大寺 天□宮 長谷寺　河内 太子御廟 藤井寺　和泉□ 杉□寺　摂□（津カ）□

　伊賀 清済光寺 新大仏　伊勢〃 世□寺 常明寺　〃志摩〃 立神寺 〃〃アサマ〃〃〃　〃筑前〃 安楽寺 〃〃〃　〃尾張

尾張熱田石神社　三河真福寺滝寺　駿河富士大宮　甲斐横根七覚寺　相模箱根若宮

上総八幡一宮　下総八□〔幡カ〕香取社　安房清澄寺　常陸鹿嶋竹馬山

近江首咢(ママ)楞院如法堂三井寺　美濃南宮横蔵寺　飛騨袈裟寺清峯

信濃善光寺戸隠　上野世良宮　下野日光山宇都宮　陸奥松嶋　■石　出羽立石寺

若狭一宮一乗寺上ツル　越前平泉寺豊原寺　加賀白山那谷寺　能登石動山気多　越中立山石蔵

越後国上寺関寺　佐渡御比叡山　山隠(ママ)道　丹波穴宇神池寺　丹後普宇山成相　但馬進寺浅間寺

因幡一宮　伯耆大山美徳寺　出雲鰐《ワニ》淵大社　枕木寺　石見一宮円城寺金剛寺　隠岐国符寺

播广立厲山法花寺　美作八塔寺　備前一品吉備津宮　備中吉備津宮一品寺　備後吉備津宮

安芸厳嶋　周防

九州

志摩立神寺〃〃〃　〃〃アサマ〃〃〃　筑前安□〔楽〕寺　豊前宇佐宮　豊後霊山　日向ムカハ、ノタケ　肥後チリク〃〃〃釈迦院

大隅正八幡　薩广シヒ　肥前チリク　筑後カワラ山

遠江鴨江寺イワクラ　伊豆赤湯山三嶋　安房

「(異筆)主祐澄（花押）」(52)

年紀を欠いているが、末尾にみえる祐澄は戦国末期の文書にみえているから、この文書もほぼ同じ時期のものとみてよいであろう。六郷満山はすでに平安末期には比叡山と密接な関係をもっていたといわれ[53]、夷石寺は余瀬文書永仁三年（一二九五）十二月日六郷山長小野坊舎田畠譲状案[54]によると、比叡山無動寺の末寺であった。「社寺交名」と比較してみると、余瀬文書では必ずしも一国一カ所ではなく、二カ所の場合が多いけれども、「社寺交名」にみえる寺社は上野国・但馬国を除いてすべて含まれている。

近世に入ってからの六十六部奉納所を書き上げたものとしては、天野信景の『塩尻』巻之七十六に引用された宝永四年（一七〇七）旭誉板行のもの[55]がよく知られている。また大和国経ヶ塚経塚から出土した経筒には西国三十六カ所の奉納所の請取状が納められており[56]、このほか、近世後期と思われる廻国六十六部縁起[57]にも六六カ国の奉納所が列挙されている。いまそれらの関係部分を表にして一覧してみると、六十六部納経所は時代によって若干の変化をみせはするものの、「社寺交名」にあらわれた寺社の多くが近世にいたってもなお六十六部納経所であったことは明らかである。

ここにいたって、「社寺交名」は入間田氏の言うような「関東御祈禱所のリスト」では決してなく、六十六部納経所交名であったことをためらうことなく断定してよいであろう。前節までの指摘をあわせ考えると、法華経奉納の功徳を説き、おそらくは勧進を目的とする六十六部縁起がまず書かれ、そののち紙背に当時知られていた全国にわたる納経所が書き上げられたのである。そしていつの頃にか剥離した中間の一紙のみが残ったために、原状についての誤認を生じることになったのである。

六十六部縁起には源頼朝・北条時政・梶原景時らの転生譚が語られ、彼らが前世での法華経奉納の功徳によって、それぞれ日本国大将軍・将軍後見・日本国侍祖に生まれかわったことを説いている。法華持経者の転生譚は

	社寺交名	六十六部奉納札所覚書	経ケ塚経塚納経請取状	六十六部奉納所(塩尻)	廻国六十六部縁起
下総	神宮寺	八□〔幡カ〕 香取社		香取社	かんとり
常陸	鹿嶋	鹿嶋 竹馬山		鹿島社	かしま
近江	楞厳院	首楞楞院如法堂 三井寺		多賀	白ひげ大明神
美濃	南宮	南宮 横蔵寺		一宮	なん宮
飛騨	袈裟山	袈裟寺 清峯		国分寺	市の宮
信濃	善光寺	善光寺 戸隠		上諏訪	上のすわ
上野	一宮	世良宮		一宮	市の宮
下野	日光山	日光山 宇都宮		滝尾山	日光山
陸奥	松嶋日河	松嶋		塩竈	しほかま
出羽	立石寺	立石寺		湯殿山	ゆとのさん
若狭	霊応寺神宮寺	一宮一乗寺 上ツル	霊応山根本神宮寺	一宮	上け宮大明神
越前	平泉寺白山	平泉寺 豊原寺		平泉寺	永平寺
加賀	那谷寺	那谷寺 白山		白山	白山
能登	石動山	石動山 気多		石動山	せきど山
越中	一宮	立山 石蔵		立山	たて山
越後	妙高山関山	関寺 国上寺		蔵王権現	やひこ
佐渡	小比叡山	御比叡山		小比叡山	こひゑさん
丹波	穴太寺	穴宇 神池寺	穴太寺最竜院	穴太寺	あなう
丹後	成相神宮寺	成相 普宇山	成相寺	成相	成合
但馬	一宮	進寺 浅間寺	養父大明神	養父	市の宮

すでに『法華験記』などにもみえているが、ほかならぬ源頼朝らが登場するところに中世的な特色があり、こうした東国的要素の強くみられる縁起を作成して民衆に説いて回り、またこれを受容した人々について考える場合、実に興味深いものがある。

法華持経者の転生譚の中で、頼朝のそれと関わりをもつように思われるのは、『太平記』巻五「時政参籠榎嶋事」にみえる北条時政の場合であろう。それは時政が江島弁財天に参籠した折の霊夢に、時政の前生は箱根法師で六十六部の法華経を六六カ国の霊地に奉納した善根により、その子孫七代まで「日本ノ主」となることを告げられたという話である。

源頼朝の転生譚を中心とする頼朝坊伝説と呼ばれるものは近世にはさらに潤色され、おそらくは『義経記』などの影響をうけて義経坊らも登場するにいたり、こうした伝説が伊豆や信濃などには残されている。

時政が夢想の中で七代の天下掌握を告げられたという伝説は、無住一円が嘉元三年（一三〇五）に著した『雑談集』にはすでに見えており、(58) 先の『太平記』の伝説は六十六部信仰が結合して成立したものとみられる。六十六部縁起はこれらが原基形態となって、頼朝、さらに義経らが付加され敷衍されていったものと考えられる。それらについての詳細な検討は機会を改めることとしたいが、伝説の成立過程から言えば、『太平記』にみえる時政伝説を先行形態とするのが妥当と考えられ、金沢文庫本の六十六部縁起は伝説の内容のほか、書体からいっても南北朝期をさかのぼるものではないであろう。

むすび

六十六部縁起が称名寺に伝えられたのは、称名寺が必ずしも真言律一色に覆われていたわけではなく、最澄以来、関東には広汎に天台宗が伝播しており、称名寺には審海・円種・心慶ら多くの天台学者が輩出し、[59]天台系に結びつく勢力があったことに理由の一つが求められよう。六十六部縁起の作成者はもとより明らかでないが、円仁の根本如法経信仰の聖地というべき楞厳院が近江国の納経所にあげられていることが象徴するように、天台系列にあった者が著したのではなかろうか。輪王寺天海蔵にほとんど同じものが伝えられたのは、日光山がいわゆる関東天台の中心の一つであったことに基づくものと思われる。六十六部聖の関係する経塚や納経が関東、特に下野国・常陸国に多いのは、[60]日光山の影響を考慮せずには理解しがたい。このことは六十六部縁起に東国的要素の濃いことと無関係ではない。

六十六部信仰の成立と展開は、六十六部縁起に頼朝房・時政房といった修験者があらわれ、また全国の奉納所に修験道の霊地とされているものがみられるように、必ずしも天台学とは直結することのなかった修験聖の果たした役割がきわめて大きいと考えられる。それらについての検討はすべて次章以下に譲り、六十六部聖に関する最初のまとまった縁起と、納経所交名に関する史料とを新たに付け加えたことを明らかにして稿を閉じたい。

（1）『神奈川県史』資料編2古代・中世（2）一二六六号は同じく「社寺交名」という名称をつけて、『金沢文庫古文書』にみられる若干の誤読を正しているが、なお正確でない箇所がみられる。
（2）入間田宣夫「中世の松島寺」（渡辺信夫編『宮城の研究』三巻、清文堂出版、一九八三年）。
（3）『日本地名大辞典　山形県』（角川書店、一九八一年）八三二頁、『山形県史』一巻（一九八二年）五九九頁・八四七頁など、入間田氏の見解に依拠する論稿もすでにあらわれている。
（4）入間田宣夫「中世の松島寺」五一頁。
（5）円福寺が天台宗から臨済宗に改められたのは、入間田氏によれば建長年間（一二四九～五六）であるが、『宮城県史』12（一九六一年）は文永年中のこととする（二一六頁）。

(6) 湯之上「関東祈禱寺の成立と分布」（『九州史学』六四、一九七八年。本書第一篇第二章）。寺院が認定をうけずに、関東祈禱所を僭称することは時折見られる。加賀国長楽寺の場合を一例として示しておこう。

遠江守重頼（花押影）

下　倶利伽羅長楽寺住僧等所

可㆑令㆔早停㆓止地頭濫妨㆒四至内事

東限国堺　　南限萩坂大道

西限藤俣谷　　北限大谷水落

右、彼寺者、霊験殊勝之砌、利生掲焉之地也、依㆑之為㆓将軍家御祈禱所㆒、自今以後、寺僧等可㆑致㆓勤行之忠㆒者也、然則限㆓永代㆒、指㆓四至㆒令㆓寄附㆒畢、但重過輩於㆓出来㆒者、為㆓寺僧之沙汰㆒、其身一人可㆓搦出㆒状如㆑件、

建久七年十月十九日

（加賀手向神社文書、「松雲公採集遺編類纂」古文書部十三）

このほかにも能登国西光寺（西光寺文書建保二年八月日地頭下文案、『鎌倉遺文』二一一三号）、紀伊国国主寺（紀伊続風土記薬師寺文書嘉元元年六月阿念置文案・嘉元元年七月十六日藤原祐方置文案、『鎌倉遺文』二一六二七・二一六二八号）などがある。

(7) 入間田宣夫「中世の松島寺」五四～五五頁。

(8) 最初の正慶元年（一三三二）の関東下知状は院主・別当両職とともに、「金剛杵田」の安堵をも含んでいる。「金剛杵田」というあまり見かけない語は、ほかの立石寺文書の中では、貞観二年（八六〇）十二月三十日の日付をもつ円仁置文写（『山形県史』古代中世史料1、二五三頁。『山形市史』上巻、七八二頁によれば、天文頃作成されたものといわれる）に初めてあらわれる。それは当地を巡錫中の円仁が年来所持していた金剛杵を空に投げあげ、飛んでいった地が永代燈油田として定められたというものである。また年紀を欠くが、天正頃の人である豪盛の置文写（『山形県史』古代中世史料1、二五三頁）にも同じような「金剛杵田」の由来が語られている。

立石寺は円仁開山伝説をもち、金剛杵という法具に円仁信仰が象徴され、同時に寺領確保のための名分とされて

いることは興味深いことである。「金剛杵田」の類例を寡聞にして知らないが、それ自体は十分にありうることであろう。しかし、正慶元年の関東下知状に言うように、はたしてこの時期すでに「金剛杵田」があったのだろうか。先に述べたように、少なくとも立石寺文書では、戦国期になって「金剛杵田」の由来を語るものがみられることから、正慶元年の関東下知状はなお検討の必要があるように思う。

(9) 湯之上「関東祈禱寺の成立と分布」(本書第一篇第二章)。
(10) 『式内社調査報告』一一巻(皇学館大学出版部、一九七六年)四〇六頁。
(11) 『比叡山堂舎僧坊記』『山門堂舎由緒記』(『天台宗全書』二五巻)。
(12) 景山春樹「横川の如法写経と埋経」(『比叡山寺』、同朋舎、一九七八年)。
(13) 『濃飛両国通史』上巻(岐阜県教育会、一九二三年)三〇二頁。
(14) 『飛州志』所収(一九〇九年)。
(15) 多賀秋五郎『飛驒史の研究』(濃飛文化研究会、一九四一年)八五二頁。飛驒国にはこのほかに袈裟寺があり、千光寺とともに飛驒国の二大真言寺院であったが、廃寺になった(同八五〇頁)。
(16) 坂井衡平『善光寺史』上巻(東京美術、一九六九年)五九九頁。
(17) 『善光寺縁起』(『新編信濃史料叢書』一巻、一三七頁)。
(18) 尾崎喜左雄「貫前抜鋒両神社の研究」(『上野国の信仰と文化』、尾崎先生著書刊行会、一九七〇年)、尾崎喜左雄「上野国神名帳の研究」(『上野国神名帳の研究』、尾崎先生著書刊行会、一九七四年)。
(19) 『日光市史』上巻(一九七九年)八七二頁。
(20) 日本思想大系『往生伝　法華験記』(岩波書店、一九七四年)一二六頁。
(21) 『日光男体山』(角川書店、一九六三年)一九四・一九七頁、『日光市史』上巻、九二五頁。
(22) 会津真福寺大般若経表紙裏文書(東京大学史料編纂所写本)。
(23) 『日光市史』上巻、九六五頁。
(24) 高橋富雄「瑞巌寺と北条政子」(『河北新報』一九八一年十月五日号)、高橋氏の見解は、入間田宣夫「松島の見仏上人と北条政子」(『東北大学教養部紀要』四一号I、一九八四年)による。

(25)『山形県史』一巻、五四〇～五四一頁。
(26)『山形県史』一巻、五六三～五六五頁。
(27)『若狭郡県史』(『小浜市史』史料編一巻)。
(28)東京大学史料編纂所影写本。
(29)小林一蓁「白山美濃馬場よりみた白山信仰——下山七社を中心に——」(山岳宗教史研究叢書『白山・立山と北陸修験道』、名著出版、一九七七年、一二一頁)。
(30)『富山県史』通史編Ⅰ原始・古代(一九七六年)一〇九八頁。
(31)大場厚順「妙高山信仰の変遷と修験行事」(山岳宗教史研究叢書『富士・御嶽と中部霊山』、名著出版、一九七八年)。
(32)浅香年木「石動権現の成立」(『石動山天平寺歴史資料調査報告書』、石川県教育委員会、一九八〇年)、『鹿島町史』通史・民俗編(一九八五年)一〇八頁。
(33)『石動山天平寺歴史資料調査報告書』三九頁。
(34)『三州志来因概覧』『加越能三州地理志稿』。
(35)『佐渡志』(『佐渡国誌』所収、一九二一年)。
(36)『佐渡国誌』四六二頁。
(37)東京大学史料編纂所影写本。
(38)『丹哥府志』(『丹後史料叢書』六輯)、『丹後州宮津府志』(『丹後史料叢書』八輯)。
(39)『国文東方仏教叢書』寺志部。
(40)『群書類従』二輯。
(41)『鎌倉遺文』一五七七四号。
(42)『続日本後紀』承和三年十一月朔日条。
(43)国立歴史民俗博物館所蔵紺紙金字法華経(『鎌倉時代の本のすがた』、神奈川県立金沢文庫、一九八五年、一九頁)。
(44)『法華経の美術』(奈良国立博物館、一九七九年)一四五頁。

(45)　高木豊『平安時代法華仏教史研究』（平楽寺書店、一九七三年）二三五頁。
(46)　久保田収『中世神道の研究』（神道史学会、一九五九年）二六五頁。
(47)　調査にあたり、六十六部聖について宗教学・民俗学の分野から研究を進めておられる輪王寺柴田立史氏のご高配を得、また示唆深いお話をうかがうことができた。
(48)　先の金沢文庫本の判読しがたい最終行は、その残画を天海蔵本と比較対照して推定したものである。
(49)　新城常三『新稿社寺参詣の社会経済史的研究』（塙書房、一九八二年）二三三頁・五一三頁注(12)。
(50)　新城常三『新稿社寺参詣の社会経済史的研究』四九三頁。
(51)　入間田宣夫「中世の松島寺」四八頁。
(52)　『大分県史料』25、六三号（一九六四年）。本文書は福島金治氏の示教によって知った。
(53)　『大分県史』古代篇II（一九八四年）四八七頁。
(54)　『大分県史料』25、一七号。
(55)　『日本随筆大成』第三期16（吉川弘文館、一九七七年）。
(56)　大和国中之庄に住む尼妙光が施主となり、承応二年（一六五三）十月から同四年二月にかけて西国三六カ国の霊場に法華経を奉納し、それぞれの寺社から墨書または木版刷の請取状をもらい、それらを法華経一巻とともに経筒に収めた。関秀夫『経塚遺文』七八八号（東京堂出版、一九八五年）参照。
(57)　下野国の念西が縁起を書き、大坂追手筋錦町の菊屋勘四郎が板行している。東京都立中央図書館加賀文庫所蔵。「日本廻国之縁起并国付納所付」の内題をもつ。
(58)　奥富敬之『鎌倉北條氏の基礎的研究』（吉川弘文館、一九八〇年）二七頁。
(59)　納富常天「金沢文庫資料について――とくに仏典を中心として――」（『金沢文庫資料の研究』、法蔵館、一九八二年）。また、納富氏は釼阿が『泰澄和尚伝記』を写得していたことを明らかにし、白山信仰の東国進出について注意を促している（同書四〇五頁）。
(60)　関秀夫『経塚』（ニューサイエンス社、一九八五年）六六頁。

第八章　六十六部聖の成立と展開

はじめに

中世から近世にかけての長い時期にわたって、遍歴する宗教者の中に六十六部聖と呼ばれた人々がいた。彼らは常人の想像を絶する日本六六カ国の寺社に法華経を奉納することを行とした。六十六部聖たちの姿は見え隠れしながら、その足跡は九州から東北にいたる広い地域におよんでいる。

六十六部聖は遊行による実践を旨としたため、自らまとまった文書や記録を残すことがきわめて少なく、彼らの活動は、経典埋納のために用いられた経筒の銘文をはじめとする金石文に断片的に痕跡をとどめていることが多い。そのため、六十六部聖に関する研究は、いわゆる仏教考古学の分野でまず着手され、事例の報告と銘文の集成は今やかなりの蓄積をみるにいたっている。(1)

これに対して、歴史学の分野では、新城常三氏の業績(2)を最高のものとして取り上げなければならない。新城氏は、柳田国男・堀一郎らの民俗学的な視点からの研究をも包括しながら、社寺参詣を信仰を基礎とする交通と把えて、日本交通史の一環として位置づけ、また六十六部聖廻国を巡礼の一形態として、精細な検討を加えた。視野の広さと史料の博捜とに裏づけられた分析は、細部に立ち入ればなお多くの課題を残しながらも、六十六部聖に関するあらかたの論点と骨格を呈示している。

新城氏とならんで注目すべきは、仏教民俗学の分野からの五来重氏の業績(3)である。五来氏は六十六部聖についてて特にまとまった著作を公にしているわけではないが、聖と庶民仏教に関する一連の業績の中で、法華経を滅罪の経典とする観点から、六十六部聖を滅罪遊行の代表的なものととらえている。六十六部聖の行業の内実に関する重要な提言である。

本章はこれらの業績、とりわけ新城氏の豊かな内容をもつ著作に学びつつ、中世における六十六部聖の成立過程と活動の実態について、さらに詳細に検討することを主眼としている。

一　六十六部聖成立の歴史的前提

六十六部聖の祖型ないし源流を平安時代の法華経持経者に求めることでは、これまでほぼ共通した認識が得られている。たとえば、新城氏は、「六十六部聖は、おそらく平安時代のこれら持経者の後身であろう(4)」とし、当時盛行した法華経の納経の風と持経者の廻国とが結合して、法華経の読誦・納経を目的とする廻国が盛んになったものとみている。

持経者とは、高木豊氏によれば、法華経の経説をうけいれて、読・誦を基本の行業としながら、受持・解説・書写をあわせた五種の行を何らかの形で実践する者のことであり、はじめ僧に限定されていたが、次第に在家の篤信者まで拡大して称されるようになった(5)。

持経者は、戦前、橋川正が「持経者の系統から出たのが日蓮上人の法華宗と見られると思ふ」[6]と指摘して以来、これまで日蓮の宗教の成立との関連で注目されてきた。そのこと自体は全く正当な指摘であるとしても、持経者は、法華経をよりどころとしながらも、のちに日蓮宗とは結びつくことのなかった六十六部聖の源流でもあって、流れのいきつく先を単純に一本に固定して考えることは、多様な存在形態をみせた持経者の史的意義を正当に評価することを阻むことになるのではなかろうか。

持経者の信仰と実態とを最もよく示しているのは、よく知られているように、比叡山横川の鎮源が十一世紀中頃に著した『法華験記』であり、「法華経の持経者の説話の集大成」[7]という評価が与えられている。初期の持経者の行業には、霊山・霊所を巡歴する遊行性と、山林抖擻の苦行性が強く、滅罪の法華経信仰を中心としつつ、往生信仰による念仏兼修者としての性格をあわせもち、法華経書写にともなう勧進聖としての活動をも行っていたことが指摘されている。[8]さらに山林苦行と遊行とを通して持経者は自らの滅罪とともに、信者や共同体の代受苦の実践をも行っていたとする五来氏の指摘[9]は、なお具体的事実についての検討の余地が残されているとしても、十分に注目されてよい。

『法華験記』に描かれた持経者の中で、世に「一宿の聖」と称された行空は、日夜に法華経一二部を読誦し、一所に両夜を過すことなく、「五畿七道に、行かざる道なく、六十余国に、見ざる国なし」という行業であった。既成教団の外にいた行空という聖のこうした行のありさまは、降って南北朝期にみられる「諸国一見の聖」の祖を思わせるものがある。

行空の場合、法華経の読誦が行業の基本にはなっているが、全国六六カ国の霊山・霊所への法華経奉納ということが六十六部聖の本質的属性の一つであり、しかも読誦もまた奉納の一形態とすれば、行空のごとき持経者に六十六部聖の兆しはみえているといってよい。

すでに明らかにされているように、院政期には観音霊場が形成され、その末期には西国三十三所観音巡礼が成立した。霊場巡礼発達の要因として、聖の出現、別所の形成、聖の遊行布教などがあげられている。(10) 十世紀末から十一世紀初頭にあらわれた聖は、特に比叡山横川と関係の深い僧侶が多く、また比叡山の強い影響をうけて、法華・念仏一体の思潮は当時の主たる傾向を形成していたのであって、(11) 聖は遊行によって法華・念仏の伝播に大きな役割を果たしたと考えられるのである。

遊行持経者にとって、その目的は自行と化他の二つにあったのであるが、これらはそれぞれ別個に存在しえたわけではない。勧進喜捨をともなわない遊行は社会的には意味をもちえないのであって、聖の社会的機能は自行と化他の総合の中にこそ求められるべきである。聖の化他行の主なるものは、滅罪と鎮魂と追善であったと考えられるが、これらは経典を読むことによって初めて実現しうると観念されたのであり、在地の側はこうした能力をもつ聖を必要とし、このことによって、多数の聖の廻国遊行を可能にさせる条件が生まれたのではなかろうか。(12)

しかも、滅罪と鎮魂と追善は単に特定の個人のみを対象とするものではなく、「七世父母」という表現に象徴されるような、祖先をも含むものであり、同時に村落成員が対象になったと考えるべきであろうと思う。無主の地に浪人が招き居えられたことがあったように、廻国する聖が在地に招き居えられた事態も十分に想定できるのであって、廻国聖の一時的な定住、さらにはそれを契機とした新たな寺院形成の道も考慮に入れられるべきではなかろうか。

六十六部聖の基本的性格を考える場合、諸国の霊山・霊所への遊行とともに、法華経奉納ということがある。その前提として法華経の書写という行があり、これは六十六部聖が自らあるいは願主の依頼によって埋納・奉納した経筒の銘文などに、しばしば「六十六部如法経」と表現されたように、如法経信仰と関連をもっている。

如法経という語は如法と写経の二語が合成されたものといわれ、如法とは法の如く、つまり教説の如くにすることを意味する。(13)如法経の起源は、中国隋代の六世紀末頃にさかのぼり、唐代にいたって盛んに行われた。日本では、すでに奈良時代に花厳経・法華経・最勝王経の三経が如法経とされていることが正倉院文書に見えており、唐代に行われたものを範にしたと指摘されている。(14)一般には法華の行法を修して浄写された法華経のことを指すようになり、九世紀前半、慈覚大師円仁以後、広く行われるようになった。

円仁は比叡山横川で如法経書写の行を達成し、これを根本如法経と呼んだといわれ、それを安置した首楞厳院（根本如法堂）はのち如法経信仰の聖地とみなされて、六十六部納経所の一つともなり、この周辺には多数の経塚が形成された。そして円仁は、日本国中の名神から十二神を選んで勧請し、十二支の日ごとに番を定めて根本如法経の守護神とした。さらに延久五年（一〇七三）には、良正によって十二神に諸国の名神が加えられ、三十日を日ごとに交代で法華経を守護する三十番神が祀られた。(15)六十六部聖の活動を示す経筒の銘文や納札などに「六十六部如法経」のほか、十羅刹女とともに、三十番神のみえることは、横川から始まった円仁の根本如法経信仰が六十六部聖のもう一つの源流であったことを示している。

如法経書写は院政期には聖の行業として広く行われ、平安末期から鎌倉初期にかけての頃には天台僧による勧進の形で行われることが多くなった。嘉禎二年（一二三五）の『如法経現修作法』(16)などにみられる、写経にあたっての作法や料紙・筆・墨、供養や奉納の仕方などにわたる規式の成立はこうした動向の反映と考えられる。

如法経信仰は院政期には、弥勒菩薩の出世による衆生教化の時を期する弥勒下生信仰の影響をうけて、納経の一形態である埋納の形式と融合をみせるにいたった。(17)如法経と埋納経との融合は、長元四年（一〇三一）、横川の覚超が、藤原道長の娘で一条天皇の中宮上東門院彰子の結縁奉加により、円仁の如法経を横川に埋納したことが契機になっている。

『如法経現修作法』には如法経奉納次第として、「奉納所横川如法堂、其外之霊地・聖跡等、或所住之寺、或亡者墳墓之近辺、随意不レ定也」と、横川如法堂を奉納所の第一として、霊地・聖跡などへの如法経の奉納が定められている。このことは十一世紀後半以降、如法経を規式に従って書写し、供養が終了したのち、経筒におさめ経塚を築造して埋納することが広く行われるようになったことを反映しているのであろう。

六十六部聖の場合、埋納経成立期にみられた如法経を地中に納めて弥勒出世を予期するという願意はほとんどみられなくなるものの、六十六部聖による埋納を前提とした経筒の作成は、形式において、院政期における如法経と埋納経の融合を継承したものといえる。

二　六十六部聖の成立

六十六部聖という語に先行して、史料に現れる関係する語は、「六十六部如法経」である。如法経書写の部数は、一部を通例としたが、二部・三部・五部・六部・八部・十部・三十部・六十六部・百部・千部の例もあり、そのうち六十六部書写の最も早い例は、九条兼実の日記『玉葉』寿永三年（一一八四）三月四日条にみえる。(18)

観性所レ誂之願文、尹明草進、可レ直之事等、注付返二遣之一、可レ書二六十六部如法経一之間事也、奉レ満二千手陀羅尼三十遍一、依二或者夢想一也、

これは六十六部如法経の書写について述べたものであるが、ほかに関係記事を見出せないため、その経緯など詳細は明らかでない。九条兼実はこれより前、寿永元年（一一八二）には、大神宮・八幡・賀茂・春日・日吉・

天王寺の六カ所で所願成就を祈って六部如法経を書写し、のち比叡山横川に埋納させている。『比叡山堂舎僧坊記』[19]によると、横川首楞厳院の境内にあって、慈覚大師円仁が普賢菩薩を拝した霊地とされる根本杉の上に建てられた根本塔の中には、六十六部の法華経を奉納した筒があった。先の『玉葉』に見える六十六部如法経もおそらくは六六カ所における所願達成の祈願と、最終的には如法経奉納の根本の聖地である横川への奉納を意図したものではなかったろうか。さらに推測するならば、一カ所に六十六部を奉納することによって日本六六カ国の全国土に奉納することが意識されていたのではなかろうか。だが、ここにはまだ六十六部聖の姿をみつけることはできない。

六十六部如法経よりもさらに早く現れるのは「如法経聖」である。十二世紀前半に三善為康が著した『後拾遺往生伝』[20]に、出雲国鰐淵山の住僧永暹が善峰寺と天王寺で如法経を書写し、時の人々から「如法経聖」と呼ばれたことがみえている。院政期には、『本朝新修往生伝』[21]にとりあげられた清原信俊のように、書写した法華経を「所々名山霊寺」に送ることすら行われた。

六十六部聖という語は、若狭神宮寺文書康正三年（一四五七）六月日神宮寺寺領目録に見える例が最も早いが、大宰府観世音寺跡から出土した元亨三年（一三二三）の木簡には、次に示すように「六十六部写経聖」が見えている。

　　元亨三年　肥後国臼間野庄西光寺
　奄
　　五月七日　六十六部写経聖月阿弥陀仏[22]

これはおそらく六十六部如法経を写経する聖という意味で用いられたのであろう。

用語からいうと、如法経聖・六十六部如法経が六十六部聖に先行することからみて、六十六部聖という語は六十六部如法経聖が省略されたものと考えられる。そして六十六部といえば、単に六十六部の法華経を意味するのみでなく、それらを書写して全国六六カ国の霊山・霊地に奉納する廻国納経を行とする聖を指すようになり、近世になると、さらに略されて六部とも呼ばれるようになったものであろう。

六十六という数字について、新城氏は、法華経と六という数字は何らかの関係があると考えられるものの、法華経の巻数・内容などとは直接の関係はなく、「六十六部の名も六を重ねて付けられたものかとも推量されるが、今のところは六十六国に基づくとのほか、考えられない」(23)としている。

法華経のみならず、仏教における六という数字は、一例をあげれば、二親の「出離生死、頓証菩提」のために宿願であった五部大乗経の書写を始めた吉田経房が、「毎日充二六行一、廻二向六道一也、若有二忩事一者、可レ書二三行一、為レ免二三途之業一也」(24)と記したように、おそらく仏教の業に基づく世界説である六道に淵源をもち、六道を象徴する数字として用いられたものと考えられる。

六十六という数字は、観音の摺仏にあたって、観音の三十三身にちなんだ三十三体の二倍という意味をこめて使われた例(25)も見られるが、六十六部の場合には、新城氏の指摘したように、日本六六カ国に基づくと考えるのが最も妥当であろう。日本の国土の行政単位が最終的に六六カ国になったのは、弘仁十四年(八二三)、越前国のうちの加賀・江沼二郡が分立して加賀国が生まれた時であった。(26)これ以後、日本の全国土を示すことにおいては「五畿七道」と同じでありながら、表現においてより簡明で具体性をもつ六十六という数字は、しばしば文献にも登場するようになる。

近江国葛川の林の中に勝手に道をつけて木を切ったという疑いをかけられた源藤三という人物は、起請文の中で身の潔白を主張し、もし自分の申し分が偽っていたら、八万四千の毛穴と「六十六折骨」ごとに日本国中の仏神の罰を受けてもかまわないと言っている。[27] 折骨というのは、もともとは腰骨のことだが、ここでは人間の骨格全体を示すものとして用いられているようである。

讒言居士として評判の悪かった梶原景時が失脚し、駿河国狐崎で非業の死をとげる契機になった鎌倉御家人の弾劾状には、千葉常胤ら六十六人が署判を加えていた。[28] また、近江国高島郡の散在駕輿丁神人は六十六人であったし、[29] 伊賀国黒田荘では、平安末期に領主の東大寺によって六十六の名が編成され、[30] 下野国日光山の往古の社領は六十六郷であったといわれる。[31]『真名本曽我物語』には、曽我十郎・五郎兄弟は死後、駿河国富士郡六十六郷の霊神となり、富士浅間大菩薩の客人宮として崇められたことが見えている。[32]

祇園会山鉾の始まりは、貞観十一年（八六九）、疫病を鎮めるために矛六十六本をたて、洛中の男児が神輿を神泉苑に送ったことに由来するといわれる。[33] また、世阿弥の『風姿花伝』によると、猿楽の起こりは、聖徳太子が天下安全・諸人快楽のために、秦河勝に命じて六十六番の遊宴を開かせたことに基づくという。[34]

舞の「烏帽子折」では、十六の年まで后のなかった用明天皇のために、公卿らが相談して、六十六本の扇に女房の姿を描かせ、諸国に回してこの絵に似た后を探させたことになっている。[35]

これらの事例は、数字の単なる偶然の一致というのではなく、いずれの場合も六十六という数字が、社会的な有用性とか権威とかいったものをもつことを意図して用いられているように思われる。それは、この数字が日本の全国土を体現しているという意味づけ、さらにはそれを前提とした権威づけが底部に潜んでいることに基づくのではなかろうか。六十六という数字は、いわば聖なる数字と考えられていたようである。

六十六部聖の起源について、新城氏は、東大寺の宗性の著作『春華秋月抄草』十四の紙背文書の一つである寛喜三年（一二三一）九月二十六日如法経奉納状案文に見える「如法経六十六部」を初見とした。[36] しかし、六十六部如法経の初見史料はこれより五十年前の『玉葉』寿永三年（一一八四）三月四日条にまでさかのぼれることはすでに指摘した通りである。

宗性が書写したことによって現在にまで伝えられたこの文書は、鎌倉初期の六十六部聖の活動について考える上で注目すべき内容をもっており、次に全文を掲げて詳細な検討を行いたい。

六十六部如法経内一部請□〔取カ〕案文

伊賀国

黄滝寺妙金山

奉レ納二書写如法経六十六部分六十余州

一国一部内一部一

右、夫当山者衍優婆塞修行之遊地、乗智比丘草創之砌也、爰峙二煙霞於高厳之峯一、瀉二滝水於深谷之底一、四十九重之滝音、唱二実相一真如妙句、七七蘿洞之涼風、吹二古聖坐禅跡□一、豈非二仏法連属之因縁一哉、因レ茲為レ結二三会開脱之縁一、六十余部内、安二一部於此処一、聖人宿願寧不レ熟乎、仍奉納如レ件、

寛喜三年九月廿六日[37]

宗性は寛元三年（一二四五）十二月一日、東大寺の末寺であった伊賀国黄滝山如法院において、来る五日に行われる当山の本堂・不動明王の供養啓白を草した。[38]宗性はおそらくこの機会に、黄滝山建立次第や先の如法経奉納状案文を含む数通の黄滝山の文書を書写したのではないかと考えられる。最初の行にある「六十六部如法経内一部請□〔取カ〕案文」はもとの文書には書かれていなかったはずであって、宗性が書写の際に書いたものではないだろうか。

この文書はすでに早く堀池春峰氏によって伊賀国如法経奉納状案として紹介され、(39)新城氏は六十六部聖の初見史料として、文書名をそのまま用い、次のような指摘を行った。

　奉納者名を欠くが、彼は一国に法華経一部ずつ合せて六十六部を全国六十六カ国に納め、または納めんとし、その一部を伊賀黄滝寺に奉納したものである。まさに六十六部聖である。これにより、六十六部廻国の寛喜以前成立、すなわち鎌倉前期までの成立が確証づけられる。(40)

新城氏がこの文書の作成者を、伊賀国黄滝寺に法華経一部を奉納した人物とみていることは明らかである。だがはたしてそうであろうか。

この文書は、黄滝寺の役行者開創伝説と寺域の勝地なるゆえんを説いたのち、如法経六十六部のうちの一部を当所に奉納したうえは、「聖人宿願寧不レ熟乎」と述べている。

納経者が自らを「聖人」と称したとは考えられず、この「聖人」とは誰を指すかといえば、納経者本人以外の人物を想定することはできない。また、納経者に年来の願いが実現されるであろうことを請合う立場にあったのは、納経をうける黄滝寺の側でなければならないし、この文書に見える詳細な当寺の説明をも考慮にいれると、納経者自身が書いたものとは考えられない。

しかも、最初に「六十六部如法経内一部請□〔取カ〕案文」と記されていることからすれば、当時、この文書は請取状と意識されていたことを示しており、黄滝寺に奉納された如法経の請取状として、黄滝寺から納経者に与えられたものと考えられる。つまり、この文書の日下または奥下には黄滝寺のしかるべき地位にあった僧侶の署判が加えられて、納経者に与えられたのではなかったろうか。

文書は確かに奉納の形式をとっているが、その意味するものは納経をうけた黄滝寺の側で、納経者の願意を体して奉納するという形式をとっており、それを証明するため納経者に与えられたもので、実質的には請取状としての機能をもったものと考えられるのである。そして納経した六十六部聖にとって、この請取状は自らの廻国納経行の達成過程を確認するための証となり、また同時にかれらに信をよせる人々に対して、一層の信仰と喜捨とを誘う役割を果たすことにもなったのであろう。

宗性が書写した黄滝寺関係の文書の中に、永治二年（一一四二）五月日黄滝寺西蓮勧進状案がある。それによると、黄滝寺の近くにあって、のちに赤目四十八滝の名で知られるようになった黄滝は、修験道の祖とされる役優婆塞が多年修業を積んだ霊験無双の地で、その遺跡の一つ七金山（妙近山、如法山）には数部の如法経と閼伽器が安置されてあった。現在、山上には経塚と呼ばれる場所がある。

また黄滝寺は、同じ『春華秋月抄草』十四に収められた黄滝山建立次第によれば、河内国八神郡の延増が保安三年（一一二二）に五間四面の堂舎勧進によって造営したことに始まるという。滝はもともと修験道の秘所として神聖視されたものであり、黄滝寺は山林修行者の聖地として重視されたものと考えられる。

六十六カ国への法華経奉納を示す早い例がかくのごとくであるとすれば、すでに新城氏も中世後期の史料によって推測しているが、六十六部の納経に関与した者のなかに山林修行者がいたことが想定される。黄滝寺の後身である延寿院には、次のような永禄七年（一五六四）の黄滝山別当による納経請取状の板木が残されている。(41)

夫以当山者、大聖明王之浄刹、行者霊瑞之開基也、魔王降伏法場、鎮護国家勝地、村里遠而為レ無二傾動一、人倫離乎自レ為二寂静一、是以仰二窺青山巌崛砌一、含空二裏恵日一、伏臨二黄滝淵一、冷浩二吐水底一、朗月普賢景趣、自然刹土也、依レ之一結縁之族、預二生々加護一、一敬礼之輩、得二世々給仕一、肆卜二奉納梵閣一、祈二現当安楽一、就中一国陸拾六部、希代不可思議、伏願有縁無縁同沐二経王法雨一、敷二心蓮一、有情無情等蒙二法華力用一、遊二

寂室一、

仍一国六十六部請取如レ件、

伊賀名張郡　黄滝山

別当（花押）

永禄漆年子□正月吉日

この板木は、戦国期における黄滝寺への納経者の増加を反映している。また近世になると、天野信景が『塩尻』[42]巻之七十六に収めた、宝永四年（一七〇七）の東部旭誉板行の六十六部納経所一覧に、「伊賀円寿寺不動」とみえ、近世後期のものと考えられる廻国六十六部縁起[43]に「いかの国　赤目がたき」と記されているのは、いずれも黄滝寺のことであり、黄滝寺は中世から近世を通じて伊賀国の納経所として広く知られていた。

六十六部納経の関係史料として、伊賀国黄滝寺に続いてあらわれるのは、安房国清澄山である。

房州　清澄山

奉納

六十六部如法経内一部

右、当山者慈覚開山之勝地、聞持感応之霊場也、仍任二上人素意一、六十六部内一部奉納如レ件、

弘安三年五月晦日

院主寂澄阿闍梨[44]

弘安三年（一二八〇）、安房国清澄山が六十六部聖による納経所であったことを示す注目すべき史料である。清澄山は、宝亀二年（七七一）に不思議法師が小堂を営み、虚空蔵菩薩を安置したのが始まりと伝えられている。不思議法師は山林抖擻の修行者と考えられており、承和三年（八三六）に円仁が来山して虚空蔵菩薩求聞持法を修し、堂舎を整備してのち、房総第一の大刹になったという。[45]清澄山が近世にいたるまで六十六部納経所であっ

たことは、『塩尻』や廻国六十六部縁起などによって確認できる。

清澄山は虚空蔵菩薩求聞持法の霊場として知られていた。この法は陀羅尼の念誦などにより、経典の文句の暗記、文句の解義を効能とする自然智の獲得をめざしたもので、山林修行者の間で行われていた。(46)先に伊賀国黄滝寺の場合から、六十六部納経に関与する者のなかに山林修行者がいたことを想定しておいたが、ここでもまた山林修行者の存在を確認できる。

もともと称名寺に伝来したこの文書は、明治の国学者小杉榲邨の手を経て、現在は早稲田大学の所蔵するところとなっている。この文書を収集し、寂澄如法経奉納状として初めて紹介した荻野三七彦氏は、日下に記された院主阿闍梨寂澄について、金沢文庫文書の聖教の中に同一人物を見出し、寂澄が正安（一二九九～一三〇二）頃には安房国清澄寺に修行僧として在寺していたことを明らかにした。(47)

また荻野氏は、この寂澄を西大寺叡尊の弟子と推測し、西大寺文書の授菩薩戒弟子交名などに見える仁治三年（一二四二）大和国生まれの照道房寂澄と同じ人物とした。さらに荻野氏は、清澄山が慈覚大師円仁を開山とする虚空蔵求聞持法を修する霊地であり、また六十六部如法経が円仁の始修に起源をもつことから、文中の「任上人素意」とある「上人」について、円仁を指すと考えた。

これに対して、高木豊氏は、この文書によって、日蓮の時代に清澄山が天台宗円仁門流に属する寺であったことを確認し、清澄山とは清澄寺を指すと論じた。(48)また、高木氏は、「上人」を慈覚大師円仁とする荻野説について、慈覚大師を慈覚上人と呼んだ例の見られないことから、この「上人」は慈覚大師とは考えられないと批判した。しかし、「上人」が誰を指すかについては、結局、「誰人であるか不明」という結論にとどまった。

さらに高木氏は、荻野氏が先の文書の差出書に見える寂澄と、西大寺文書などに見える照道房寂澄とが同一人物で、仁治三年（一二四二）生まれとしたのに対して、照道房寂澄は承元三年（一二〇九）生まれ、清澄寺の寂澄は仁治三年（一二四二）生まれであり、両者は別人であるとした。

いま先の文書に見える「任二上人素意一」という文言に注目してみると、高木氏が「上人」を慈覚大師ではないとした点は確かにそういう事例の見られないことから支持できるが、結局、「誰人であるか不明」とせざるをえなかったのは、高木氏もまた荻野氏と同じように、「六十六部如法経内一部」の清澄山への納経者を寂澄自身と考えたからである。荻野氏がこの文書を寂澄如法経奉納状とし、高木氏が阿闍梨寂澄自筆納経札として紹介したことがその証左である。(49)

この文書は先の伊賀国黄滝寺の場合と同様に、六十六部聖による納経をうけた清澄山から、院主寂澄の名によってその証明として納経者に与えられたものと解すべきであり、本来納経者自身のもとに伝わったはずのものである。「上人」とは名前こそあらわれないものの、実際の納経者のことと考えなければならない。

先に掲げた伊賀国黄滝寺の寛喜三年（一二三一）の納経請取状には「聖人宿願寧不レ熟乎」と記され、この「聖人」とは納経者自身を指すと考えられることについてはすでに述べた。上人という語は徳行にすぐれた名僧や高僧の敬称として用いられたほか、廻国聖や遊行聖にも使用され、また上人と聖人とが通用されたことは、ここにことさら例をもちだすまでもない。

先の文書にみえる「上人」とは、伊賀国黄滝寺の納経請取状に見える「聖人」と同じく納経者自身のことと考えてよいであろう。しかもこの場合、納経者は称名寺に関わる人物であったと考えられ、この文書が称名寺に伝来することになったのであろう。

文書の機能に注目すれば、先の文書は清澄寺納経請取状とするのが妥当と思われる。請取状は六十六部聖が廻国して、実際に各地の霊所に法華経を奉納したことの具体的な証となるものであった。鎌倉中期、伊賀国黄滝寺と安房国清澄寺という遠隔の地にあって直接には関わりをもたない寺院から、同じような納経請取状が発行されていたことは、この時期にはすでに六十六部聖の活動が単にこれら二つの寺院にとどまることなく、広い地域におよび始めていたことを推測するに十分である。そして、寺社側は納経所としてのすぐれた由緒を記した納経請取状を発行するに際しては、のちに南北朝期の備前国吉備津彦神社の例が示すように、納経者から札銭を徴収し、寺社の収入にしたのであろう。

鎌倉期の納経請取状は、これまでのところ以上に掲げた二通が知られているだけであるが、南北朝期の納経請取状の例として、会津真福寺に伝わる大般若経裏打文書のなかの十五通からそのうちの一通をあげておこう。

□〔相カ〕州大山寺
□〔奉〕納六十六部内一部
　奉レ□〔任〕二聖人之本願一所レ収如レ件、
　□〔正〕平八年五月十七日
□殿検校法印光盛（花押）[50]

この文書は、相模国大山寺が、ある「聖人」によって同寺に奉納された六十六部如法経のうち一部の請取を証するために、光盛の名によって奉納者である「聖人」に発行されたものである。先の伊賀国黄滝寺・安房国清澄寺のものと比較すると、寺院の由緒が省略されて内容は簡略になってはいるものの、奉納をうけた寺院側から奉納者に発行される請取状の形式をとっていることに変わりはない。そして戦国期にいたるまでこの形式が基本的に踏襲されることになる。

箱根山は山岳修行者の一人、万巻（満願）上人によって八世紀に開かれたと伝えられ、箱根修験の拠点として栄えた。精進池畔にある多田満仲の墓とされた永仁四年（一二九六）の銘をもつ石造宝篋印塔の台座正面には、風化によって判読しがたい部分があるため全体の文意は明らかでないが、六道の池である箱根山の精進池畔に六十六部の法華経を奉納した旨が記されている。(51) 鎌倉後期には箱根山にも、法華経六十六部納経の思想の波がおしよせていたのである。箱根権現は源頼朝以来、特に武家の尊崇をあつめ、またここを拠点とする僧侶たちは唱導の世界で大きな勢力をもった。それゆえ、箱根山に伝わった六十六部納経の思想は、その信仰圏であった東国社会にも波及したと考えてよいであろう。

六十六部聖によって奉納された経筒で、年紀の最も古いものは、出羽国羽黒山から出土した文保三年（一三一九）二月八日の銘をもつ経筒である。この経筒は、この時期、羽黒権現の敷地とされた佐渡国の住人と聖がそれぞれ檀那・本願になって奉納されたものである。(52) 羽黒山は能除太子開創伝説をもつ修験道の聖地であり、黄滝山・清澄山・箱根山に続いて、ここでも六十六部聖と山林修行者との関わりをみることができる。六十六部聖と経筒奉納との関係が明らかになるのは、十三世紀末頃から十四世紀初頭頃とされている。(53)

南北朝期に成立したとみられている『神道集』の諏訪縁起に見える甲賀三郎伝説には、失踪した妻春日姫を尋ねて三郎が日本六六カ国二島の山嶽を歩き回り、最後に入った人穴で見た経蔵の中には、多数の五部大乗経と六十六部経があった、という一節がある。甲賀三郎伝説が山伏修験の管理・伝承したものであったことはすでに指摘されているが、(54) この一節に注目すれば、それに加えて六十六部納経の思想が深く関わっていたことはまず疑いない。

山伏の夏の峰入りには花供とともに法華経の書写の行われることが多く、(55) たとえば九州の英彦山では春の峰入り中、三月二十三日から七昼夜にわたって如法経会が行われた。(56)山林修行者と法華経との関係については、すでに役行者が新羅の道照の法筵に列して法華経を聴聞したことが『金峰山本縁起』にみえており、この話そのものには信を置きえないとしても、両者の関係はかなり早い時期からみられる。山林修行者が法華経の書写・読誦を行ったことはすでに奈良時代からみえており、山岳修行の苦行による滅罪と法華経の滅罪信仰とが結びついたことがその要因とされている。(57)

法華経は平安時代にいたって法華八講に代表される法華講会の盛行や円仁の根本如法経信仰によって公家社会に普及した。如法経信仰は鎌倉期になると、天台教団を中心にして『如法経現修作法』などにみられるような細かな規式が整えられるようになり、信仰としての体系化が図られた。

しかし、こうした多数の規式には、六十六部如法経奉納についての作法は記されていない。これまでのところ、鎌倉初期には成立していたことが確認できる如法経の六六カ国の寺社への奉納は、公家社会における如法経信仰の影響をうけながらも、直接には天台教団によってではなく、山林修行者を主たる担い手として、彼らの廻国行の一層の徹底化をめざすものとして展開したものと考えられる。

地方における如法経信仰(58)は、追善・逆修を目的とする人々と、結縁の具体的な表現としての土地の寄進や米・銭の施入などによって、経済基盤の維持と拡充を組織的にめざそうとする地方寺社の意図とが合体したことによって発展をみたことは言うまでもないが、その展開に六十六部聖が大きく関与したこともまた疑う余地がない。南北朝期以後の六十六部聖の活動については、節を改めて検討することにしよう。

三　六十六部聖の展開

六十六部聖は、柳田国男が「行基菩薩以来勧進聖の一小分派に他ならぬと思ふ」[59]と述べたように、巡歴の過程で法華経の奉納にとどまることなく、勧進などさまざまな活動をみせた。勧進による堂舎の修理造営もその一つである。

日向国財部郷常楽寺は霧島大権現の本地であったが、観音堂は造営後時期を経て廃壊しようとしていた。伊予国の六十六部聖重円は再興しようとしたが、一物の蓄えもなく、小杉頼宗の協力を得、島津数久を大檀那として、永正十六年（一五一九）に観音堂を完成させた。[60]重円という聖については明らかでないが、その活動は勧進聖にほかならず、巡歴の途中に立ち寄った常楽寺で勧進聖としての行動を起こしたものではなかったろうか。

薩摩国泰平寺の薬師堂の再興にあたり、本願となって勧進聖の役を果たしたのは河内国の良賢坊であった。[61]良賢坊は高野山に居住しており、高野聖であったと思われるが、「六十六部被レ成候而泰平寺へ御座候」とあるように、六十六部廻国の途中、泰平寺に立ち寄ったのを機に、勧進を依頼されたのであろう。

醍醐寺三宝院満済は、讃岐国の真明という勧進聖が京の五条河原で六十六部如法経書写を始めたことを日記に記しているが、[62]この勧進聖真明は、如法経書写を行っていることからみて、六十六部聖でもあったと考えられる。

六十六部聖が法華経を奉納した際、寺社から請取状が渡されていたことは、すでに鎌倉時代に伊賀国黄滝山・安房国清澄山の例があることを述べた。会津真福寺に伝わる大般若経裏打文書には、南北朝期の請取状一五通と、上野・武蔵あたりと推定される納経所に備えられていた納経受付帳がある。[63]

この請取状・受付帳について詳細な検討を行った鈴木昭英氏によれば、請取状は年紀のわかるものでは、貞和二年（一三四六）・同三年・正平八年（一三五三）のものがあり、下野国日光山・宇都宮、相模国大山寺、越後国蔵王堂、武蔵国慈光寺、下野国長楽寺、越中国一宮気多社、石見国金剛山、信濃国善光寺の請取状が確認できる。このうち、大山寺と長楽寺のものは板刷である。受付帳は、康永元年（一三四二）十月から同三年二月までの記載があり、下総・越後・出羽・上野・信濃・越前・近江・伊予・日向など諸国の聖の名がみいだせる。

納経をうけた寺社側が、納経者に対して一般に請取状を発行したとみられることは、『蔭涼軒日録』永享九年（一四三七）二月五日条に、「六十六部御経、奉二納諸国一、各有二請取状一、懸二之御目一」とあることによっても推察できる。

戦国期の請取状としては、山城国石清水八幡宮寺の例がある。

（永正八年三月五日）
同日、六十六部経請取事申間出レ之、

奉納　山城国石清水八幡宮寺

陸拾六部如法経内壱部

右、遙聞二鷲峯会之理窟一、所レ被レ奉二納鳩峯八幡之霊地一如レ件、

永正八年三月五日　執行法師　宗旬在判(64)

寺社側が発給した請取状は、このほか、前に述べた永禄四年（一五六一）の伊賀国黄滝寺や能登国石動山(65)、近世初頭では慶長十一年（一六〇六）の板刷の比叡山首楞厳院(66)のものがあり、先の相模国大山寺・下野国長楽寺のものが板刷であったことなどをあわせ考えると、その背景には南北朝期以降、六十六部聖による廻国納経が一層広範に展開したことを想定できる。

備前国一宮である吉備津彦神社は、中世から近世を通じて六十六部納経所であり、しかも廻国聖に関する注目

すべき史料を所蔵する。康永元年（一三四二）六月二十八日の一宮社法[67]によると、吉備津彦神社には「法納所」があり、納経の際、札銭が必要であった。

一廻国聖《クワイコクヒヂリ》衆、法納所へ御経ヲ納被レ申、請取ノ事、神主衆ゟ判形《ハンケウ》出候、行事方ヨリヒヂリ衆へ出し被レ申候、其札銭六文ツヽ、但十二文ノ時もアリ、

これによると、廻国聖が法納所（奉納所のことであろう）に納経した際の請取状には、神主衆が署判を加えたのち行事方から聖に渡され、その札銭は六文、場合によっては一二文であった。

慶長年間（一五九六〜一六一五）のものとされる吉備津彦神社古図[68]には、現在の吉備津彦神社社殿のあたりにあったと考えられている神宮寺の境内に、法納所・回国旅人休所・回国旅人賄所が描かれている。そこには、それぞれ「文明三年　神宮寺法納所　一間半四面瓦也」「文明三年　神宮寺回国旅人休所　一間三面瓦」「文明三年　回国旅人賄所　一間半三面瓦」と注記されている。この「回国旅人」が廻国聖のことを指していることは、次に掲げる同じ文明三年（一四七一）の史料をもあわせ考えれば明らかであろう。六十六部納経所であった吉備津彦神社境内に、文明三年の頃、廻国聖のための奉納所・休泊所と食事を供するための施設が設けられていたことは十分に注意しておいてよい。

文明三年六月十三日の総社家社僧中神前御祈念之事等注文には次のような一節がみえる。

一廻国聖衆当社へ法花経奉納在レ之、其請取ハ従二大森之家一出る也、同札銭者拾弐文、又ハ六道銭とて六文も出る、則是奉納所之燈明ニ加る也、右之請取を不レ取聖ハ、当国之海道成間敷者也、[69]

惣社家と社僧中から社務政所にあてて出されたこの注文によれば、廻国聖が法華経を奉納した際、請取状は社務政所である大森氏が出し、札銭は一二文、場合によっては六文で、奉納所の燈明銭に加えられた。

注目すべきは、「右之請取を不レ取聖ハ、当国之海道成間敷者也」という文言で、六十六部聖にとって吉備津彦神社の発行する請取状が、備前国内を通行するにあたって過所と同じ役割を果たしたことである。少なくとも備前国内では吉備津彦神社に納経することが事実上、義務づけられたわけであり、吉備津彦神社は六十六部聖の活動の活発化にともない、札銭の徴収によって経済的収益の確保をめざすと同時に、六十六部聖の統制の役割をも果たしたと考えられる。

鎌倉初期、東大寺再建の大勧進になった俊乗坊重源は、吉備津彦神社境内に常行堂を造立しており、また社殿後背の竜王山には鎌倉時代と推定されている経塚があって、[70]吉備津彦神社は法華経信仰と深い関わりをもっていたと考えられるのである。すでに康永元年（一三四二）には廻国聖のための奉納所があり、さらに文明三年（一四七一）には彼らのための休泊の施設が整えられていた。廻国聖の増加とそれに対応する神社側の動きを知ることができる。

ほかの六十六部納経所で札銭を要した例はいまだ知られていないが、永享（一四二九〜四一）の頃、西国巡礼で札所の寺院が巡礼札を貼る料金を請求したことがあったらしいことを考えると、[71]六十六部聖の場合にも、吉備津彦神社と同様のことは十分に推測できる。

文明三年よりも前、康正三年（一四五七）六月日の若狭国神宮寺寺領目録[72]には、小浜の宗寛という人物が「六十六部沓銭」として寄進した所領が書き上げられている。宗寛が若狭国の六十六部納経所であった神宮寺を訪れる六十六部聖に対する奉加として、履き物にあてる費用を寄進したものとみられ、若狭国でもまた六十六部聖の活発な活動を考えさせる。

六十六部聖が法華経を奉納する寺社に奉納所が設けられている場合があったことは、備前国吉備津彦神社の例を先に示したが、納経のための鉄塔が設けられている寺社もあった。最もよく知られているのは、石見国大田南八幡宮の鉄塔で、正平十七年（一三六二）に鋳造され、その内部には六十六部聖によって主に戦国期の銅経筒一六〇点、銅納札七枚などが納められていた。(73)

文和四年（一三五五）に造営された陸奥国平泉千手院の鉄製宝篋印塔には、「奉納六十六部妙典塔婆」の銘文があって、これは「法界衆生、速成仏道」のために毛越寺の僧衆らが勧進衆となって造営されたものといわれている。(74)

また淡路国千光寺には文保二年（一三一八）、下野国中禅寺には元徳三年（一三三一）の鉄塔がある。(75)このほか、紀伊国那智山には正平二十四年（一三六九）の鉄塔があり、(76)那智参詣曼荼羅図にも塔と、納経しようとする廻国聖の姿が描かれている。『石見国名跡考』には、鎌倉時代に鉄塔が諸国に設けられていたことがみえ、鉄塔への奉納は、土中への埋納と同じ意味をもつものであったと考えられている。(77)

六十六部聖が廻国して実際に法華経を奉納したことは、島根県安来市の愛宕山から出土した経筒に納入されていたものなど(78)によって知られている。下野国日光山は中世から近世を通じて、関東における六十六部納経の中心的位置を占めた。この日光にある輪王寺には、享禄二年（一五二九）八月から翌年正月にかけて書写された紺紙金字法華経一部八巻がある。これは巻一の首に、

奉納紺紙金泥妙典六十六部之内筑州住昌貞
日光山滝尾御宝前　檀那壬生下総守綱房(79)

と記されているように、筑前国の昌貞が本願となって六十六部のうちの一部を、壬生綱房を檀那として、日光山に奉納したものである。

六十六部聖昌貞については明らかでないが、石見国の納経所であった大田南八幡宮に奉納された天文二年（一五三三）の経筒に、筑前国の昌貞が本願として見え、両者は時期が近いことから同一人物の可能性がある。また檀那の壬生綱房は壬生城主であり、連歌師宗長の『東路のつと』にも登場する。如法経信仰をひろめた慈覚大師円仁は壬生氏の出身で、壬生氏は日光山の諸職を差配しており、綱房の子は御留守座禅院昌膳であった。

もし筑前国昌貞の推定に誤りなしとすれば、これまで同じ六十六部聖による二点の経筒の存在は知られていたものの、同じ六十六部聖が石見国と下野国という遠く隔たった地で法華経の書写と奉納に関わっていた新たな事例を知りえたことになる。

六十六部納経は、六六カ国の納経所やそれらを巡歴するルートが固定していたわけではない。時代によって各国の納経所に変動がみられ、しかも必ずしも一国一カ所に限定されていたわけでもない。この点において、西国三十三所観音や四国八十八カ所の巡礼とは異なる。

室町時代になると、六十六部納経所を一国一カ所書き上げたものが初めてあらわれる。金沢文庫文書で、従来「社寺交名」と呼ばれていたものがそれである。(80)すでに述べた安房国清澄山の請取状が六十六部納経所交名とともにはじめ称名寺に伝えられたことは、称名寺が六十六部聖ときわめて密接な関係をもっており、言うならば、東国における六十六部聖の拠点としての役割を果たしていたように思われる。

称名寺に伝えられた六十六部納経所交名は一紙断簡であるため、残念なことに、二〇カ国の寺社名しか明らかでない。その中で注目すべきこととして、常陸・美濃・上野・下野・越中・但馬のように、その国の一宮に納経することがみられることで、この傾向は近世にいたっても大きな変化はない。一宮に六十六部納経が行われた実例は、これまでに確認しえたところでは、南北朝期、越中国気多社・下野国日光山・備中国吉備津彦神社の場合が最も早い。

しかし、すでに承和三年（八三六）には諸国の名神社で法華経の読誦が行われ[81]、康和五年（一一〇三）には伯耆国一宮に経筒が納められた[82]。また遠江国一宮の小国神社には仁安三年（一一六八）埋納の経筒がある[83]。鎌倉期の例はいまだ知られていないが、一宮が六十六部納経の対象として考えられていたであろうことは、推測に難くない。

諸国一宮制は十一世紀末から十二世紀初頭頃に成立したものとされ、本来在庁官人層の意思結集の場としての性格をもち、鎌倉幕府成立以後は御家人層を留守所の支配体制に編成するための国家的神社制度に転化したと考えられている[84]。六十六部聖が一宮を納経の対象としたことは一体何を意味するのだろうか。

もともと山林修行者の間で始まったと考えられる如法経納経が、行の拡大化・徹底化として六六カ国にわたって展開された時、一宮がくみこまれたのは、彼らの勧進の対象として地方豪族層・在庁官人層が主要な部分をなしていたのではないかと考えさせる。次章にのべるように、室町期に作成されたとみられる、源頼朝転生譚を中心とした六十六部縁起が、東国武士を唱導の主たる対象としたと考えられることと符合する面があるように思われる。

六十六部納経を単に聖の側からのみでとらえるのではなく、彼らの巡歴を可能にさせた要因を、彼らを支えた社会階層の面からもとらえる必要があるのであって、ともすれば個のレベルで、しかも庶民信仰としてとらえられがちな遊行について、社会的機能の面から再検討する必要があろう。

経典を埋納することの思想的背景は、それが成立した十世紀末頃には弥勒下生信仰が中心であったが、のちには次第に追善供養の信仰が現われ、鎌倉時代には本来の弥勒下生信仰はほとんど消滅し、十五世紀以後の六十六部に関する銘文などでは逆修が多数を占めるにいたった(85)。

　時代による願意の変化がみられ、その背景には、六十六部聖の活動を必要とし、一方では支えた社会階層の変化、すなわち民衆化への過程と、逆修にみられる個の意識の成長とが考えられる。廻国行は必然的に勧進をともなうものであったから、勧化のためのさまざまな方策が講じられたはずである。それは六十六部聖の存立基盤の宣揚ということに結びついた。

　六十六部聖の場合、特定の寺社の勧進が主たる目的ではなく、法華経奉納の廻国行という実践がめざされたのであるから、当然、勧化の方策は法華経奉納の功徳を説くことに力が注がれたと考えられる。そのために作成されたと考えられるものが、神奈川県立金沢文庫・日光山輪王寺天海蔵の所蔵になる六十六部縁起と呼ばれるものである。

　この六十六部縁起については前章に述べたように、源頼朝・北条時政・梶原景時といった武家政権草創期の有力者たちが、前世では六十六部聖であり、法華経奉納の功徳によって、それぞれ日本国大将軍・将軍後見・日本国侍祖に生まれ変わったことを説く転生譚が基調をなしている。これは唱導説話の一つであり、鎌倉時代以降、東国に進出して積極的な唱導活動を行っていた安居院流に属する者が、東国の語りの世界から素材を得て作成したものとみられ、その主たる対象は東国の武士層であったと考えられる。

　法華経は他の経典よりも書写の功徳について説かれることの多い経典であることはしばしば指摘されるところであるが、六十六部縁起はその法華経の文句を根拠にしながら、六十六部の書写の功徳の絶大無比なることを説き、六十六部聖に対する奉加の必要性と意義について源頼朝転生譚を折りこみながら叙述したものであった。これ以後、頼朝・時政・景時の転生譚を祖型とし、さらに源義経と弁慶らの転生譚を織り交ぜたいくつかの六十六部縁起がうまれ、六十六部聖の由緒の権威づけがいっそう拡大されることになる。

六十六部聖は、六六カ国の霊山・霊所へ法華経を奉納することを目的として巡歴したから、彼らの活動の痕跡は法華経奉納に直接関係して制作された経筒を初めとして銅納札・銅板・石塔などにみることができ、十五世紀末から十六世紀にかけてこれらの遺物は急激な増加をみせる。戦国期は絶えざる動乱にもかかわらず、六十六部聖が活動を活発に展開した時期であった。

尾張国の六十六部納経所であった熱田神宮寺の座主坊如法院は、織田信長から次のような判物を与えられている。

六拾六部之経聖当国往反事、如二前々一不レ可レ有二相違一者也、仍状如レ件、

永禄五
三月十七日　　信長（花押）

熱田
座主御坊(86)

永禄二年（一五五九）三月、織田信賢の岩倉城を陥してほぼ尾張を平定した信長は、永禄五年正月、三河の松平信康と同盟を結んだ。それから間もない時期に、信長が熱田神宮寺に六十六部聖の往来を認めたことは、六十六部聖が権力者の注意にのぼるとともに、熱田神宮寺に特権と統制の役割を与えたことを意味するものと考えられる。

既成教団の周縁部に存在したために、六十六部聖の活動と思想、また彼らの活動を支えた人々の姿は文書や記録の世界にとどめられることがきわめて少なかった。だが近年になって、中世末期の絵画史料のなかに巡礼姿が急激に増加することが明らかにされている。(87) そして六十六部聖の姿は、熊野那智参詣曼荼羅図に描かれた背に笈

をかつぎ、御幣をつけた長い杖をもった二人の僧にその可能性のあることが指摘されている。(88) また、善光寺参詣曼荼羅図には白装束に箱笈を背負った六十六部聖と思われる画像が描かれている。(89) こうしてこれまで実像が明確でなかった中世の六十六部聖は、霊山・霊地を巡礼する姿を少しずつ明らかにしつつある。

むすび

六十六部聖は平安時代の持経者を源流として、如法経信仰と合流したのち、遅くとも鎌倉時代初期にはその姿をあらわした。日本六六カ国の霊山・霊地への法華経奉納という行は、山林修行者を主たる担い手とし、彼らの廻国行の徹底化をめざすものとして展開した。六十六部聖は遍歴する宗教者であり、信仰の伝播者であった。納経をうける寺社側は、六十六部聖に対して請取状を発行したり、奉納所を設けたりして対応した。六十六部聖は廻国聖であるとともに、勧進聖としての側面をもち、多様な活動を示した。十五世紀後半から十六世紀にかけて、六十六部聖はその活動を一層活発にし、勧化のためのさまざまな方策として、経筒が広範に奉納され、縁起も作成されるようになり、存立基盤の宣揚が行われた。

以上の事がらを明らかにした上で、残された課題のうち、特に重要なものの第一は、六十六部聖の活動と社会基盤との関わりについてである。このことは、六十六部聖の社会的機能を明らかにするということであるが、そのためには廻国行のもつ宗教的・社会的意義とともに、経筒に見られる願意の変化と社会背景との関係についての分析が一つの糸口を提供するであろう。

さらに第二には、六十六部聖が東国に多いことの意味について検討することである。すでにこの事実そのものはしばしば指摘されているが、このことのもつ意味についてはいまだ明らかにされたことがない。地域と宗教との関わりについて具体的に考える手がかりになるのではなかろうか。

第三に、六十六部聖の活動が十五世紀後半から十六世紀にかけて、にわかに活発になることについてである。これは第一の課題、つまり、社会基盤についての検討と深く関わることになるであろう。

(1) 現段階では、関秀夫『経塚遺文』(東京堂出版、一九八五年)が銘文の集大成を行っている。
(2) 新城常三『新稿社寺参詣の社会経済史的研究』(塙書房、一九八二年)。
(3) 五来重『増補高野聖』(角川書店、一九七五年)、五来重『日本の庶民仏教』(角川書店、一九八五年)など。
(4) 新城常三『新稿社寺参詣の社会経済史的研究』四九三頁。
(5) 高木豊『平安時代法華仏教史研究』第七章(平楽寺書店、一九七三年)。
(6) 橋川正「平安時代に於ける法華信仰と弥陀信仰――特に法華験記と往生伝を中心として――」(『日本仏教文化史の研究』、中外出版、一九二四年)。
(7) 日本思想大系『往生伝　法華験記』(岩波書店、一九七四年)解説七二四頁。
(8) 佐々木孝正「本朝法華験記にあらわれた持経者について」(『大谷史学』一一、一九六五年。のち『仏教民俗史の研究』に収録〔名著出版、一九八七年〕)。
(9) 五来重「庶民信仰における滅罪の論理」(『思想』六二二、一九七六年、一二頁)。
(10) 速水侑『観音信仰』(塙書房、一九七〇年)二六四頁。
(11) 高木豊『平安時代法華仏教史研究』三八七頁。
(12) 川添昭二氏は、持経者にとって法華経読誦につとめることが、自利利他両面に通じると考えられており、そのことが持経者を供養する功徳を強調する根拠になったと指摘している(「法華験記とその周辺――持経者から日蓮へ――」、『仏教史学』八―三、一九六〇年。のち『日蓮とその時代』に収録〔山喜房仏書林、一九九九年〕)。
(13) 兜木正亨「如法経の起源と思想的背景」(『法華文化研究』創刊号、一九七五年。のち『法華写経の研究』に収録〔大東出版社、一九八三年〕)。

(14) 兜木正亨「如法経雑考」(『大崎学報』一〇六、一九五七年。のち『法華写経の研究』に収録)。
(15) 景山春樹「横川の如法写経と埋納」(『比叡山寺』、同朋舎、一九七八年)。
(16) 『大正新脩大蔵経』八十四巻。
(17) 関根大仙『埋納経の研究』(隆文館、一九六八年)。
(18) 兜木正亨「平安時代における如法経」(『法華写経の研究』)。
(19) 『天台宗全書』二十五巻。
(20) 日本思想大系『往生伝　法華験記』所収。
(21) 日本思想大系『往生伝　法華験記』所収。
(22) 『木簡研究』一四(一九九三年)一一九頁。
(23) 新城常三『新稿社寺参詣の社会経済史的研究』五一二頁注(5)。
(24) 『吉記』承安四年二月十六日条。
(25) 安芸西福寺文書正和四年正月十八日円教施入摺仏目録(『鎌倉遺文』二五三九五号)。
(26) 『類聚三代格』巻五。
(27) 葛川明王院文書源藤三起請文(『鎌倉遺文』二三九三〇号)。
(28) 『吾妻鏡』正治元年十月二十八日条。
(29) 『吾妻鏡』文暦二年七月二十七日条。
(30) 入間田宣夫「黒田庄出作地帯における作手の成立と諸階層」(『文化』二九―三、一九六五年。のち『百姓申状と起請文の世界――中世民衆の自立と連帯――』に収録〔東京大学出版会、一九八六年〕)。
(31) 藤井萬喜太「日光山常行堂安置源頼朝遺骨の検討――附安達藤九郎盛長の碑――」(『歴史地理』六八―五、一九三六年、六七頁)。
(32) 『妙本寺本曽我物語』(角川書店、一九六九年)二〇六頁。
(33) 「祇園社本縁録」、柴田實「祇園会の沿革」(『祇園祭』京都府教育委員会、一九六二年。のち『日本庶民信仰史神道篇』に収録〔法蔵館、一九八四年〕)。

(34) 日本思想大系『世阿弥　禅竹』（岩波書店、一九七四年）。
(35) 『舞の本』（天理図書館善本叢書和書之部第七十四巻、一九八五年）。
(36) 新城常三『新稿社寺参詣の社会経済史的研究』四九四頁。
(37) 東京大学史料編纂所写真帳。
(38) 平岡定海『東大寺宗性上人之研究並史料』中（日本学術振興会、一九五九年）。
(39) 堀池春峰編『東大寺遺文』六（東大寺図書館、一九五六年）四三頁。
(40) 新城常三『新稿社寺参詣の社会経済史的研究』四九四頁。
(41) 調査にあたっては、延寿院の松本篤明氏より御教示を得た。
(42) 『日本随筆大成』三期一六巻（吉川弘文館、一九七七年）。
(43) 東京都立図書館加賀文庫所蔵。
(44) 『早稲田大学荻野研究室収集文書』上巻（吉川弘文館、一九七八年）二三〇頁。
(45) 君塚文雄「安房の山岳信仰」（山岳宗教史研究叢書『日光山と関東の修験道』、名著出版、一九七九年）。
(46) 薗田香融「古代仏教における山林修行とその意義――特に自然智宗をめぐって――」（『南都仏教』四、一九五七年。のち『平安仏教の研究』に収録〔法蔵館、一九八一年〕）。
(47) 荻野三七彦「珍奇な文書」（『歴史手帖』五―一、一九七七年、四八頁。のち『古文書研究――方法と課題――』に収録〔名著出版、一九八二年〕）。
(48) 高木豊「安房国清澄寺宗派考」（中村瑞隆博士古稀記念論集『仏教学論集』、春秋社、一九八五年）。
(49) 『鎌倉遺文』一三九九〇号は「寂澄如法経奉納状」、『早稲田大学蔵資料影印叢書』国書篇十五巻（早稲田大学蔵資料影印叢書刊行委員会、一九八六年、六八頁）は「阿闍梨寂澄奉納状」として収録している。
(50) 鈴木昭英「正平八年の越後国蔵王堂納経請取状とその背景」（『長岡郷土史』九、一九七〇年）。
(51) 赤星直忠「精進池畔の石造塔」（『箱根町誌』一巻、角川書店、一九六七年。のち『中世考古学の研究』に収録〔有隣堂、一九八〇年〕）。
(52) 戸川安章「出羽三山・宗教遺物の発掘」（斎藤忠編『中世の考古学』、名著出版、一九八三年）。

(53) 関秀夫『経塚の諸相とその展開』(雄山閣出版、一九九〇年) 五二三頁。
(54) 筑土鈴寛「諏訪本地・甲賀三郎」(『国語と国文学』六―一、一九二九年。のち『中世・宗教芸文の研究』に収録〔せりか書房、一九七六年〕)。
(55) 五来重『修験道入門』(角川書店、一九八〇年) 一九二頁。
(56) 長野覺「日本の山岳交通路としての修験道の峰入り道に関する研究」(『駒沢地理』二二、一九八六年、一五七頁)。
(57) 五来重『修験道入門』一九二頁。
(58) 如法経信仰の展開については、若狭国を主題とした、林文理「地方寺社と地域信仰圏――若狭における如法経信仰――」(『ヒストリア』九七、一九八二年) がある。
(59) 柳田国男「俗聖沿革史」(『定本柳田国男集』二十七巻、筑摩書房、一九六四年、二五七頁)。
(60) 『荘内地理志』七十八 (東京大学史料編纂所影写本)。
(61) 『上井覚軒日記』天正二年十月十七日条。
(62) 『満済准后日記』応永二十一年九月十六日条。
(63) 鈴木昭英「正平八年の越後国蔵王堂納経請取状とその背景」。
(64) 「宮寺見聞私記」(『大日本古文書　石清水文書』四、四四八頁)。
(65) 『石動山天平寺歴史資料調査報告書』(石川県教育委員会、一九八〇年、三九頁)。
(66) 相田二郎『日本の古文書』上 (岩波書店、一九四九年) 九一八頁。
(67) 『吉備津彦神社史料』文書篇 (吉備津彦神社社務所、一九三六年、一二頁)。若干の誤読と思われる箇所があり、東京大学史料編纂所影写本によって補った。
(68) 『吉備津彦神社御田植祭』(吉備津彦神社御田植祭保存会、一九七九年)。
(69) 『吉備津彦神社史料』文書篇、二八頁。
(70) 『吉備津彦神社御田植祭』一二九～一三〇頁。
(71) 五来重「西国巡礼の成立」(二)(『同朋』四九、一九八二年、一二頁)。

(72)『小浜市史』社寺文書編、二八一頁。
(73)近藤正「大田市南八幡宮の鉄塔と経筒について」（『島根県文化財調査報告書』一集、一九六五年。のち『山陰古代文化の研究』に収録〔近藤正遺稿集刊行会、一九七八年〕）。
(74)『宮城県史』金石志、一九五六年、二五三頁。
(75)関秀夫『経塚の諸相とその展開』五二三頁。
(76)関秀夫『経塚の諸相とその展開』五二五頁。
(77)関秀夫『経塚』（ニューサイエンス社、一九八五年）七四頁。
(78)関秀夫『経塚の諸相とその展開』四〇七頁。
(79)輪王寺光樹院の柴田立史氏の御高配により拝見した写真による。なお、巻八には次のような奥書がある。

奉納紺紙金泥妙典六十六部之内一部

右、志趣者為二現当二世一、一天太平幷十方貴賤上下、一部一巻百字十字乃至五字三字一字大小共、至二九品蓮台一、証二頓仏果菩提一者也、仍乃至法界平等利益、

本願筑前国住昌貞、僧小仙昌遵、源秀

享禄三年正月吉日敬白

(80)従来、「社寺交名」と呼ばれていたものが、実は六十六部納経所交名であったことについては、前章で述べた。
(81)『続日本後紀』承和三年十一月朔日条。
(82)関秀夫『経塚遺文』四三号。
(83)関秀夫『経塚遺文』二六七号。
(84)伊藤邦彦「諸国一宮・惣社の成立」（『日本歴史』三五五、一九七七年）、伊藤邦彦「諸国一宮制の展開」（『歴史学研究』五〇〇、一九八二年）。
(85)関根大仙『埋納経の研究』三八五頁。
(86)密蔵院文書、奥野高広『織田信長文書の研究』上巻（吉川弘文館、一九六九年）六五頁。
(87)黒田日出男「中世の旅姿をめぐって」（『姿としぐさの中世史』、東京大学出版会、一九八六年）。

(88) 黒田日出男「熊野那智参詣曼荼羅を読む」(『思想』七四〇、一九八六年、一一七頁)。

(89) 西山克「社寺参詣曼荼羅についての覚書」II(『藤井寺市史紀要』八、一九八七年)。西山克「聖地のシンタックス」(『GS』七、一九八八年。のち『聖地の想像力』に「贋物のシンボリズム」と改題して収録〔法蔵館、一九九八年、九一頁〕)。

［追記］ 長門国二宮であった忌宮神社の境内絵図には、「六十六部経塚」が描かれていて注目される(『山口県史』史料編・中世1附録、一九九六年)。

第九章　源頼朝転生譚と唱導説話

はじめに

転生の思想は、生あるすべてのものが善悪さまざまの業に応じて、前世から現世へ、さらに来世へと生まれ変わることを、人々に具体的に説いてみせた。ある人間の現世での生きようが、前世における善悪さまざまな所業の因果応報であることを具体的に説き聞かせることは、六道輪廻の真実性と善根を積むことの必要さとを人々に認識させるためには、まことに効果的な方法である。それが著名で、しかも自らの生きている世界に深い関わりをもっている人物の転生譚は、人々に現実味を帯びた強い関心を抱かせることになったはずである。

平清盛は比叡山中興の祖とされる良源の再誕と称され、「天台の仏法護持のために日本に再誕す」（『平家物語』巻六）といわれた。このことが象徴するように、転生譚は教団の側から政治的目的をもって意図的に形成される場合もあった。しかし、一般的に言って、著名な人物を題材にした転生譚が作成され、広められたのは、人々に対してより高次の生まれ変わりと、さらには流転の世界からの離脱が可能であることを説くとともに、信心と結縁の大切さを説きながら、その一つの実践としてのそれぞれの分に応じた何がしかの奉加が求められたからであった。

源頼朝という「天下草創」の気宇をもって武家政権を創始した人物については、伊豆山の僧侶たちが伊豆山の唱導宣布の意図をもって制作したといわれる伊豆流離説話(1)を除いては、広く知られた伝説や説話を聞かない。この点は数々の伝説の世界に生き続けた弟の義経と好対照をなしている。本章においては、仮に源頼朝転生譚と名づけた説話の内容を紹介し、この説話の生成の過程と意図および背景について検討してみたいと思う。

一　右大将殿縁起

神奈川県立金沢文庫と日光山輪王寺天海蔵に所蔵される六十六部縁起(2)の中には、源頼朝の前世における所行とその転生に関する記述がみられる。この部分は、右大将殿縁起と名づけられているが、金沢文庫本には初めの部分が欠けているので、天海蔵本によって紹介することから始めたいと思う。

爰見㆓右大将殿縁起㆒、昔伊豆国新平三云者、自㆓先祖㆒所帯所領、為㆓平家㆒被㆓召上㆒、雖㆑致㆓訴訟㆒、遂不㆑叶過行畢、然無㆑程成㆓源氏代㆒、其時下㆓-向関東㆒、雖㆑致㆓訴訟㆒、亦不㆑叶、于㆑時参㆓-詣出雲国□〔大カ〕社㆒、致㆓百日参籠㆒、摧㆓肝胆㆒、本領安堵之旨祈請申処、或夜暁、歳齢八十斗翁、自㆓神殿㆒出示曰、昔頼朝房云聖、我社壇廻廊内勤行、書写供㆓-養六十六部如法経㆒、奉㆓-納六十陸ケ国㆒、為㆑令㆓一切衆生結縁㆒、其時汝名新平太、爰有㆓三人聖㆒、頼朝房本願大聖、時政房者替聖、景時坊小聖也、亦檀那名平大夫広元、然此人々廻㆓-向無上菩提㆒者、如㆓法花一乗真文㆒成仏無㆑疑乎、此聖・檀那等、偏依㆑好㆓有相之福力㆒、大《聖》頼朝房成㆓日本国大将軍㆒、亦時政房依㆑為㆓替聖㆒、将軍後見北条四郎是也、亦景時房一紙半銭依㆑為㆓勧進聖㆒、成㆓日本国侍祖㆒、今梶原平三是也、亦檀那平大夫者今大膳大夫広元是也、然平家滅亡之後、当家之代、皆悉成二頼朝家人一、去汝其時、奉二小聖景時坊麻糸三筋一有レ縁、兼就二梶原景時一、致二訴訟一者可レ叶、是亦有二不審思一者、廻廊後如法経塚破、応レ看、蒙二示現一、夢打覚如二御告一見二廻廊後一、如レ案有二如法経塚一、々中石瓶、々中有二銅箇〔筒カ、下同ジ〕一、此上頼朝房・時政房・景時房・広元之書付、四人名字箇見出、新平太信心銘レ肝、感涙潤レ袂、捧二幣帛一増二合掌一、則下二向関東一、就二梶原景時一、事子細申上処、本領忽安堵、帰二本国一子孫繁昌云々、抑此縁起之事、出雲国大社国造云人、蒙二御夢想之告一、関東被レ申二注進一間、頼朝此旨聞召、去者我於二過去一、為二如法経六十六部聖一条無レ疑、随喜合掌、驄建二立法花堂一、有二造立御影一于レ今御座云云、然彼頼朝、自二過去一経二百七十三年星霜一、有二御出生一見、一旦被レ引二有相之妄念一、生二栄花家一、雖レ納二天下掌一、臨終夕瞑目刻、紫雲达レ室、音楽聞レ空、乗二観音大士蓮台一、遂二安養往詣一

およその内容を話の展開に従ってまとめてみると、次のようになろう。

①伊豆国の新平三は、先祖からの所領が平家によって没収されたため、訴訟をおこしたが、返還が実現しなかった。

②源氏の世となり、新平三は関東に下向して訴訟をおこしたが、なお聞届けられなかった。

③そこで、新平三は出雲大社に参籠して、本領安堵を祈願したところ、ある夜、年八十ばかりの翁があらわれて次のようなことを語った。

(イ)むかし頼朝房という聖が、大社の廻廊内で六十六部の如法経を書写して六六カ国に奉納し、一切衆生に結縁させようとした。

(ロ)頼朝房は本願大聖で、このほかに替聖時政房、小聖で一紙半銭の勧進聖であった景時房と檀那平大夫広元が

いた。

(ハ)この一行はひとえに有相の福力を好んだため、頼朝房は日本国大将軍に、時政房は将軍後見に、景時房は日本国侍祖に生まれ変わり、また檀那平大夫広元は大江広元になった。

(ニ)新平三は前世では新平太という名で、景時房に麻糸三筋を奉加して縁を結んだことがあったので、梶原景時にその旨を申して訴訟すれば、きっと望みは叶うであろう。

(ホ)もしこのことを不審に思うならば、廻廊の後ろにある如法経塚を見よ。

④新平三は夢さめてのち、確かめてみると、夢告の通りに経塚があり、中には石瓶が納められ、さらにその中には銅筒があって、その上には頼朝房ら四人の名が書きつけてあった。

⑤新平太は信心の思いを一層深くし、関東に下向して、このことを梶原景時に言上したところ、たちまち本領は安堵され、子孫は繁盛した。

以上が右大将殿縁起のおよその内容で、さらに引き続いて、この縁起のことは、出雲国造が夢告を得、その旨を関東に注進したところ、それによって自分が前世で六十六部聖であったことを知った源頼朝は随喜し、法花堂を建立、一緒に造立された御影は今も残っている、ということが叙述されている。

この右大将殿縁起は、頼朝房という六十六部聖が、法華経の書写と奉納の功徳によって、将軍源頼朝に生まれ変わったとする点に、最も主要なモティーフがある。そしてさらに北条時政・梶原景時・大江広元といった、頼朝周辺の鎌倉幕府の有力な人物たちの転生譚が織りまぜられて構成されている。この縁起の基調と背景については、のちに論ずることにして、まず頼朝転生譚の生成過程と、それに関連するいくつかの問題について検討してみたい。

二　源頼朝説話の系譜

右大将殿縁起に見られる、源頼朝らが前世で六十六部聖であったとする説話から関連してすぐに想起されるのは、『太平記』巻五「時政参二籠榎嶋一事」に見える北条時政の転生譚である。それは、北条時政が子孫繁盛を祈願するため、江島に参籠したところ、二十一日目の夜になって、次のような夢告があったというものである。

> 汝が前生は箱根法師也。六十六部の法華経を書写して、六十六箇国の霊地に、奉納したりし善根に依て、再び此土に生る事を得たり。去ば子孫永く日本の主と成て、栄花に可レ誇。但其挙動違所あらば、七代を不レ可レ過。吾所レ言不審あらば、国々に納し所の霊地を見よ。[3]

このの ち、時政は諸国の霊地に人を遣わして、法華経奉納の場所を見せたところ、奉納筒の上には「大法師時政」と書いてあったという。

北条氏が七代の間天下を掌握するという説話は、無住が嘉元三年（一三〇五）に著した『雑談集』に、「彼先祖夢想ノ事有テ、七代可レ被レ保」[4]とみえるように、すでに鎌倉後期には巷間に広まっていた。箱根精進池畔にたつ永仁四年（一二九六）在銘の多田満仲墓といわれている石造宝篋印塔には、法華経六十六部奉納の旨が記され[5]、鎌倉後期には箱根山に法華経六十六部納経の思想が広がり、六十六部聖が何らかの関わりをもっていたことを推察させる。

北条時政が六十六部の法華経を奉納したとする説話は、のちにたとえば享保十三年（一七二八）刊行の『真俗仏事編』に、廻国納経について「北条時政前生納経ノ事ヨリ起レリ」[6]と記されたように、六十六部納経の起源とみなされるようになった。この『太平記』にみえる説話は、おそらく東国における唱導の制作と管理の主要な拠点であった箱根権現の社僧らが、箱根山周辺におよんでいた法華経六十六部奉納の思想と、北条氏七代天下掌握の言い伝えとを結合させて作成したものが源流になったと考えられる。だが、ここにはいまだ源頼朝は登場するにいたっていない。

法華経六十六部奉納と関わって源頼朝が説話の世界に初めて登場するのは、『三国伝記』巻十の「第九　先代興廃事」である。それによると、北条時政が子孫繁盛を祈願するため、江島に参籠し、満願の二十一日目の夜、夢に端厳美麗なる女房が現われて次のように告げたという。

汝ガ先生ニハ源二位頼朝卿ト同行ノ箱根法師ニテ有シガ、六十六部ノ法花経書六十六ケ国霊地奉納時、信濃国善光寺ニ到テ、両人共ニ病シテ死ントスルニ、療〔治看〕病ノ人モ无リケレバ、何トヤ哀ム者無ラン、サリトモ天下権勢ヲ取身ナラマシカバ角ハ有ジト、世ヲ怨ル心有テ、妄念ヲ起シテ命終セリ。其経ノ依二功徳一都率内院生ベカリシヲ、彼一念迷ノ心ニ曳レテ再此国ニ生タリ。依レ之頼朝ハ三代ノ武将ニ備。汝モ又其契不レ朽日本ノ執政ト成テ、栄花家門ニ可レ到。我又汝可レ守。但シ其振舞違所有バ、七代ヲ不レ可レ過。我云所若不審有バ、国々納メシ所ノ霊地ヲ見ヨ。[7]

こののち、時政は諸国の奉納所に人を遣わして見させたところ、奉納筒の上には「大法師頼朝・時政」と書かれてあったという。

『三国伝記』の成立は、従来応永十四年（一四〇七）・永享二年（一四三〇）の二説があったが、近年では応永末年から嘉吉（一四四一～四四）頃までの間とする意見が出されている。[8] また撰者の玄棟は近江国出身の比叡山の学僧で、諸国を斗擻し、特に東国への旅の経験者と考えられることについては、研究者の間にほぼ共通した理解が得られているようである。

『三国伝記』巻十の「第九　先代興廃事」は、その内容が大きく五段に分けられ、大部分は『太平記』が典拠になっているが、今問題にしている時政が頼朝と同行の箱根法師であったとすることについては、『太平記』には見えず、『三国伝記』に独自の説話であることは、すでに指摘されている[9]。

しかも『三国伝記』には、箱根法師であったという頼朝と時政が法華経奉納の途次、善光寺を訪れたことが記されている。頼朝と善光寺との関係については、『相良家文書』に建久八年（一一九七）三月二十三日源頼朝善光寺参詣随兵日記[10]があり、その内容には問題があるものの、頼朝が善光寺に参詣したという口承のあったことを物語っている。また簗瀬一雄氏が注目したように[11]、『古今著聞集』に頼朝が善光寺如来を二度拝したことがあると語ったことが見えており、鎌倉後期には『三国伝記』にみられる頼朝房の善光寺参拝説話の下地は形成されていたと考えられる。

『三国伝記』では、頼朝と時政が廻国の途中、善光寺で病に倒れ、看病人もなかったことから、もしも天下をとる身であったなら、惨めな最期を迎えることはなかったであろうと、世を恨んで息をひきとったため、本来ならば、法華経の功徳によって、欲界六天の一つで弥勒の住む都率の内院に生まれ変わるべきところを、「一念迷ノ心」のためにふたたび人間世界に生まれたとしている。ここでは、一切の妄念を離れて臨終を迎えるべきことが説かれているのであるが、この点について右大将殿縁起は、わずかに

彼頼朝、自二過去一経二百七十三年星霜一、有二御出生一見、一旦被レ引二有相之妄念一、生二栄花家一、雖レ納二天下掌一、

と、簡単な記述にとどまっていて、「妄念」の内容についてはいっさい記されていない。「有相之妄念」の内容が

具体的に説明されなければ、この部分はきわめて理解しにくい箇所で、いま想定できることは、この部分に関して下敷きとなった説話があって、具体的な内容は省略されたのではないかということである。「妄念」という語が、『三国伝記』と右大将殿縁起の両者に使われていることが暗示しているように、その具体的な内容とは、おそらく『三国伝記』に描かれたごとき、権勢にたいする執着と世を怨む心ではなかったろうか。

ここで、こうした想定からただちに、右大将殿縁起が『三国伝記』を直接の材料にして作成されたとして論を進めることは早計に過ぎるであろう。しかし、頼朝と時政が前世で六十六部聖であったというモティーフの類似性から考えて、両者が全く無関係に成立したと考えることもできないように思う。両者が成立する前提には、頼朝について東国世界の人々の間に語り伝えられた説話が存在し、両者は表現形式にいくらかの違いは認められるものの、いずれも土壌を共通のものとする頼朝説話の露頭であり、口承から文字の世界へと形を変えたものと考えられる。そして、内容・構成および話の展開のしかたから考えると、右大将殿縁起の作成にあたっては、『三国伝記』が採集した頼朝説話が重要な素材となったという推定を提出しておきたい。

『三国伝記』と右大将殿縁起は、頼朝と時政の転生譚というモティーフの共通性を示しながらも、内容を細かに検討すると、いくつかの相違が見られる。その一つは、すでに述べたように、頼朝と時政が前世で臨終にあたって抱いた「妄念」の内容が前者では詳しく書かれ、後者では省略されていることである。このほか、登場人物が、前者では頼朝と時政だけであるのに対し、後者では梶原景時と大江広元が加わっている。さらに、前者が『太平記』を典拠として、江島に参籠した折の霊夢の中で、前世に箱根法師であった頼朝と時政が廻国の途中、善光寺で病に倒れたという形をとっているのに対し、後者は出雲大社での参籠中の霊夢に、頼朝と時政が六十六部聖であったことを述べるだけで、箱根や善光寺は登場しない。

こうした違いの原因については、多くの検討すべき問題が含まれているが、さしあたり言えることは、『三国伝記』が『太平記』を直接の典拠にして時政転生譚を基調としたのに対し、右大将殿縁起は頼朝転生譚が基調になっていること、さらにこうした相違に基づいて、後者には敷衍・潤色がみられるということである。このことは、実は右大将殿縁起の作成者とその受容の対象について考察を進めれば、問題解決のための糸口が与えられるので、節を改めて検討することとしたい。

説話が聖なる場所での夢告を導因として展開されることはしばしば見られるが、六十六部縁起では出雲大社での参籠中の霊夢が重要な材料になっている。中世における出雲信仰や、出雲大社と唱導との関係については、まだほとんど明らかにされていないように思うが、六十六部縁起との関係について言えば、頼朝転生譚との関わりで出雲大社が登場したのは、頼朝が大社に釼を奉納したり、[12] 神主資忠が「関東祈禱師」として威を振るった[13]ことなどに関わりをもつものであろう。

出雲大社は中世末から近世にかけて一貫して六十六部納経所であり、しかも大社の西にある奉納山には経塚が形成された。[14] ここからは銅製経筒二十口分が出土し、享禄五年（一五三二）・天文二年（一五三三）などの銘をもつもののほかに、年紀不明の板状の断片には「杵築大社」の文字が見え、六十六部縁起の作成とさほど離れていない時期に、実際に杵築大社＝出雲大社に対する納経が行われていた。

右大将殿縁起の話の展開の中で、もう一つ注目しておきたいことは、梶原景時の人物像である。景時はこの中で、前世では頼朝房・時政房と同行の一紙半銭の合力を求める景時房という勧進聖で、生まれ変わって「日本国侍祖」梶原景時になった。平家によって没収された伊豆国新平三の所領返還の訴訟がなかなか思い通りに実現しなかったにもかかわらず、景時に訴えたところ、たちまち本領が返還された。その理由は、新平三が出雲大社参籠中に得た霊夢に、新平三が前世で景時房に麻糸三筋を奉加したことがあり、このことを景時に申し出れば訴えは必ず叶うであろう、という夢告を信じて行動したことによるものであった。

所領相論が発端となって話が展開されており、ここでは景時が相論解決のために決定的に重要な役割を果たしている。しかも新平三という名は、梶原平三景時にちなんでつけられた可能性をも考えさせる。梶原景時は石橋山の合戦で窮地にあった頼朝を救ったことから重く用いられたが、御家人らの反発を招くことも多く、正治元年（一一九九）、結城朝光を将軍頼家に讒言したことを直接の契機として、御家人六十六人の弾劾をうけて失脚し、上洛の途中、駿河国狐崎で戦死した。景時は特に源義経を悲劇の主人公にした張本人として『平家物語』や『義経記』などに描かれ、のちに「梶原」という語が意地の悪い人物の代名詞として広く使われたことが示すように、讒言居士としての人物像が作り上げられ、固定化されるにいたった。

ところが、右大将殿縁起に描かれた景時は、前世では勧進聖であり、その功徳によって「日本国侍祖」に生まれ変わり、所領相論解決のための鍵を握ってその責任を果たしている。こうした景時像からは、判官びいきの形成過程で造型された讒言居士としての人物像の片鱗すらうかがうことができず、マイナスのイメージを見出すことができない。『平家物語』『義経記』と右大将殿縁起に対照的にみられる、このような景時像は、歴史の事実に忠実であることを要しない、いわば目的に添った自由な人物像の造型がおこなわれる説話の世界にあって、その生成過程のみならず、原型に何らかの違いのあったことを推測させる。

この点を検討するための重要な素材となるのは『源平闘諍録』である。『源平闘諍録』は、これまで『平家物語』の生成との関係で研究が進められ、巻一下の建武四年（一三三七）二月八日の本奥書と内容の検討から、成立は十四世紀の初頭にさかのぼり、東国を成立の場としたと考えられている。(15) 作成の契機については、『真名本曽我物語』との交渉が早くから指摘され、[16] 千葉氏との関わりに注目するなどの諸説が提示されている。[17] その作成者について、福田晃氏は『源平闘諍録』や『真名本曽我物語』にみられる頼朝の伊豆流離説話の分析から、伊豆山唱導宣布の意図をもつ伊豆山に拠った僧侶らを考え、『源平闘諍録』は、密厳院を中心として露骨に伊豆山信仰宣布の加えられていった本格的唱導の段階に位置する『真名本曽我物語』に先行する、初期唱導の段階に位置づけられるとした。[18]

『源平闘諍録』にあらわれた景時像について、その一部をみておこう。石橋山合戦に敗れて武蔵国豊島荘滝河にあった頼朝のもとに、勅勘をうけて京都にとらわれていた景時が馳せ参じた場面で、頼朝と景時の間に次のようなやりとりが描かれている。

吾三ケ年之内、為二何計一、逃二-下京都一、有下可二申合一事上、其程返々可レ被レ相二-待景時一候、自レ不レ被レ行二死罪一之外、必可二馳下一之由約束、不レ違レ契罷下志難レ有泣、景時共泣、兵衛佐言、於二自今以後一者、軍成敗景時可レ承、景時承二此仰一何計慶、[19]

『源平闘諍録』の景時像について、いまとりあげた部分をも合わせて詳細な検討を行った岩瀬博氏は、この書には頼朝に従う忠実な景時が描かれ、景時に対する頼朝の信任の厚さと、寵臣として功績をあげる景時の姿が虚構されているという。[20] 岩瀬氏によれば、『源平闘諍録』は「史実を枉げて実力者景時の造型に腐心して」おり、この点において、「史実を誇張して讒臣に堕した描きかたをする他本と真反対」であるという。岩瀬氏は、この特異な景時像は横死した怨霊景時に対する鎌倉びとの信仰を基盤とし、景時の出自である大庭・梶原など鎌倉一族の巫祝活動によって、怨霊景時を慰撫する語りが作られ、次第に景時びいきの受け入れられる素地が作られ、さらにそこに『平家物語』が種を播いた結果、生まれたものであるという仮説を提示している。

『吾妻鏡』の記すところでは、承元三年（一二〇九）五月二十日、頼朝が建立したという鎌倉の法華堂で、梶原景時一類の菩提を弔う仏事が行われたが、これは「是日来営中有二怪異等一、又有二御夢想之告一」によるものであった。また鎌倉の建長寺では、毎年七月十五日、施餓鬼会が終わってのち、「梶原施餓鬼」が行われ、二、三人の僧が般若心経を梵音で誦し、他の大衆は無言で行道するという。この行事は、開山蘭渓道隆在世の時、一人の武者が施餓鬼会が終わったのを見て、後悔の様子をみせながら帰ろうとしたのを見た道隆が、呼び戻して改めて施餓鬼会を行ったところ、この武者は梶原景時の霊であることを告げ、感謝して去ったことに始まるという。(21)

建長寺の施餓鬼会は、『鎌倉年中行事』によって享徳三年（一四五四）まではさかのぼるといわれる。(22)これはすでに筑土鈴寛が注目し、(23)また岩瀬博氏も指摘したように、(24)怨霊を慰めることを目的とした盆施餓鬼であって、鎌倉五山の第一位である建長寺に景時の怨霊慰撫のための法会が伝えられたことに注目したい。その背景に、大庭・梶原など鎌倉一族の巫祝活動を考える岩瀬氏の見解はきわめて注目されるのであるが、ここではとりあえず右大将殿縁起にあらわれた景時像との関連について考えてみたい。

右大将殿縁起では、景時は前世で六十六部の法華経を書写・奉納する本願大聖頼朝房に従う小聖で、一紙半銭の奉加を求める勧進聖であった。時政については、替聖時政房が将軍後見に生まれ変わったことを記すだけの簡潔なものであるのに対し、景時は出雲大社における霊夢の中で、所領相論解決のために決定的に重要な役割をもつことを告げられ、それを果たしている。

景時と時政の役割の相違ははっきりしていて、『源平闘諍録』は時政に対して厳しい見方をし、比較的冷淡に描いているという指摘(25)をも参考にすると、右大将殿縁起における景時像は、『源平闘諍録』が素地とした景時をめぐる伝承の世界と重なりあっているように思われる。その重なり方をさらに具体的に解き明かすためには、

『源平闘諍録』について検討する必要があるが、それは機会を改めて論ずることとし、さしあたり今この推測が認められるならば、右大将殿縁起を生みだし、また受け入れた世界について考えるための手がかりが与えられるであろう。この点については、節を改めて検討したい。

三　唱導説話としての六十六部縁起

これまでの叙述で、右大将殿縁起に描写された源頼朝転生譚や梶原景時像が、東国世界に語り伝えられ、『源平闘諍録』や『三国伝記』に採集されて説話として成長していったものと、共通の地盤から生まれたと考えられることを指摘した。それでは、この縁起は誰が一体何のために、また誰を対象として作成したものであろうか。法華経の書写と奉納の功徳による頼朝転生譚が主題になっていることが明白に示すように、この縁起の基調は法華経の偉大さを説くことにあり、直接に法華経の文句が引用されてもいる。たとえば、頼朝が浄土に生まれたことを述べたあとで、「爰知、現世安穏、後生善処者、法華妙典金言也」といっているのは、法華経薬草喩品の文句を引用したものである。またそれに続いて、

五十展転随喜、尚過㆓八十ケ年布施㆒、一念信解功徳、宛越㆓五波羅密〔蜜〕修行㆒、

とみえるように、「五十展転随喜」と「一念信解功徳」とが説かれている。「五十展転随喜」とは、「法華経を聞いて喜びあえば、その功徳は、最初の人から順次につたえて第五十人にまで至っても、これを他の功徳と比べると、比較にならぬほど広大無辺である」[26]というものである。先の縁起の文章は、法華経随喜功徳品の、

如㆑是第五十人、展転聞㆓法華経㆒、随喜功徳、尚無量無辺、

を中心に、法華経を聞いて随喜した五十番目の人の功徳が、八十年の間布施を続けたよりも大きいことを説いて

いる。

また「一念信解功徳」とは、四信（信の四つの段階）の第一である一心に信ずることの功徳を述べたもので、般若経などの大乗経典でよく説かれるといわれるが、法華経では分別功徳品で、

乃至能生、一念信解、所レ得功徳、無レ有レ限レ量、若有二善男子、善女人一、為二阿耨多羅三藐三菩提一故、於二八十万億一那由二他劫一、行二五波羅蜜一（中略）以二是功徳一、比二前功徳一、百分千分、百千万億分、不レ及二其一一、

と、般若波羅蜜を除く五波羅蜜を修行するよりも功徳の多いことを説いている。

これらはいずれも、法華経を聞いて一心に信じたり、随喜したりすることの大切さを説いているのであって、六十六部縁起のように、二つの文句が合体された例はいくつか見られる。たとえば、平安末期から鎌倉初期にかけての願文・表白を収め、説教・唱導の流派の雄としての基礎を固めた聖覚の編になるとされる『転法輪鈔』(27)には、次のように書かれている。

一念随喜之倫、超二五波羅密〔蜜〕行一、五十展輪之随喜、勝二八十年之布施一、(28)

また、日蓮の弟子日持が師に代わって作成したと伝えられる『持妙法華問答抄』には、

一念信解の功徳は五波羅蜜の行に越へ、五十展転の随喜は八十年の布施に勝れたり、(29)

と記され、法華経の偉大なる功徳をわかりやすく説くために、説教や唱導の場で広く用いられたようである。六十六部縁起では、法華経六十六部の書写がこれらよりもさらに優っていると述べる。五種の修行の一つである書写の功徳の大なることは法華経にしばしば説かれているが、特に六十六部ということは見えず、ここに日本で展開した六十六部法華経の書写と奉納の功徳を説く六十六部縁起たるゆえんがある。

縁起では、「五十展転随喜」と「一念信解功徳」に続いて、梵天・帝釈・四大天王らの加護によって、内外魔障からの離脱と現当所願の成就とを祈願している。その中に、「伊勢大神三千七百余社」という文言がある。ここでこの文言に注目してみたい。

日本における神社数は、古代では『延喜式神名帳』に「天神地祇惣三千一百三十二座」、『三代実録』元慶元年（八七七）九月二十五日条に「五畿七道諸国、班二幣境内天神地祇三千一百卅四神一」とみえている。中世になると、文応元年（一二六〇）六月三日太政官符写[30]に、亀山天皇が即位したのち、諸国の二四三五の神社に幣帛を送ったとされている。『春日権現験記』には「凡我朝は神国として宗廟社稷三千余座」、『神皇正統記』には「今までも幣帛をたてまつらるゝ神三千余座也」と同じ数字がみえている。さらに一条兼良が文明十二年（一四八〇）に著した『樵談治要』には、「あきつしまの中にあとをたれ給三千一百卅二座の神」と記されている。

これらの『延喜式神名帳』に基づいたと考えられる数字に対して、『平家物語』では「日本六十余州、三千七百五十余社の、大小の神祇」（巻七、還亡）、また『源平盛衰記』には、「大小の神祇三千七百余所」（巻九、宰相丹波少将を申預る事）、「吾朝六十余州の三千七百五十余社の大小の神祇」（巻三十、太神宮行幸の願）とみえている。『太平記』では、「日本一州ノ天神地祇三千七百余社」、「三千七百五十余社ノ大小神祇」（巻三十九、自二太元一攻二日本一事）と記され、さらに「神名帳ニ載ル所ノ三千七百五十余社」と、『延喜式神名帳』に載せられた神社数をも誤って「三千七百五十余社」としている。

こうして六十六部縁起に記された「伊勢大神三千七百余社」という数字が、ほぼ『平家物語』『源平盛衰記』『太平記』の記述と一致していることを知ることができる。このことはおそらく単なる偶然の符合ではなく、中世の語りの世界では、日本の神社数を「三千七百余社」程度とする通念が存在していたことによるのではなかろうか。
縁起の中で、右大将殿縁起に入る直前に次のような文章がある。

円教意、一字則一切字、一銭則一切銭道理也、雖レ為二微少奉加一、得二広大無辺利益一、更以不レ可レ疑、

たとえ一字の書写、一銭の喜捨のような僅かな奉加であっても、大いなる利益を得られることを説いている。円教とは、天台宗の教理である五時八教のうち、仏が衆生を教化するにあたって用いた化法の四教の第四位に位置するもので、仏の悟りのままを説いている。縁起の「一字則一切字、一銭則一切銭」とは、天台智顗の『摩訶止観』に見られる「一心一切心」「一色一切色」「一衆生一切衆生」などに着想を得たものかと思われる。

このように六十六部縁起の基調は明らかに法華経の功徳を説くことにあり、一字一銭の奉加を求めた、勧進活動を目的として作成されたものであった。しかもこの縁起は、書出しと書止めがいずれも「敬白」と書かれて表白の形式をとっている。さらに草稿とみられる金沢文庫蔵の縁起の訓点は読み上げることを意図してつけられており、実際に人々の前で読み上げることを目的としていたと考えられる。

次に縁起の作成者について考えてみたい。奥書を含めてこの縁起の中には作成者の名は一切登場しない。だがすでに源頼朝や梶原景時についての説話の成立について明らかにしたように、作成者をとりまく環境が、鎌倉を中心とする口承の世界にあったことはまず疑いない。この土壌の中から頼朝や景時に関する話を採集し、主題として再構成を行い、さらに法華経の文句を引用しながら、法華経の六十六部納経の意義について説いたのである。作成者は、法華経や天台教学に関する知識をもっており、しかも頼朝の法華経信仰についても、ある程度の知識をもっていたように思われる。

頼朝は、法華経一〇〇〇部読誦の満願を前にして挙兵に踏み切らざるをえなくなった時、相談した走湯権現の

僧覚淵から「法華八軸持者」と称され、[31] また父義朝追善のために法華経転読をしていることが示すように、[32] 熱心な法華経信仰をもっていた。頼朝の念持仏正観音を安置した持仏堂が頼朝の没後、法華堂になったといわれる。その所在地については、現在の頼朝の墓のある辺りとするなどの諸説があるが、縁起では、自分が前世で六十六部聖であったことを知って随喜した頼朝は法華堂を建立して、「御影」を造立し、それは現在も残っていると記している。

『吾妻鏡』によると、法華堂の名が初めて登場するのは、正治二年（一二〇〇）正月十三日の頼朝一周忌の時のことである。頼朝在世中にはその名は見えないから、縁起のこの部分は検討の必要があるとしても、頼朝像を意味すると考えられる「御影」が法華堂に安置してあったことは、宝治元年（一二四七）のいわゆる宝治合戦の際に、三浦泰村らが法華堂に籠り、「故将軍御影御前」で往事を語り、最期を遂げたことから分かる。[33] 縁起作成の時点で、法華堂に頼朝像が存在していたという記述を全くの虚構と考えなければ、頼朝像について新たな知見を与えてくれるとともに、縁起の作成者が鎌倉の状況についても、ある程度の知識をもっていたことを示すことにもなろう。縁起の作成はほぼ室町中期とみられるのであるが、法華堂の廃絶した時期が今後の検討によって明らかにされれば、縁起の作成時期もより限定できるであろう。

鎌倉薬師堂の供養導師として招かれた勝賢の供養表白を作ったのは、唱導談議の達人として知られた兄の澄憲と伝えられ、安居院流の基礎を固めたその子の聖覚が、安貞元年（一二二七）、北条政子の三回忌追善供養に導師として招かれ、その名説経ぶりが称賛されて以後、安居院流の唱導師たちが多く鎌倉に下るようになった。[34] 特に安居院大納言と呼ばれた覚守は説経の名手として知られ、しばしば京と関東の間を往復した。覚守は徳治二年（一三〇七）、初めて鎌倉に下り、執権貞時の母潮音院一周忌の仏事で説法し、また貞時の百日仏事供養で表白を

草した。東国に進出し、武家に迎えられた安居院流の中では武家社会と最も関係が深かったといわれる。(35)

このような鎌倉における唱導の世界の状況と、東国の語りの世界を地盤とし、法華経の宣布を意図して、表白の形式をとって勧進を目的としたと考えられる六十六部縁起との間には、一本の糸が結ばれるように思う。六十六部縁起が伝えられた称名寺には安居院流の唱導書である『言泉集』『転法輪鈔』『鳳光抄』『讃仏乗鈔』などが残されており、(36)安居院流唱導師の拠点であった称名寺に、唱導を目的として作成されたと考えられる六十六部縁起の草稿が伝えられた経緯をみれば、その作成にあたって安居院流の関与を考えないわけにはいかないであろう。

室町期の安居院流の活動については、なお不明の点が多いが、東国の語りの世界に取材して縁起を作成し、しかもその紙背に当時知られていた六十六部納経所を書き上げたことが示すように、実際に活用することが意図されていたのであり、ここに彼らの活動の一端をうかがうことができるように思う。

それでは唱導と勧進を目的とするこの縁起は、一体どういう人々を対象として作成されたものであろうか。頼朝転生譚が導入される話の発端は、伊豆国の新平三が平家のために没収された所領の相論であり、それが結果としては、法華経の力によって解決されたのであった。所領相論の解決が法華経の偉大な力の証として用いられている。話の展開をみてみると、登場人物や内容を含めて武家社会に属する事がらであり、この縁起が東国の武家社会を主たる対象とし、社会的基盤として作成された可能性の大きいことを考えさせる。このことは経筒などの六十六部納経に関する遺物が関東地方に多いことと密接な関わりがあって、六十六部縁起は、六十六部聖の活動が活発になる室町中期の東国世界の中から生まれたものであったと考えられるのである。

むすび

神奈川県立金沢文庫と日光山輪王寺天海蔵に所蔵される六十六部縁起の中の右大将殿縁起について、頼朝転生譚を中心に検討してきた本章の内容を要約すれば、次のようになろう。

一　右大将殿縁起が中心的な素材とした頼朝転生譚は、前世で六十六部聖であった頼朝房が、法華経の書写と奉納の功徳によって、将軍源頼朝に生まれ変わったというものであるが、この話は十五世紀初頭に成立したとされる『三国伝記』が採集したものと類似の内容であり、源頼朝について東国世界で語り伝えられた共通の土壌の中から生まれたものと考えられる。

二　この縁起の中で造型された梶原景時像は、『平家物語』や『義経記』などが描いた讒言居士としてのそれとは異なっており、『源平闘諍録』が素地とした東国の伝承の世界と重なりあっている。

三　六十六部縁起の基調は、法華経の偉大さと結縁の大切さとを説くことにあり、こうした縁起を作成したのは、鎌倉時代以後、東国に進出して積極的な唱導活動を行っていた安居院流に属する者であったと考えられ、東国の武家社会を対象とするものであったとみられる。

(1)　福田晃「頼朝伊豆流離説話の生成――平家物語・曽我物語より――」(『国語と国文学』四三―六、一九六六年。のち『軍記物語と民間伝承』に収録〔岩崎美術社、一九七二年〕)。

(2)　神奈川県立金沢文庫と日光山輪王寺天海蔵に所蔵される六十六部縁起の概要については、第三篇第七章で論じた。主要な点は、現在は一紙断簡になっている前者は草稿本で、室町期のものとみられ、紙背には全国の六十六部納経所交名が書き上げられており、後者は縁起の清書本の一つと考えられることである。なお、金沢文庫本は、『金沢文庫古文書』九輯六七七九号に「法華堂縁起」として収められているが、もちろん「法華堂縁起」という文書名は正しくない。

(3) 岡見正雄校注『太平記』一（角川文庫）一七二頁。

(4) 山田昭全・三木紀人編校『雑談集』（三弥井書店、一九七三年）一一六頁。

(5) 赤星直忠「精進池畔の石造塔」（『箱根町誌』一巻、角川書店、一九六七年。のち『中世考古学の研究』に収録〔有隣堂、一九八〇年〕）。

(6) 『古事類苑』宗教部三、三一二頁。

(7) 池上洵一校注『三国伝記』下（三弥井書店、一九八二年）一八一頁。

(8) 池上洵一「『三国伝記』序説」（秋山虔編『中世文学の研究』、東京大学出版会、一九七二年）。池上洵一『三国伝記』上（三弥井書店、一九七六年）。

(9) 簗瀬一雄「三国伝記出典考二――太平記と関係ある説話について――」（『国学院雑誌』四七―五、一九四二年。のち『説話文学研究』に収録〔三弥井書店、一九七四年〕）。池上洵一校注『三国伝記』下。

(10) 『大日本古文書　相良家文書』一、一号。

(11) 簗瀬一雄「三国伝記出典考」（『説話文学研究』一〇九頁、補記三）。

(12) 『吾妻鏡』文治六年正月四日条。

(13) 『吾妻鏡』文治六年正月十三日条。

(14) 近藤正「島根県下の経筒について」（『山陰古代文化の研究』、一九七八年、一三六頁）。

(15) 福田豊彦「『源平闘諍録』その千葉氏関係の説話を中心として」（『東京工業大学人文論叢』一九七五年）。

(16) 筑土鈴寛「歴史と伝説」（『国語と国文学』二〇―一一、一九四三年。のち『中世・宗教芸文の研究』二に収録〔せりか書房、一九七六年〕二七七頁）。

(17) 福田豊彦「『源平闘諍録』その千葉氏関係の説話を中心として」。

(18) 福田晃「頼朝伊豆流離説話の生成」。

(19) 山下宏明『源平闘諍録と研究』（未刊国文資料刊行会、一九六三年）一一二頁。

(20) 岩瀬博「『前平家』に関する二三の問題――平家物語説話群の成立基盤考――」（『国学院雑誌』六七―三、一九六六年）。
(21) 『新編鎌倉志』巻三、四八頁。
(22) 『鎌倉市史』社寺編、二六九頁。
(23) 筑土鈴寛「謡曲に現れたる怨霊思想」（『古典研究』三―一、一九三八年。のち『中世・宗教芸文の研究』二に収録〔せりか書房、一九七六年〕一四六頁）。
(24) 岩瀬博「『前平家』に関する二三の問題」。
(25) 早川厚一「『源平闘諍録』考――その成立をめぐって――」（『名古屋大学国語国文学』三八、一九七六年）。
(26) 『仏教学辞典』（法蔵館版）。
(27) 櫛田良洪「金沢文庫蔵安居院流の唱導書について」（『日本仏教史学』四、一九四二年、六四頁）。
(28) 永井義憲・清水宥聖編『安居院唱導集』上巻（角川書店、一九七二年）二七六頁。
(29) 『昭和定本日蓮聖人遺文』一巻、二八〇頁。
(30) 大嘗会記所収文書（『群馬県史』資料編6、二五四頁）。
(31) 『吾妻鏡』治承四年七月五日条。
(32) 『吾妻鏡』文治元年八月三十日条。
(33) 『吾妻鏡』宝治元年六月五日条。
(34) 貴志正造『神道集』解説、平凡社、一九六七年。
(35) 多賀宗隼「安居院僧都覚守」（『金沢文庫研究』七九・八〇、一九六二年。のち『論集中世文化史』下に収録〔法蔵館、一九八五年〕）。
(36) 永井義憲・清水宥聖編『安居院唱導集』上巻。

余篇

第十章　小杉榲邨の蒐書と書写活動――正倉院文書調査の一齣――

はじめに

幕末から明治にかけての伝統的な学芸のあり方を示した人物に、小杉榲邨がいる。

榲邨の七七年の生涯は、明治七年（一八七四）、四一歳の時の教部省入省を境に大きく二つの時期に分けることができる。まず故郷阿波国の国史・地誌の史料集成と編纂から始まった榲邨の研究活動は、教部省入省により、活動の場と交流の範囲を拡大し、研究の対象と領域をいっそうひろげることになった。のちに『古事類苑』の編纂や帝国博物館での活動、あるいは『徴古雑抄』に結実するような榲邨のおもな業績は、教部省入省を機縁にしている。

本章は、榲邨の教部省入省の経緯と、そこでのもっとも重要な仕事となった正倉院文書調査との関わりを明らかにするとともに、蔵書の内容と特徴を検討することにより、幕末から明治にかけて生きた国学者の学問の方法と意義を考えようとする試みである。

一　榲邨と教部省

1　教部省入省前後

明治五年（一八七二）三月十四日、政府は左院建議を契機に、神祇省を廃止して教部省を設置した。これによって、祀典は式部寮、宣教は教部省の所管とされ、全国の神官・僧侶を教導職十四級の制に組みこんで、「敬神愛国ノ旨ヲ体スヘキ事」などの三条教則による大教宣布運動が展開された。

前年の神祇官から神祇省への格下げに引きつづく神祇省の廃止、教部省の設置は祭政教一致の原則の著しい後退であり、神道家などの強い不満をひきおこした。(1) この時期、榲邨は名東県少属として戸籍や社務を担当し、翌六年八月には名東県権中属兼大麻比古神社宮司となり、教導職大講義に任じられて、教部省の神社行政にも関わることになった。

有力な神官や国学者を中心に、神祇官再興論が活発に展開された明治七年の初め、(2) 榲邨は名東県権中属兼大講義として、阿波国忌部神社の所在地に関わる教部省への調査申請のため上京中であった。

阿波国忌部神社は明治四年五月十四日、国幣中社に列せられたが、鎮座地については江戸時代以来論争があって不詳のままであり、名東県でその調査の中心になったのが榲邨であった。太政官は明治七年十二月二十二日、榲邨の考証と上申を採用した教部省の調査に基づいて、麻殖郡山崎村の天日鷲神社を忌部神社と決定した。

しかし、これには国幣中社田村神社権宮司細矢庸雄らから異論がだされ、結局、さきの決定は取り消された。上申にあたって榲邨は、偽文書を考証に用いており、この時、教部省にあって調査にあたった小中村清矩・大沢清臣・栗田寛を含めて、忌部神社所在地論争は図らずも、この段階における彼らの考証力の水準を示している。(3)

阿波国忌部神社は阿波忌部氏の遠祖天日鷲命を祀り、大嘗祭には御衣を奉る名社であった。小杉氏は、榲邨が「忌部宿禰」の蔵書印をもっていたことが象徴するように、忌部氏の遠祖天日鷲命の後裔と伝えていたから、榲邨は自らの氏祖の歴史を明らかにしようとして、忌部神社の所在地の考証に情熱を傾け、忌部氏と天日鷲命との関わりから天日鷲神社に執着したのであろう。

忌部神社所在地論争の結果、榲邨の考証は否定されたのであるが、しかし、これに関わったことが教部省入省の機縁となった。後年、榲邨はこの時期の活動を回想するとともに、改めて自らの正当性を述べている。(4) それによれば、榲邨は、名東県東京出張所詰長をつとめていた明治七年二月二日、忌部神社の所在地につき、教部省に上申書を提出した。二月五、六日頃、榲邨は教部省に出頭して考証課長小中村清矩・九等出仕栗田寛と面談し、この頃、考証課への抜擢が評議されたことを、権大録大沢清臣から内々の話として聞いている。

時の教部大輔宍戸璣と名東県令久保断三は同じ萩藩出身で、宍戸から久保に榲邨の教部省出仕の話があり、七月中旬、榲邨は久保からの内話に応諾し、七月三十日、十一等出仕・教部中録として教部省に着任した。時に榲邨四一歳、生涯の大きな節目となる出来事であった。

教部省には単なる行政官僚とは異なる多数の神道専門家がいて、かれらは知己の神官教導職の意向を行政に反映させた。(5) 教導職大講義で、神社考証に熱心であった榲邨の教部省入省はその一環と考えられ、この時に大きな役割を果たしたのは、考証課長小中村清矩であったと思われる。

榲邨は安政四年（一八五七）二四歳の時、紀伊藩江戸赤坂藩邸内にあった古学館に入門したが、本居内遠の没後、その子豊穎のもとで教授として門人の指導にあたっていたのが小中村であり、以後榲邨は親交を結び、明治に入ってからも小中村から『本朝法家文書目録』などを借りて書写するなど、(6) 両者の関係は続いた。小中村は教部省設置にあたり、九等出仕・教部大録として入省し、のちには考証課長に就任しており、榲邨の教部省入省にもっとも大きな影響力をおよぼし得る立場にあった。

明治十五年（一八八二）五月、東京大学文学部附属として新設された古典講習科の学科目編成などに尽力したのは、文学部教授に就任していた小中村であり、この時に榲邨が講師として迎えられたのは、小中村の推薦によるものと考えられる。榲邨は学問の方法においても小中村の影響をうけており、明治二十八年十月十一日に没した小中村の葬儀の弔辞で、小中村を「師の如く父兄の如くに敬ひ」[7]と述べているのは、榲邨が交わりを結んだ多くの国学者のなかで、小中村にもっとも敬愛の念をよせていたことの表れであろう。

教部省に入った榲邨は、まず『特選神名牒』の編纂に従事した。これは式内社や古社の湮滅に帰せんことを恐れて、明治七年六月、教部省が神社の由緒調査と取調書の提出を府県に命じたもので、社寺課・考証課の小中村・栗田・井上頼圀とともに榲邨も編纂にあたった。調査後作成された稿本は、全部榲邨の自筆であったという。[8]榲邨の教部省入省は、『特選神名牒』の編纂が企画・実施される段階で、要員の確保のためにわかに実現した人事であったと思われる。

2　榲邨と正倉院文書

教部省時代の榲邨が正倉院を調査した最初の成果は、今も小杉家に伝えられる「東大寺所保存装束図式」八巻と考えられる。これらは天平勝宝四年（七五二）四月九日の東大寺盧舎那大仏開眼会用楽舞装束の縮写図に寸法を記し、下前衽裏などにある墨書を影写して、巻子本に仕立てたもので、それぞれに次の識語がある。

右図式一巻　就東大寺『寧楽宝庫』所保存現品縮写之、

明治七年九月小杉榲邨（朱印、印文「榲邨」）

榲邨は、東大寺保存の現品によって縮写したと記している。これは正倉院伝存の原物を縮写したことを意味しているのであろう。この「東大寺所保存装束図式」は、榲邨が明治二十二年から四年あまりの間、皇典講究所で二五回にわたり講演した「美術と歴史との関係」のなかで、

此袍袴ハ当時の衣服のありさまを徴するに足るべきものにして、（中略）余其図をゑがき寸法等をも委しくかきとめおけり、[9]

と述べたものにあたると考えられるが、調査の詳しい経緯は明らかにしなかった。

明治五年の正倉院開封の折、町田久成とともに調査の中心になった蜷川式胤は、七年九月九日に奈良県を訪れて権県令藤井千尋に博覧会開催を勧めている。[10]そして九月二十五日には正倉院再開封が行われることになっており、それに要する諸入費取扱料八円あまりが計上されているから、[11]蜷川のこの時の訪寧は再開封調査の打ち合せを兼ねていたのであろう。

この調査については明らかでないところが多く、なお検討を要するが、榲邨の識語を信ずるならば、教部省に入って二カ月後のこの機会に榲邨は東大寺に出向き、現品によって縮写図を作成し、手元にとどめたものと思われる。この時、榲邨は正倉院と初めて直接関わりをもったことになる。

明治八年三月一日から五月二十日まで東大寺大仏殿内で開催される奈良博覧会に際して、宝庫の開封が許可された。さらに奈良県は、「史誌編輯」のために会場での古文書謄写の願を修史局に上申し、結局、太政官は「修史参考」のために正倉院文書の東京への取り寄せを指示した。九月以後、正倉院文書は東南院文書とともに浅草八番蔵の浅草文庫に保管されることになり、以後、近代に入って二度目の正倉院文書の調査が行われることにな

った。

この年の十二月、教部省は文書調査を申請して認められ、教部省から栗田寛・大沢清臣・小杉榲邨が調査に派遣された。この調査は榲邨にとって正倉院文書の原本に接する初めての機会となった。

この調査の過程で、榲邨はのちに小杉本と呼ばれるものをはじめとする多数の写本を作成した。それらの内容と位置づけについては、すべてを皆川完一氏(12)・西洋子氏(13)の詳細な論稿に譲り、ここでは榲邨の著作をもとに、榲邨と正倉院文書との関わりについて考えてみたい。

榲邨が早くから正倉院文書に関心をよせていたことは、教部省に入って間もない明治七年九月、彰考館本を写した栗田寛の所蔵本を官舎で書写していること(14)などによって知られる。

栗田寛・大沢清臣とともに教部省から派遣された榲邨が、浅草文庫での正倉院文書の調査に関わったのは、皆川氏・西氏が『徴古雑抄』所収文書や「東大寺成巻文書」の識語、「続修東大寺正倉文書」の跋語、榲邨の「寧楽の宝庫」(15)によって明らかにしたように、明治八年十二月から翌年十月にかけてのことであった。ところが、この調査については、関係者によるまとまった記録を見いだすことができないために不明の点が多く、後年になって榲邨が調査の経緯をわずかに書き留めているにすぎない。

榲邨は、文部省五等属として『古事類苑』の編纂に従事中の明治十四年に発表した「史を読む用意」(16)に、つぎのように記述している。

> いぬる八九年の間故ありて東大寺正倉に伝ふる所のかの千年外の古文書数百紙心ゆくかきり手まさくる事を得し時大宝二年の文書断簡若干を見出たり（中略）御野筑前豊前の三国みな大宝二年の戸籍にして就中御野国の文書頗多し（中略）尊きは古文書なりいていゝかゝてゝと思ひおこして頗る夥しきかうちの七八分をう

　つしものして考証の至要に供へおけり

これによれば、榲邨は正倉院文書数百紙を調査して、そのうちの七、八分を考証のために書写したという。ところが、榲邨は「寧楽の宝庫」下篇―甲には「天平年間前後の古文書類数千点」が浅草文庫に保管されたと記している。これはいずれかが誤りか、あるいは榲邨の調査が全文書におよばなかったことを示すものか、よくわからない。

この調査で榲邨が見いだしたという大宝二年（七〇二）の御野・筑前・豊前の戸籍とは、御野国加毛郡半布里・筑前国嶋郡川辺里・豊前国仲津郡丁里の戸籍を指すものと思われ、これらはおそらくこの調査を機に正倉院から流失し、いつしか榲邨の主家で徳島藩主であった蜂須賀家に入った(17)。のちに述べる藤江家旧蔵小杉文庫（静岡県立美術館所蔵）の山背国愛宕郡計帳・写経奉請状もまた流失の経緯を同じくするものであろう。榲邨はこのほか、「聖武天皇御所用黒紫縚綬御帯」などの正倉院宝物や法隆寺献納御物も所蔵しており、榲邨の没後、それらの売却をめぐって紛議がおこっている(18)。

榲邨が皇典講究所で行った講演「美術と歴史との関係」のなかに、正倉院文書の調査に触れた箇所がある(19)。

　明治八九年の頃、奈良の正倉院の御物の中に、取扱なし安き、古器古画古文書類を、宮内へ御取寄の事ありて、其掛りは博物館なりしが、種々御しらべの間は一時博物館別局浅草文庫へ預させ給ひき、其時榲邨教部省考証課在職中なりしが故に、長官の命を以て、猶其すぢの取調に入用有べし、拝見せよとて浅草文庫へ数月出役し、此類稀世の物品を、正史家乗に対照して、上代の事実を容易に徴証を得し事のありける以来、たゞに史乗本文のミの考按にては、当昔の実際を想像するに乏しき事情を大に感覚し、必ず史乗本文と遺存現品と相対照して、はじめて事蹟の全豹を知るといふを持論とせり、明治八年から九年にかけて、浅草文庫で正倉院文書の調査にあたった榲邨は、歴史の事実を明らかにするうえで、史料と原物とを対照研究することの必要性と、原物のもつ重要性をますます深く認識することになったようである。そしてこの調査を機に、若年以来の榲邨の蒐集癖と写物癖はいっそう昂ずることになったと思われる。

榲邨は明治二十五年十一月二十日、麹町区永田町日枝神社境内星岡茶寮で開かれた第二一回好古会に、「東大寺献物帳影写博物館版行本」一冊を出品している。[20] 東大寺献物帳は正倉院北倉に五巻が現存するが、この時の目録によれば、浅草文庫での正倉院文書の調査の際、東大寺献物帳はとくに考証の重要史料として影写本の作成が決定され、古筆了悦が影写にあたった。古筆了悦は『官員録』によれば、明治八・九年には教部省十五等出仕であった。その後、博物館から東大寺献物帳を公刊することになったため、影写本は教部省から博物館に送られ、[21]十三年末になって刊行、功労のあった榲邨に博物館長より三冊が下賜された。榲邨が好古会に出品したのは、そのうちの一本であった。

榲邨はこの時、「延暦六年曝涼帳」「延暦十二年六月曝涼帳」「弘仁二年九月官物勘録」「従弘仁五年九月十七日至天長三年九月一日雑物出入帳」「雑物出入継文」の影写あわせて五帖も一緒に出品している。榲邨は目録に、

> 是等の五帖も寧楽朝時代をうかがふに必用のものなればみづから影写して秘蔵する文書のうちなり

と、自らこれら五帖を影写したことを記している。これらは教部省とその廃止後事務をひきついだ内務省社寺局に伝えられることなく、榲邨の手元にとどめられた。しかし、没後売り立てにかけられ、大正二年（一九一三）から翌年にかけて帝国図書館が浅倉屋書店から購入し、現在は国立国会図書館の所蔵となっている。[22]

明治八年、正倉院文書とともに東京取り寄せとなり、浅草文庫に保管された東南院文書は、もと東大寺上司の印蔵（油倉）に収納されていたもので、明治五年に東大寺から皇室に献納され、現在正倉院に保管されている。[23]

榲邨は、阿波国の封戸や荘園などの寺院経済に関わる文書を含む東南院文書にも強い関心を示し、影写を行っている。たとえば、『徴古雑抄』阿波一に収められた新島荘絵図にはつぎの注記がある。

コノ地図案二鋪、野口年長ガ所蔵影本ニ就テ再摹シ、而シテ縮臨図ヲ作リテ、此冊子ニ収載ス、然ルヲ、タマ〳〵明治八年十二月浅草文庫ニ於テ原図古物ヲ縦覧スルコトヲ得タルノミナラズ、ヒソカニ影摹スル事ヲ得タルウレシサ、実ニタトヘヲ取ルニ物ナシ、曾テ年長ノ秘蔵図ニ就テ再摹セシ此転写図ト比校スルニ、転写図ニハ誤脱アリテ疑念セリシコト〳〵ミナ氷解シテ、イヨ〳〵、其物色ノ古雅ナルヲ貴重シ止マザルモノナリ、(24)

つまり、榲邨は野口年長所蔵の新島荘絵図写を自ら書写して所蔵しており、浅草文庫での調査の際に原本と比校している。野口年長は本居宣長・同大平に学んだ徳島の国学者で、阿波国の地理・歴史などを実地に調査して編纂した『廻在録』や『阿波国式社略考論』などの著書がある。(25) 榲邨は蔵書家としても知られた年長から阿波国の歴史などについて教えをうけ、明治十七年（一八八四）十一月に執筆した『徴古雑抄』阿波国の部の編纂趣旨(26)のなかで、「野口の老翁」と呼んで敬意を表した。

榲邨が新島荘絵図の転写本を作成した時期は明らかでないが、『徴古雑抄』阿波国の部に、嘉永末年から明治初年にかけて年長の蔵本を借りて書写したものが収められているから、新島荘絵図の書写もこの時期に行われたものとみてよいであろう。

榲邨は、こののち明治二十一年から四、五年にわたって正倉院の拝観を許されている。(27) 二十一年九月二十七日、宮内省に臨時全国宝物取調局が設置され、図書頭九鬼隆一が委員長になった。榲邨は二十二年六月七日に帝国博物館歴史部美術部傭、翌年三月には歴史部技手、臨時全国宝物取調局書記兼鑑査掛になっており、二十五年、宮内省に御物整理掛がおかれてほかの観覧が中止されるまでの間、榲邨は帝国博物館・臨時全国宝物取調局職員の資格により、正倉院の拝観が許されたのであろう。だが、榲邨はこの時の経緯を書きとめることはなかった。

明治三十四年四月二十六日、榲邨は文学博士の学位を与えられている。これは正倉院文書の書写に先鞭をつけ、学識ありとの理由によるものであったという。(28)

二　榲邨の蒐書

榲邨は家が薄禄であったことから、写字を内職として生計の足しにするとともに書物を購入し、書物に対しては寝食を忘れるほどであったという。(29)また研究を進める過程で、のちの参考になると考えたものは、古文書・古記録から典籍・図画などにいたるまで、見るにしたがって書写し、注解と校合を加えた。五〇年以上にわたるこれらの旺盛な活動は、『徴古雑抄』と自ら命名した一九〇冊におよぶ稿本集にまとめられた。

榲邨は書写活動を進める一方で、蔵書の蒐集にも力を注いだ。それらは古文書・古記録、国学者の著作や和歌・経典・絵画・拓本・仏像・仏具・硯など広い分野にわたる厖大なもので、長年にわたる実物調査の経験によって、書画の鑑定にも卓越した技能をもっていた。東京大学文学部附属古典講習科の第二期生として榲邨の講義をうけた和田英松は、「書画骨董の鑑識には、独特の技量を有せられ、特に画法は余程研究して居られた様で、筆蹟も実に見事であります(30)」と評している。

しかし、榲邨が明治四十三年（一九一〇）三月二十九日に七七歳で没したのち、間もなくの頃から大正初年にかけて、榲邨の蔵書の大半は古籍商に買い取られて四散した。現在それらは、東京国立博物館・国立国会図書館・東京大学史料編纂所・早稲田大学・大東急記念文庫・京都大学総合博物館・天理大学附属天理図書館などの所蔵に帰しており、その調査結果については、稿を改めたいと思う。

一　小杉文庫の概要

これらとは別に、静岡県周智郡森町の藤江家に榲邨旧蔵書が収蔵されていることが明らかになり、静岡県教育委員会が組織した調査団（団長田中稔氏）によってその全容が判明したのは、昭和五十四年（一九七九）八月のことであった。藤江家旧蔵小杉文庫と名づけられたこの榲邨旧蔵書は、榲邨の蒐書の方針、内容と質、さらに学問の方法をも知りうる、もっともまとまった貴重なものである。

詳細はすでに刊行されている調査報告書[31]に委ねるが、概要を述べると、藤江家所蔵の榲邨旧蔵書三四七点（合装されているものも一点とする）は、榲邨の没後、大正の初め頃、養嗣子の美二郎から藤江家に譲渡されたものであった。明治の末頃、東京に遊学していた藤江誠作は、英語塾国民英学会で美二郎と知合い、これが縁となって素封家の藤江家から榲邨に当時の金で数千円を一、二度ならず融通したと伝えられている。美二郎から藤江家に譲られた榲邨旧蔵書はその代償であったと考えられる。

三四七点はすべて表装されており、掛幅装三三九点、巻子本八点からなる。内容を時代別にみてみると、古代二点、中世七点、近世二四八点、近代一一点で、他に拓本など八〇点（画像一四点を含む）がある。古代の二点のうち一点は、正倉院文書の天平四年（七三二）山背国愛宕郡計帳断簡と天平勝宝四年（七五二）写経奉請状が一幅の掛幅装に合装されたもの、もう一点は『古今和歌集』巻一断簡である。

中世の七点は金沢文庫本「後嵯峨上皇幸西園寺詠翫花和歌」をはじめ、和歌関係史料が多い。近世・近代のものは、和歌を中心に発句・漢詩文・絵画など多彩な分野にわたっており、特に国学者榲邨の立場を反映して、契沖以来の著名な国学者の和歌短冊・懐紙・草稿などの多いことが特徴となっている。

拓本には「采女竹良墓誌」などがあり、榲邨は書法についてまとめた著書『大日本美術史』巻之一、書法（大八洲学会、一八九五年）に、拓本の影写を多く収めていることからみて、単に鑑賞のためのみでなく、書道史の研究資料として蒐集したものと考えられる。

昭和五十五年（一九八〇）六月、「山背国愛宕郡天平四年計帳残巻」「写経奉請状」「後嵯峨上皇幸西園寺詠翫花和歌」の三点が重要文化財に指定され、つづいて同年十二月、静岡県は藤江喜重氏から右の三点と、「古今和歌集巻一断簡」「長秋記断簡」「明月記断簡」のあわせて六点を購入した。同時に、藤江氏は富岡鉄斎筆「竹陰夜興図」を除く三四一点を静岡県に寄贈し、藤江家旧蔵小杉文庫と命名されて、発足まもない静岡県立美術館に収蔵されることになった。(32)

2　小杉文庫の古代・中世史料

次に小杉文庫の中から、古代・中世関係のものについて概要を述べ、榲邨旧蔵書の内容と特徴を考える手がかりとしたい。

(1)山背国愛宕郡計帳

天平四年（七三二）山背国愛宕郡某郷の計帳断簡で、すでに『大日本古文書』一―五四四～五四六、五四六～五四九に、「小杉本雑一」の二断簡として収められているが、正倉院より流失してのち、これまで原本の所在が知られていなかったものである。断簡㈠は縦三〇・四センチメートル、横五〇・六センチメートル、料紙三枚、断簡㈡は縦三〇・六センチメートル、横五〇・八センチメートル、料紙二枚である。

上方欄外に「得度」という異筆の書きこみがあり、八世紀前半の行基の布教活動に関係する興味深い内容を含んでいる。(33) 紙背には天平十六年先一切経筆墨納幷充帳、天平十八年常疏充装潢帳などの第二次文書がある。(34)

(2)写経奉請状

天平勝宝四年（七五二）四月九日に行われた東大寺盧舎那大仏像の開眼供養会に際して、造東大寺司写経所が外嶋堂と松本宮から経典を借用し、大会の終了後にこれらを返却した旨を記した文書で、大仏開眼供養会に関する史料としては最も豊かな内容をもつ。(35)『大日本古文書』十二―二六五～二六六に『徴古雑抄』から転載されているが、これまで原本の所在がわからなかったものである。

山背国愛宕郡計帳と写経奉請状は、所在が確認された時には、前者を後者の中廻しの表具紙とする掛幅装に仕立てられ、裱背には榲邨の筆で「天平勝宝四年四月七日宣板野采女八月一日専収納板野命婦奉請文書以計帳附上下　杉園珍蔵」と書かれていた（杉園は榲邨の号）。現在、両者は分離されて前者は巻子本に、後者は掛幅装に改装され、昭和五十五年（一九八〇）六月、ともに重要文化財に指定された。

榲邨は二通の正倉院文書を秘蔵していたわけではなく、明治三十七年（一九〇四）十一月十二日・十三日に上野広小路桜館で開かれた第四二回好古会に出品しており、(36) 目録に次の説明がある。(37)

一天平勝宝文書計帳破残を以て修覆となす　横物一幅

こは阿波国国造或は板野命婦なとの名称ありて故実参攷に資すへき所なり孝謙天皇別内裏のものに徴る

入手の経緯については明らかにしなかったが、榲邨は前者にみえる粟田忌寸を阿波国造の粟氏に、また後者にみえる板野采女と板野命婦を阿波国板野郡に関わるものと考え、生地阿波に関係する史料として蒐集したのである。

(3)古今和歌集巻一断簡

延喜五年（九〇五）四月、醍醐天皇の命により、紀貫之ら四人の撰者が奏上した最初の勅撰和歌集である『古今和歌集』巻一春歌上に収める、よみ人知らずの和歌三首（『新編国歌大観』16～18号）である。箱蓋裏に「貫之朝臣筆古今集亀山切小杉園珍愛」と榲邨自ら記している。「亀山切」とは、もと丹波国亀山藩主であった松平家に伝えられたことから名づけられたものである。

料紙は縦二一・四センチメートル、横一三・八センチメートルで、雲母が散らされた斐紙二枚を貼り継ぎ、掛幅装に仕立てられている。三首目の上の句と下の句との間に紙継目があり、これは本断簡の本来の装丁であった粘葉装の折り目であったと考えられる。

本断簡は繊細にして流麗な仮名書きで、榲邨が箱蓋裏書に記したように、紀貫之筆と伝えられてきたが、書風からみて実際はそれよりも一世紀ほど降って十一世紀中葉頃に書写されたものとみられる。榲邨は紀貫之について、「世に聞えたる歌文の人なるを、書も善くものしたり」と評価した上で、『古今和歌集』の断簡が各所に伝来することについて、次のように述べている。

藤原通宗が伝来の古今集跋文、また清輔が袋草紙などの文に拠りて想像するに、撰者自筆の古今集は、みなむかし焼亡して、今は伝はらぬが如き理ㇼなるを、かく多く存在するは、少しく疑ひなきを得ず、しかのみならず、仮字がきの体裁にも、余は論する事あるを、これも別にものせり。(38)

つまり、榲邨は『古今和歌集』の伝来の経緯と仮名の書風からみて、箱蓋裏書とは異なって、本断簡が紀貫之の筆跡ではないことに気づいていた。榲邨は、明治二十三年（一八九〇）、難波津会の設立に加わるなどして、上代仮名書の研究と復興に力を注いでおり、本断簡がそのための好箇の素材となったことは疑いない。

榲邨は、明治二十七年（一八九四）五月二十七日、麹町区永田町日枝神社境内星岡茶寮で開催された第二四回好古会に、

一古今歌切伝云貫之朝臣筆　一幅[39]

を出品しているから、これ以前に本断簡を入手していたことになる。このほか、榲邨が所蔵していた『古今和歌集』の断簡として、明治三十八年十一月四日・五日に開催された第四四回好古会に、

一古今集歌巻料紙雲母絵いろかはり　筆者不レ知　一巻[40]

を出品しているが、現在その所在は明らかでない。

(4)長秋記

縦二八・五センチメートル、横四八・七センチメートル、二八行が書かれている。天に二条、地に一条の墨界が引かれ、天一条目と地との間の界高は二六・三センチメートル、天二条目の界線は天一条目から一センチメートルの幅で引かれている。なお、本断簡は次の『明月記』断簡とともに一巻の巻子本に合装され、「定家卿真蹟零残二種」という外題がある。

『長秋記』は源師時の日記で、師時が永く皇后宮権大夫の職にあったことから、皇后宮の唐名である長秋宮にちなんで『長秋記』と称された。また『権大夫記』『師時記』のほか、師時の姓と名の一字の扁をとって『水日記』とも呼ばれた。

師時は俊房を父に、源基平の娘を母として、承暦元年（一〇七七）に生まれた。保安三年（一一二二）、皇后宮権大夫に任じられ、大治五年（一一三〇）には権中納言の地位についた。歌人としても知られ、詠歌は『千載和歌集』『新古今和歌集』などに載せられている。

師時の兄弟には、天台座主になった俊円や、伊豆国に配流された仁和寺の仁寛らがおり、また鳥羽天皇の皇后で近衛天皇の母として政界に権力をふるった美福門院得子は姪にあたる。このような政治的地位にあった師時の日記『長秋記』は、院政期における宮廷内の動向や朝儀、当時の風俗などを記述した重要史料である。

現在、長治二年（一一〇五）正月から途中かなり欠失しているが、没年の保延二年（一一三六）二月までの記事が知られ、『史料大成』に収められている。ほかに寛治元年（一〇八七）十一月から康和四年（一一〇二）十二月までの目録が伝えられている。

本断簡は師時が六〇歳で没する保延二年正月七日条の一部で、料紙一枚分とみられ、藤原定家の書写になるものである。定家は『新古今和歌集』の撰者に示されるような歌人としての業績のほか、『古今和歌集』『源氏物語』などの古典の校訂や、藤原頼長の日記『台記』、平信範の日記『兵範記』の書写も行っていた。定家はまた『長秋記』も書写して私蔵しており、『平戸記』の筆者平経高のもとめに応じてそれを借覧させている。[41]

定家の書写した『長秋記』はもと冷泉家の襲蔵するところであったが、全巻定家書写になる八巻を含む二二巻が大正二年（一九一三）冷泉家より皇室に買上げられ、京都御所東山御文庫を経て、現在は宮内庁三の丸尚蔵館の所蔵に帰し、四巻がなお冷泉家時雨亭文庫に所蔵されている。[42] 尚蔵館本は紙高二九センチメートル前後であり、[43] 樋郁の蒐集した本断簡と近似していることから、両者はもともと一連のものと考えられる。

定家書写にかかる保延二年の一巻はもと細川幽斎が所蔵し、のち細川家に伝来したといい、田中教忠は明治三十九年（一九〇六）十一月二十七日、子爵細川利文家蔵本をもって比校している。[44] 昭和三年（一九二八）の『子爵細川家入札目録』（四七）に、定家書写の保延二年の『長秋記』が見えており、[45] 田中教忠が比校したものと同じものであろう。本断簡はこれと同じ年次の正月七日条であることから、冷泉家から流失して細川家に伝来したものの一部であった可能性がある。

榲邨がいつ、いかなる経路によって本断簡を入手したかは明らかでないが、その動機は、定家の筆跡を榲邨の生涯かけての課題となった書法の研究資料にしようとしたものであることは疑いない。さらに、『長秋記』の写本は、榲邨が属した徳島藩主の蜂須賀家にも所蔵されていたことから、その校合の材料にしようとする意図があったのかもしれない。

(5)明月記

縦二八・五センチメートル、横四三・九センチメートル、二七行が書かれている。天に二条、地に一条の墨界が引かれ、天一条目と地との間の界高は二六・二センチメートル、天二条目の界線は天一条目から一センチメートルの幅で引かれている。

『明月記』は藤原定家の日記で、定家自身は『愚記』と記し、江戸時代になって一般に『明月記』と呼ばれるようになった。また『照光記』『京門記』とも呼ばれた。現在、冷泉家時雨亭文庫に五四巻が所蔵されているのをはじめとして、自筆本・写本をあわせて、治承四年（一一八〇）二月から嘉禎元年（一二三五）十二月までが残存する。(46)『明月記』には、鎌倉初期における公武関係や歌壇の動向、さらに定家の領有した荘園などに関する重要な記事が多い。

定家は応保二年（一一六二）、歌壇の実力者としての地位を築きつつあった皇太后宮大夫俊成と、藤原親忠の娘との間に生まれた。文治五年（一一八九）左少将に任じられたのち、建暦元年（一二一一）五〇歳でようやく従三位に叙せられ、寛喜四年（一二三二）権中納言となった。後鳥羽上皇の知遇を得て歌壇で活躍し、『新古今和歌集』『新勅撰和歌集』の撰者となり、その歌風は後世に大きな影響を与えた。鎌倉将軍源実朝とも交渉があり、歌論書である『近代秀歌』を実朝に贈っている。

本断簡は嘉禄三年（一二二七）四月二十二日条の後半部と二十三日条の前半部で、定家の自筆である。紙背文書があるが、裏打のため判読できない。いつの時代かに冷泉家から流失した嘉禄三年四月一日より三十日にいたる一巻は、現在東京国立博物館に所蔵されている。しかし、いかなる事情によるものか明らかでないが、そのうちの二十二日より二十五日にいたる間は切断されて欠失しており、榲邨旧蔵の本断簡こそその前半部にあたる。したがって、従来四月二十二日・二十三日条が東京国立博物館所蔵とされていたのは、訂正されなければならない。なお、本紙端裏書（朱書）および箱蓋裏書に本断簡の年次を嘉禄元年としているのは、いずれも嘉禄三年の誤りである。(47)

榲邨が本断簡を入手した経緯は明らかでないが、その動機は先の『長秋記』と同じく、定家の筆跡を書法の研究資料にしようとする意図によるものと考えられる。定家の書風は定家流の祖として後世珍重されたが、榲邨は定家の書風について、

藤原忠家卿、俊忠卿、また三位入道俊成卿など、父祖三代、みな能くかける事世人の知る所なり、この人々の遺蹟は、今も多し。大かた法性寺流なりしこと、尊円法親王の御説の如し、また俊成卿の男、定家卿も、同流より入て、一種の風をかき出しぬ。世間に定家様といふこれなり。(48)

とごく簡略な記述にとどめており、高い評価を与えていたとは言いがたい。

(6)北白河院藤原陳子消息

縦三〇・三センチメートル、横九五・三センチメートルで、楮紙二枚を貼継ぎ、掛幅装に仕立てられている。仮名に漢字を少し交ぜて散らし書にし、料紙の袖と行間上方にも返し書をしている。

差出書・年紀ともに記載されておらず、充所は「みやうゑハうへ」となっている。内容と筆跡から、嘉禄二年（一二二六）七月の北白河院藤原陳子の書状であることがわかる。充所の「みやうゑハう」は、京都高山寺の明恵のことと考えられる。(49)

陳子は承安三年（一一七三）、持明院基家と平頼盛の娘との間に生まれた。のち、高倉天皇の皇子で基家室が乳母をつとめていた守貞親王（後高倉院）の妃として迎えられ、貞応元年（一二二二）七月十一日に、北白河院の院号を下されている。承久の乱後の承久三年（一二二一）七月に即位した後堀河天皇は、北白河院の実子である。北白河院は明恵から戒を授けられるなど、明恵に深く帰依していたが、この書状は両者の交渉を知りうる、初見の、しかも新出の史料である。

箱書には「二位尼消息　大江氏所寄贈杉園珍蔵」と記され、榲邨はこの書状の主を二位尼、つまり北条政子と考えていた。榲邨は、明治三十七年（一九〇四）十一月十二日・十三日に上野広小路桜館で開催された第四二回好古会に、この書状を正倉院文書の山背国愛宕郡計帳などとともに出品した。その目録には、

　　二位尼消息　　　　同（横物）一幅

　　　かな文ちらし書時代に徴して考証すへきもの(50)

と記され、北条政子書状と疑わなかった榲邨が、仮名の散らし書の資料と考えていたことを示している。

(7)後嵯峨上皇幸西園寺詠翫花和歌

本書の現装は、本紙三枚と後補の表紙、および古筆見春耕斎随応（畠山牛庵）の書いた証状のあわせて五枚を貼継ぎ、縦二八・六センチメートル、全長二〇九・四センチメートルの巻子本に仕立てられている。巻首尾に複廓長方の「金沢文庫」黒印が捺された、新出の金沢文庫本である。(51)

本書は、宝治元年（一二四七）三月三日、京都北山にあった西園寺実氏別邸で、後嵯峨上皇を招いて催された和歌会に出席した上皇と実氏以下十二名の廷臣の和歌を収める。本文は最初に実氏の真名序および和歌一首、続いて後嵯峨上皇御製、さらに土御門定通から二条為氏にいたる十一名の和歌が二行書にされている。

この和歌会が開催されたことについては、葉室定嗣の日記『葉黄記』などによって知られてはいたが、本書の発見によって初めてその内容が明らかになり、鎌倉中期歌壇史に関する史料として価値が高いことから、昭和五十五年（一九八〇）六月、重要文化財に指定された。その後、『新編国歌大観』第十巻に「宝治元年後嵯峨院詠翫花和歌」として収録された。

(8)新玉津島社歌合

縦一六・四センチメートル、全長一二四六・九センチメートル、斐紙二五枚を貼り継いだ巻子本である。

貞治六年（一三六七）三月二十三日、京都五条烏丸にあった新玉津島社の歌合に披講された和歌を収める。詠者は九九番まで左右に分かれ、関白二条良基以下の公家、僧侶、女房のほか、将軍足利義詮ら武士十五人を含み、当時の北朝方の有力歌人六六人を集める。和歌は「浦霞」「尋花」「神祇」を題とし、一首二行書、全文同筆である。奥書などを欠くため、書写年代は明らかでないが、書風などから判断して室町中期頃のものとみられる。この歌合の伝本は写本が十三本知られていたが、檻郎旧蔵本の出現によってさらに一本を加えたことになる。

新玉津島社は、はじめ頓阿が辻社のごときものを建立したが、落書があったため、貞治六年初頭に将軍義詮によって新造された。この歌合は社殿新築を記念して催されたとみられ、冷泉為秀を判者とするなど、冷泉派主導のもとに開かれた。(52)

檻郎は、明治三十八年（一九〇五）五月二十四日から二十八日にかけて、上野公園桜ケ岡日本美術協会列品館で開催された第四三回好古会に本書を出品し、目録には次のように記されている。

一新玉津島神社歌合貞治六年三月廿三日　一巻[53]

(9)藤原家隆百首和歌

縦二一・八センチメートル、全長五三三・六センチメートル、厚手の鳥の子紙三三枚を貼り継いだ巻子本である。

藤原定家とともに新古今歌人の双璧といわれた藤原家隆の家集『玉吟集』（『壬二集』などともいう）のうち、「百首和歌後度」として収められているものを、独立して書写したものである。春二十首・夏十五首・秋二十首・冬十五首・恋十首・雑二十首より成る。それぞれの歌に題があり、和歌は一首二行書、全文が同一の筆跡である。奥書・跋語などはないが、書写された時期は、室町時代末期頃と思われる。

諸本は、高松宮家旧蔵（国立歴史民俗博物館所蔵）五帖鎌倉時代写本『玉吟集』・宮内庁書陵部蔵鎌倉時代古鈔本『従二位家隆卿集』など、三十本をこすが、[54]久保田淳『藤原家隆集とその研究』には高松宮家旧蔵本を、また『新編国歌大観』三巻には蓬左文庫蔵本をそれぞれ底本として翻刻されている。榲邨旧蔵本を最も古い写本である高松宮家旧蔵本と比較すると、若干の字句の異同のほか、題の異なっているものもみられる。

(10)正広和歌短冊

縦三六・三センチメートル、横五・三センチメートルの短冊を掛幅装に仕立てている。正広は室町時代後期に活躍した歌人で、正晃・正晄とも呼ばれた。[55]『勅撰千首和歌』によれば、石山寺の僧であった。十三歳で正徹の門に入り、高弟となった。作品には紀行文として『正広日記』、歌集として『三百六十番自歌合』『松下集』などがある。

本短冊の和歌は、正広の歌集である『松下集』に収められているが、[56] いつ頃の作か明らかでない。榲邨は、明治三十九年（一九〇六）十一月三日・四日に東京市本郷区湯島麟祥院で開催された第四六回好古会に本短冊を出品した。その時の目録には次のように記されている。

一日頃の正広短冊連歌師こすのとに独月のすみぬらん日ころの袖の涙尋ねてといふ名歌ある故に此名を得る　一[57]

⑾三好長治和歌短冊

縦三七・四センチメートル、横五・五センチメートルの短冊を掛幅装に仕立てている。

三好長治は戦国末期に権勢をふるった三好長慶の弟義賢（実休）の子で、中世阿波の中心であった勝瑞城主をつとめた。元亀三年（一五七二）七月、長治を補佐してきた賢臣篠原長房を攻め滅ぼして以後、しだいに衰退の道をたどった。天正五年（一五七七）三月、土佐の長曽我部元親に頼った細川真之と戦って大敗、阿波別宮浦に自殺し、ここに阿波三好氏は断絶した。[58]

本短冊は、仏の教えの流布を弟子たちに委任したことを明かす法華経嘱累品について詠んだものである。長治は天正三年に日蓮宗を信仰するようになっており、本短冊の和歌はこの時期のものであろう。榲邨が本短冊を収集したのは、長治が榲邨と同じ阿波ゆかりの人物であったことによるものと考えられる。

榲邨は、明治三十九年（一九〇六）十一月三日・四日に東京市本郷区湯島麟祥院で開催された第四六回好古会に⑽の正広短冊などとともに出品し、目録には次のように記されている。

一三好長治短冊天正年間阿波国領末板野郡勝瑞居城　一[59]

三　榲邨と書道

東京大学文学部附属古典講習科の第二期生として榲邨から雑史・辞章の講義をうけた佐佐木信綱は、父弘綱が同じ古典講習科の講師だったこともあり、榲邨から親しく指導をうけたようで、卒業後もその関係は続いた。信綱の蔵書であった竹柏園文庫の中には、榲邨の自筆稿本「みたまのふゆ」や、賀茂真淵が判者、荷田在満が会主をつとめた「十二番歌合」（いずれも天理大学附属天理図書館所蔵）、賀茂真淵著・村田春海写の「古冠考」、富士谷成章の「奉納聖廟一千首」（いずれも大東急記念文庫所蔵）のように、榲邨が識語を記したものが見られる。

榲邨の自宅を訪れたことのある信綱の語ったところによれば、「先生の書斎は広くはなかったが、奥に床間があり、入口の左にちょっとした掛物がかかっていて、何時も花が生けられていた。掛物は短冊、色紙、懐紙などで、いずれも清楚な表装をほどこし、四季折々にかなったものが掛けてあった(60)」という。

そして榲邨の日常生活そのものが『徴古雑抄』風であり、また書斎と客間は、種々の箱や道具で飾られ、植木鉢や花筒も並べられていたという(61)。藤江家旧蔵小杉文庫の掛幅装の中には軸端に四季別の貼紙のあるものがあり、日常生活のなかで蒐集品によせた榲邨の愛惜の念と美意識を見る思いがする。

蒐集家また旧派の歌人として名を知られた榲邨は、同時に学者でもあり、単に鑑賞用として精力的に書画の蒐集を行ったのではなく、特に書法と和歌の研究資料とすることに大きな目的があった。東京大学文学部附属古典講習科の第一期生関根正直が、榲邨について、「博学にして殊に古代の日本美術及び風俗史に精通し、併せて書法にも明かに候(62)」と言っているのは、簡にして要を得た評言というべきであろう。

榲邨の手習師匠は徳島城下福島の林春丈であったというが(63)、幼少の頃から書道に心がけ、初めは父にならって持明院流であった。[64] しかし、この流派の書風に俗気を感じるようになり、二十歳頃から徳島藩儒の新居水竹やその弟子柴秋邨らの書く唐様や、宋の書家で徽宗に仕えた米芾の書風を学んだ。藤江家旧蔵小杉文庫の中に柴秋邨の七言絶句・詩懐紙などがあるのは、それを裏づけている。さらに文人らとの交流を経て、唐の書家でとくに草書を得意とした孫過庭の法帖を敬愛するようになり、昼夜をおかず稽古に励んだという。

幕末の動乱期に勤王論を唱えて志士としての活動をみせた榲邨は、文久三年（一八六三）正月、陪臣の身で藩内を動揺させた罪により、主人西尾志摩の邸内に幽閉され、つづいて自宅謹慎、城外卜居となり、赦免されて徳島にもどったのは、慶応三年（一八六七）十二月のことであった。

これを契機にそれまで進めていた阿波の地誌の編纂に一層精勤するようになるが、この過程で榲邨は、「凡そわが国典を修むるものにして、苟しくもわが邦固有の文筆の由来、発達など、今日までの沿革を弁へざりしは、最も不覚千万なり、これより好む所の書法、わが国に行はれし顛末を、心にしめん」[65]と、これまでの勉学の方法を反省して、書法の研究を重要な課題とするようになった。

そして、それまで敬愛をよせていた唐の孫過庭から日本に関心を移し、空海・藤原道風の書風を学んで一家をなさんと決意して、まず加藤千蔭の上代風、松花堂昭乗の大師様の研究から着手するという方向を定めた。藤江家旧蔵小杉文庫に千蔭の万葉歌仮名書や一行書など二三点、松花堂の大師様の書「酒徳頌」が含まれているのは、方向転換による研究資料として蒐集したことによるのであろう。

明治二十年（一八八七）前後の時期は、近代日本における大きな転換期の一つで、欧化を徹底・拡大しようとする風潮があらわれる一方で、それに対抗して、いわゆる国粋主義が勃興し、社会や文化のあらゆる面で伝統を見直そうとする、それ以前の伝統主義と異なる動向が現れた。[66] この運動は国文学や古美術保存などさまざまな分野で展開されたが、書壇からおこった仮名書道の復興もその一環であった(67)。

明治二十三年に設立された難波津会は、三条実美を会長とし、主要な会員として榲邨のほか、東久世通禧・田中光顕・高崎正風らも名をつらねていた。この会は、会員各自が自らの作品をもちよって互いに批評しあうとともに、名家を訪ねて秘蔵の古筆や作品の研究を目的としていた。難波津会は、明治から大正にわたる上代様仮名書の復興の源流と位置づけられており、榲邨もこの会での活動を通じて自らの書風を錬磨し、同時に蒐集品を増やしていったと考えられる。

榲邨にとって、美術とは「本邦固有の精神善良誠実の意匠より出て、その手術にあらわれたるものをさす(68)」のであり、書道は絵画・彫刻・陶瓷器・鋳金などとともにその一分野であった。書道に関わる榲邨の研究成果は、明治二十八年（一八九五）、大八洲学会から出版された『大日本美術史』巻之一、書法にまとめられた。この書は、書道の由来、発達、沿革、書法の故実などを論じたものであるが、書道について榲邨は次のように言う。

書道といふものも、心の美いはゆる高尚閑雅なる、やまとこゝろより出る所にして、其風致を翫べば、いよ〳〵美醜のけぢめこよなく見えて、美術の微妙を極むるものなり(69)。

すなわち、長年にわたって美術研究を進めてきた榲邨は、書道をこそ、美術の諸分野の中でその微妙を極める最も重要なものと位置づける見解をもつにいたった。この著書のなかに、自ら蒐集した拓本の影写が引用されていることはすでに述べた通りである。

明治二十七年八月、帝国博物館技手であった榲邨は、東京美術学校の嘱託教員として書学の講義を担当し(70)、さらに三十二年六月には教授となり、書学のほかに、病気のため辞任した嘱託教員黒川真頼が担当していた金工史・漆工史なども講義することになった(71)。これは長年、美術史研究に携わってきた榲邨の力が評価されたことを示すものであろう。

むすび

小杉榲邨は、明治七年（一八七四）の教部省入省を機に、研究の対象と領域を大きくひろげさせる活動の場を与えられることになった。特に浅草文庫での正倉院文書の調査は、榲邨に大きな学問的刺激を与え、原物のもつ研究上の重要性を認識させることになった。榲邨が最も重視した研究分野は書道史であり、それは蒐書と書写活動にも反映している。『徵古雑抄』に代表される榲邨の書写活動の実態と評価については、別の機会を得て論じたいと思う。

榲邨は、徳富蘇峰が「天保の老人」と評して時代遅れと批判した福沢諭吉[72]と同じ天保五年（一八三四）生まれで、志士の世代に属した。旧派の歌人として知られ、御歌所参候でもあった榲邨は、自ら「所謂天保爺[73]」と称している。急速に学問の近代化が進む時代に生きた榲邨たちの貫いた伝統的な学問の役割と意義を評価し直す作業は、今後に残された課題である。

（1）安丸良夫「天皇制下の民衆と宗教」（『岩波講座日本歴史』16　近代3、岩波書店、一九七六年、三二九頁）。

（2）阪本是丸「明治初期における政教問題——左院・教部省と真宗教団——」（『宗教研究』五七—三、一九八三年、のち「教部省の設置と政教問題」と改題して『国家神道形成過程の研究』に収録〔岩波書店、一九九四年〕二三四頁）。

（3）阿波国忌部神社所在地論争については、藤井貞文「忌部神社所在地考——明治史学出発の課題——」（『神道学』八三、八四、一九七四年、一九七五年、のち『江戸国学転生史の研究』に収録〔吉川弘文館、一九八七年〕）に詳しい。

(4) 小杉榲邨「阿波国麻殖郡忌部神社所在に就て」（『歴史地理』五―一、二、一九〇三年）。

(5) 阪本是丸「日本型政教関係の形成過程」（井上順孝・阪本是丸編『日本型政教関係の誕生』、第一書房、一九八七年、五一頁）。

(6)『続々群書類従』十六、一五五頁。

(7)『えびかづら』三四（一八九五年）三五頁。

(8)「特選神名牒編纂次第」（『特選神名牒』磯部甲陽堂、一九二五年）。

(9)『皇典講究所講演』二九（一八九〇年）四三頁。これらの講演は國學院編『国史論纂』一九〇三年、にまとめて収録された。

(10) 蜷川式胤「明治五年正倉院開封に関する日記」（『東洋美術　特集・正倉院の研究』、一九二九年）。奈良博覧会については、高橋隆博「『奈良博覧会』について――明治初期の文化財保護の動向と関連して――」（『月刊文化財』二二七、一九八一年）、高橋隆博「明治八・九年の『奈良博覧会』陳列目録について」（上・下）（『史泉』五六、五七、一九八一年、一九八二年）に詳しい。

(11)「太政類典」（『東京国立博物館百年史』資料編、一九七三年、六一六頁）。

(12) 皆川完一「正倉院文書の整理とその写本――穂井田忠友と正集――」（坂本太郎博士古稀記念会編『続日本古代史論集』中巻、吉川弘文館、一九七二年）。

(13) 西洋子「明治初期の正倉院文書の整理」（『東京大学史料編纂所研究紀要』二、一九九二年）。

(14) 皆川完一「正倉院文書の整理とその写本」五四七頁。

(15)「寧楽の宝庫」下篇―甲（『国華』八六、一八九六年）。

(16)『好古雑誌』初編―一（一八八一年）。

(17) 御野国・筑前国・豊前国の戸籍は、現在それぞれ、坂口茂氏・国（奈良国立博物館保管）・村口伸一氏の所蔵となっている。蜂須賀家旧蔵の正倉院文書としてはこのほか、現在天理大学附属天理図書館所蔵の天平九年河内国大税負死亡人帳断簡など十四通が知られている。

榲邨は徳島藩蜂須賀家の中老西尾志摩安福に仕えており、蜂須賀家の陪臣であった。明治二年（一八六九）、蜂須賀茂韶は徳島城西の丸に長久館を設置したが、この時、榲邨は徳島藩士に列せられ、助教として国典学を教授している（門人等筆記「文学博士小杉先生履歴」第五回、『心の花』五―二、二二頁、一九〇二年）。以後も榲邨は蜂須賀家から厚誼をうけ、しばしば芝区三田の蜂須賀家を訪問したようで、明治二十六年に帝国大学に入学した喜田貞吉は、同郷の先輩である榲邨にともなわれて、蜂須賀茂韶侯爵邸を訪れ、「面謁して親しくお言葉を賜った時のごとき、真に冥加の身に余る感じがした」と述懐している（「六十年の回顧」、『喜田貞吉著作集』十四巻、七四頁、平凡社、一九八二年）。榲邨没後、茂韶夫人随子が弔辞をよせたことは（『歴史地理』一五―五、一〇八頁）、徳島藩士榲邨にとってはこの上ない名誉であったにちがいない。

(18) 東野治之「小杉榲邨旧蔵の正倉院及び法隆寺献納御物――その売却事件と鷗外の博物館総長就任――」（直木孝次郎先生古稀記念会編『古代史論集』下、塙書房、一九八九年）。

(19) 『皇典講究所講演』五（一八八九年）二頁。

(20) 『好古叢誌』二―一（一八九三年）。

(21) この間の経緯は、「寧楽の宝庫」下篇―丙（『国華』八八、一八九七年）にも記されている。

(22) 『国立国会図書館所蔵個人文庫展　展示会目録』（国立国会図書館、一九八三年）五五頁。

(23) 福山敏男「東大寺の諸倉と正倉院宝庫」（『美術研究』一六六、一九五二年。のち『日本建築史研究』に収録（墨水書房、一九六八年））、堀池春峰「印蔵と東大寺文書の伝来」（『秘宝東大寺』下、講談社、一九六九年。のち『南都仏教史の研究』上に収録（法蔵館、一九八〇年））。

(24) 『阿波国徴古雑抄』（日本歴史地理学会、一九一三年）五頁。

(25) 神河庚蔵『阿波国最近文明史料』（一九一五年、復刻版、臨川書店、一九七三年、四二七頁）。

(26) 『阿波国徴古雑抄』所収。

(27) 「寧楽の宝庫」下篇―丙。

(28) 神河庚蔵『阿波国最近文明史料』四五八頁。当時の東京帝国大学文科大学教授三上参次の回想によれば（「国宝保存のことなど――三上参次先生談旧会速記録（第十九回・終）――」、『日本歴史』四一一、一九八二年、八八頁。

のち、三上参次『明治時代の歴史学界――三上参次懐旧談――』に収録（吉川弘文館、一九九一年）一二三頁）、榲邨は二月の博士会で大学教授歴や論文提出によってではなく、学識充分という理由で推薦され、同月二十七日の教授会で承認された。これは、明治三十一年の新学位令と博士会規則に基づいた手続きによるものである。文学博士の学位を与えられて五カ月後の九月末に榲邨が執筆した「徴古雑抄編纂の趣旨」によると、榲邨は修史館や帝国大学編纂掛のもとめによって『徴古雑抄』を貸したことがあったという（『阿波国徴古雑抄』三頁）。四月二十七日の官報には、「博士会ニ於テ学位ヲ授クヘキ学力アリタリト認メタリ」として、榲邨のほか、萩野由之・西村茂樹・那珂通世・松本愛重・木村正辞・三宅米吉・三宅雄二郎（雪嶺）への学位授与の記事が掲載されている。

(29) 梅津連「追懐」（『歴史地理』一五―五、一九一〇年、一一九頁）。梅津連は、小杉正氏の御教示によれば、榲邨の親戚で大蔵省に勤務し、明治十五年（一八八二）頃、牛込区牛込納戸町三三番地の榲邨宅に同居していた。

(30) 『歴史地理』一五―五（一九一〇年）一一七頁。

(31) 小杉文庫調査団編『藤江家旧蔵小杉文庫目録』（静岡県教育委員会、一九八一年）。

(32) 静岡県立美術館編『藤江家旧蔵小杉文庫名品抄』（静岡県立美術館、一九八八年）。

(33) 原秀三郎「小杉榲邨旧蔵山背国愛宕郡計帳断簡調査抄報」（『日本歴史』三九〇、一九八〇年）。

(34) 国立歴史民俗博物館編『正倉院文書拾遺』（便利堂、一九九二年）一九三頁。

(35) 原秀三郎「小杉榲邨旧蔵『写経所請経文』について」（『南都仏教』四三・四四合併号、一九八〇年）。

(36) 明治十四年（一八八一）四月、福羽美静の発起によって設立された好古社は、毎年春秋二季に好古会を開き、社員珍蔵の古器・旧物を持ち寄って展観し、品評を行った。榲邨は明治三十三年には、松浦詮社長のもとで副社長になっている。

(37) 『好古類纂』二―七（一九〇五年）。

(38) 『大日本美術史』巻之一・書法、二八丁。

(39) 『好古叢誌』三―六（一八九四年）。

(40) 『好古類纂』二―一一（一九〇六年）。

(41) 『明月記』嘉禄二年四月十四日条。

(42) 宮内庁三の丸尚蔵館編『古記録にみる王朝儀礼』(財団法人菊葉文化協会、一九九四年)二二頁。
(43)『古記録にみる王朝儀礼』二二頁。
(44) 史料大成本『長秋記』二、三二〇頁。
(45) 田村悦子「藤原定家書写長秋記の別本の断簡について」(『美術研究』二五九、一九六九年、八八頁、注30)。
(46) 冷泉家時雨亭叢書『明月記』一、解題(朝日新聞社、一九九三年)。
(47) 辻彦三郎『藤原定家明月記の研究』(吉川弘文館、一九七七年)二〇二頁。
(48)『大日本美術史』巻之一・書法、四五丁。
(49) 湯之上「北白河院藤原陳子とその周辺——明恵に関する新史料——」(『日本歴史』四八三、一九八八年。本書余篇第十二章)。
(50)『好古類纂』二—七(一九〇五年)。
(51) 湯之上「後嵯峨上皇幸西園寺詠翫花和歌(金沢文庫本)について——鎌倉中期歌壇史の一齣——」(『日本歴史』三九八、一九八一年。本書余篇第十一章)。
(52) 井上宗雄『中世歌壇史の研究　南北朝期』改訂新版(明治書院、一九八七年)六三八頁。
(53)『好古類纂』二—九(一九〇五年)。
(54) 久保田淳『藤原家隆集とその研究』(三弥井書店、一九六八年)五三二頁。
(55) 稲田利徳「正広の伝記に関する諸問題」(『国語と国文学』五五七、一九七〇年)。
(56)『私家集大成』六巻(明治書院、一九七六年)二二六一号。『新編国歌大観』八巻(角川書店、一九九〇年)二三五九号。
(57)『好古類纂』三—四、一九〇七年。
(58) 今谷明『戦国三好一族』(新人物往来社、一九八五年)二二五頁。
(59)『好古類纂』三—四、一九〇七年。
(60)『近代文学研究叢書』一一巻(昭和女子大学光葉会、一九五九年)二一九頁。
(61)『歴史地理』一五—六(一九一〇年)七五頁。

(62) 報知新聞明治四十三年（一九一〇）一月十九日号。
(63) 梅津連「追懐」（『歴史地理』一五—五、一一九頁）。
(64) 門人等筆記「文学博士小杉先生履歴」（第五回）（『心の花』五—二、一九〇二年、一二頁）。
(65) 門人等筆記「文学博士小杉先生履歴」（第五回）二〇頁。
(66) 植手通有「平民主義と国民主義」（『岩波講座日本歴史』16　近代3、岩波書店、一九七六年、三六〇～三六一頁）。
(67) 『書道全集』二五巻（平凡社、一九五七年）一〇頁。
(68) 小杉榲邨「美術と歴史との関係」（『皇典講究所講演』五、一八八九年、三頁）。
(69) 『大日本美術史』巻之一・書法、一丁。
(70) 『東京芸術大学百年史』東京美術学校篇一巻（一九八七年）二四〇頁。
(71) 『東京芸術大学百年史』東京美術学校篇二巻（一九九二年）三〇頁。
(72) 丸山真男『「文明論之概略」を読む』上（岩波新書、一九八六年）三三頁。
(73) 「和歌の新派旧派」（『百芸雑誌』一—一、一九〇六年、四頁）。

第十一章　鎌倉中期歌壇の動向
——後嵯峨上皇幸西園寺詠翫花和歌（金沢文庫本）について——

はじめに

鎌倉中期、後嵯峨院政期の歌壇は、時として複雑な対立と抗争をみせながらも、全体として見れば、文学史上注目に価する確かに一つの優艶な世界を築きあげたのであった。

ここに紹介しようとする金沢文庫本「後嵯峨上皇幸西園寺詠翫花和歌」は、この歌壇の最も早い時期に属するものであるが、従来学界未知の新史料である。本書は小杉榲邨旧蔵にかかるもので、榲邨と親交のあった藤江家（静岡県周智郡森町城下）に長く秘蔵されていたものである。[1] 昭和五十四年（一九七九）八月、静岡県教育委員会が組織した調査団（団長田中稔氏）によって、本書を含む小杉文庫三四七点の悉皆調査が行われた。その結果、正倉院文書の一部である「写経所請経文」「山背国愛宕郡計帳断簡」[2] をはじめとして、中世和歌史資料、国学者の短冊・書簡・草稿および拓本などからなる本文庫の全容が初めて明らかになった。

本書が先の正倉院文書二点とともに昭和五十五年六月、重要文化財に指定されたという事情もあり、関係者の了解を得て、本書の調査概要に若干の私見を加え、ここに発表することとなった。
最初に全文を紹介し、続いて本書の成立と伝来について触れ、最後に当時の歌壇における本書の位置と意義について私見を述べることとしたい。

春日陪二　太上皇一幸二西園寺一
詠翫花和哥幷序
従一位臣藤原朝臣実氏上

時也三月上旬之候、
吾君万機之余、廻二仙蹕於此地一、
催二歓遊於此処一、東望二池水溶々
碧瑠璃之光瑩玉一、南顧二林花
粉々紅錦繡之色裁衣一、爰前内
相府已下群卿、仙客相語云、倚二
松樹一而見二花万春之栄花一満レ眼、
近二滝水一而翫二流千秋之余流一、任レ
意触二物之感一不レ能レ欲レ罷而已、其
詞云、

……………………………………………（紙継目）………

君のミそおもひあハせむ山さくら

千とせのはるもあかぬこゝろを
よろつ代の春日をけふになせりとも
なをあかなくに花やちりなむ

正二位臣源朝臣定通上

しらさりき老木のさくら代〻をへて
ふたゝひはるにあハんものとハ

正二位行権大納言臣源朝臣通忠上

さくらハな千とせの春のおりにあひて
君かときはのいろならハなん

正二位行権大納言臣藤原朝臣定雅上

吹風もおさまれる代そしられける
なへての春の花のかけかハ

正二位行権大納言臣藤原朝臣公相上

よろつ代のハしめといはふ春なれは
時しる花の□□〔りカ〕ひさしき

正二位行権大納言臣藤原朝臣公基上

いくとせもちらてしにほへ山さくら
かせおさまれる御代のしるしに

正二位行権大納言臣藤原朝臣実雄上
君か代にあふもかひあるいはさくら
としのをなかくおりてかさゝむ

……………………………………………………………（紙継目）………

従二位行権中納言臣藤原朝臣為経上
ことしよりのきはの花のいろそへて
君にそちきるよろつよのはる

従二位行権中納言臣源朝臣顕親上
ふく風のゝとけき春の山さくら
いくよろつよのにほひなるらん

参議正二位行中宮権大夫兼右衛門督備後権守臣源朝臣通成上
よろつよのなにこそたてれさくらハな
ひさしかるへきミゆきまつとて

従三位行右近衛権中将兼但馬権守臣藤原朝臣師継上
よろつよの君かミゆきのいろそへて
今日こそ花のさかりなりけれ

正四位下行左近衛権中将臣藤原朝臣為氏上
千とせふるためしをいまにハしめをきて

はなのミゆきの春そひさしき

…………………………………………（紙継目）………

右之一巻者、二条亜相為氏卿

華翰無二疑惑一者也、殊巻軸

之和哥者彼卿之詠作、豈可レ

謂二規摸之重宝一乎、雖レ多二其

憚一、貴命依レ難二黙止一、聊染二禿

筆一、以贅二于此耳一、

慶安元暦　　春耕斎

臘月上旬　　随応〇（鼎型朱印、印文「仙室」）

一　成立と伝来

1　形状と体裁

まず本書の形状および体裁について、概略の説明から始めよう。本書の現装は本紙三枚と後補の表紙、ならびに古筆見春耕斎随応（畠山牛庵）の筆になる証状の五枚を継ぎ、縦二八・六センチメートル、全長二〇九・四センチメートルの巻子本に仕立てられている。(3) 本紙三枚はいずれも茶地雲母刷下絵唐紙の料紙が用いられ、下絵は第一紙に梅竹図（横四三・七センチメートル、単位は以下同じ）、第二・三紙には唐草文（二枚とも横四九・一）が施されている。この本紙三枚のうち、第一紙には端作と西園寺実氏の真名序が、第二・三紙には和歌十三首が二行書にされ、本紙の首尾にそれぞれ同一の複郭黒印「金沢文庫」印（縦七・四、横一・七）各一顆が捺され、一時期金沢文庫に伝来したことを示している。

後補の表紙は横二一・八センチメートル、素材は茶地二重蔓牡丹唐草金襴、見返しには銀切箔が散らされている。

本文には二カ所の擦消がある。その一つは端作の位署部分にあり、「従一位臣」の「臣」が擦消した上に書かれ（もとの文字は不明）、もう一つは大宮公相の和歌の結句の部分にあり、わずかに痕跡をとどめる最後の文字が「り」と思われるほかは、残りのおよそ二字分は判読できない。(4)

本文は端作から最後の二条為氏の和歌にいたるまで全文同筆にかかるが、その筆者については明証に欠けている。春耕斎随応は証状の中で二条為氏筆とし、榲邨も箱書に見られるようにそれに従っている。為氏の筆跡で現在までに真筆とされているものは、文永六年（一二六九）十一月十八日の播磨国越部下荘譲状、(5)文永五年以降のものと推定される和歌懐紙、(6)文応元年（一二六〇）書写の『古今集』(7)などがある。ただ本書の内容をなす和歌会が行われた宝治元年（一二四七）には為氏は二十六歳の若さであり、二十年前後の隔たりをもつことを考えれば、これらの作品と比較を行って結論を導きだすことは容易ではない。今は軽々の推論は避け、詳細は識者の精査に委ねたいと思う。(8)

2　成立の契機と構成

本書成立の契機については、後嵯峨上皇の院司別当で伝奏をもつとめた葉室定嗣の日記『葉黄記』のほか、『続後撰集』(9)『風雅集』(10)や『歴代編年集成』『歴代皇紀』などに関係記事を見出すことができ、概要を知りうる。

それらによると、宝治元年三月三日、後嵯峨上皇は京都北山の実氏邸西園寺に行幸し、「翫花」の題のもとに和歌会を催した。この和歌会に列席したのは、後嵯峨院のほか、西園寺実氏・土御門定通・中院通忠・花山院定雅・大宮公相・万里小路公基・山階実雄・吉田為経・源顕親・土御門通成・花山院師継・二条為氏の合計十三名で、その折の実氏の序と後嵯峨院以下の参会者の歌をまとめ、新たに清書して成ったのが本書である。その時期はおそらく和歌会ののちまもなくのことであろう。

本書の構成は最初に西園寺実氏の序があり、そのあとに和歌十三首が続いているが、和歌のうち初めの二首には位署がなく、このままでは作者が明らかでない。そのうち二番目の「よろつ代の」は『風雅集』に収められ、詞書から後嵯峨院のものであることが判明するが、最初の和歌については勅撰集に入集されておらず、作者不明である。それを明らかにするために和歌会の故実(11)に手がかりを求めると、序を書いた者は続けて和歌一首を詠んでいるし、また内容から考えても、この最初の和歌は実氏のものと解するのが妥当であろう。

本書の内容については、いくつかの検討すべき問題が含まれているが、本書の特色を明らかにするために、さしあたり和歌会故実との関係について検討を加えてみたい。

葉室定嗣は『葉黄記』宝治元年三月三日条に、この日の和歌会の模様に触れ「後日見二序代一、其端作、春日陪二太上皇一幸二西園寺一、同詠翫花和歌云々」と記したのち、この書式が先例に違うとして不審の意を表明し、「可レ有二応製字一歟」と述べている。ここで注意しなければならないのは、定嗣が見た端作には本書のそれとは異なり、「詠翫花」の前に「同」の一字が入っていたことである。些細と見えるが、本書の成立について考える時、容易には見のがしがたい問題である。いま『葉黄記』のこの記事に筆写の誤りがないと仮定すれば、この事実を一体どのように考えるべきであろうか。

当時の和歌会の故実については、『袋草紙』[12]『八雲御抄』[13]などに詳しいが、ここでは細部に立ち入って検討する必要はない。さしあたり当面の問題についてのみ述べれば、三月三日の和歌会は関係史料を総合すると、おそらく次のような要領で行われたものと考えられる。すなわち、この日の和歌会は予め供奉者には伝えられ、兼題「翫花」が出されており、西園寺実氏は序を、土御門定通以下の廷臣はそれぞれ懐紙に端作と和歌を書いて当日参集した。懐紙の取扱い方など、一定の規式にのっとって吉田為経が実氏の序に続いて、本書の順序とは逆に最下臈の二条為氏の歌から読みあげて土御門定通に至り、最後に後嵯峨院の歌が読まれた。そして和歌会終了後遠からぬ時期に懐紙がとりまとめられて筆写され、本書が生まれたと考えられる。

和歌会故実によると、院の和歌会の場合には端作に「応製」の文字を記すことが規式となっており、本書の端作にそれが見えないことは、葉室定嗣が不審の意を表明したように、明らかに先例に違うものである[14]。つまり故実に忠実に従うならば、本書の端作は「春日陪　太上皇西園寺同詠翫花応製和歌幷序」とあるべきであったのである。このように故実に違うことは認められるとして、ここで先の問題、つまり「同」字の欠脱について推論すれば、定嗣が見た序とはおそらく和歌会に持参された実氏の懐紙ではなかったであろうか[15]。そして筆写されて本書が成立する過程で「同」の一字が脱漏したのではなかろうか。このように考えることによって、「同」欠脱の問題は解決され、したがって本書に対しておこりうる疑念も氷解するであろう。

3　伝　来

本書は「金沢文庫」印が捺されていることからわかるように、金沢文庫に伝来したものであった。金沢文庫に入った経緯については、跋語などを欠くことからなお明らかでないが、あるいは本書の序を記した実氏以後、その正嫡が関東申次をつとめ、幕府要路と密接な関係をもった西園寺氏の手を通じて金沢氏のもとに入ったものではないかとも考えられる。入手の経路とともに、文庫から流出した時期やその事情についても、これまた明らかでない。

すでに明らかにされているように、金沢文庫本の散佚は判明するだけでも実に十回の多きにわたって行われているが、(16) 文庫本の書写や借書の際に提出された書籍目録にも本書の名を見出すことができず、本書の伝来については多くを今後の検討に委ねなければならない。ただ流出については、巻末の証状が一つの事実を提供している。それによると、年紀は慶安元年（一六四八）臘月上旬となっている。随応が本書の鑑定を依頼されて実見したのは文庫外であったと考えるのが妥当であろうから、遅くともこの時期以前に文庫から流出していたことは確かである。

本書を鑑定した春耕斎随応は本名畠山光政、牛庵と号し、また中外随応・春耕斎仙室などとも称した。古筆見の祖として知られる古筆了佐に学び、神田道僖とともに有力な門人の一人であった。極印として瓢形印（印文「牛庵」）・単郭方印（印文「仙室」）などを用い、明暦二年（一六五六）八月、六十五歳で死去した。以後子の義高、その養子の重好が牛庵を名乗ったが、三代目牛庵は享保十二年（一七二七）に遁世した。(17) 牛庵の鑑定したものとしては、鎌倉中期頃の筆写にかかるといわれる『従二位家隆卿集』(18)（宮内庁書陵部蔵）、三条西実隆書写の『古今集』(19)（九州大学中央図書館細川文庫蔵）などが知られ、他にも多数の和歌懐紙などの鑑定を行っている。

ところで牛庵は本書について、「貴命依レ難二黙止一」り、二条為氏筆と鑑定した旨を記している。この文言はしかし、古筆見の常套語であり、これのみでは鑑定の依頼者、すなわちこの当時の所蔵者を明らかにすることはできない。

牛庵の鑑定をうけたのち、本書がいつ、いかなる経路をとって榲邨の許に入ったかについては、今のところ徴証を探し出すことができない。[20]榲邨は『徴古雑抄』歌一に本書の本文のみを謄写して収めているが、その奥書には「右一巻本書為氏卿自筆なり、金沢文庫の黒印をさしたり、今榲邨珍蔵す」とのみ記して、伝来などについては一切明らかにしなかった。

榲邨が本書を入手するにいたった動機について忖度すれば、それはおそらく本書が金沢文庫本であり、しかも御子左家の継承者二条為氏の歌が収められ、榲邨自身本書を為氏筆と判断していたこと、つまり御歌所参候をつとめ、尊円流の書家としても名をなした歌人榲邨の情熱のなさしめたことであったと考えられる。榲邨は小杉文庫に拠るところ、自らの蔵書に少なくとも八種の印章を捺しているが、本書には箱書を含めると実に五種の印章を捺しており、榲邨遺愛の品であったことを如実に示している。

書写のみならず、蒐書にも多大の情熱を傾け、かつ私財を費した榲邨が、金沢文庫についても大きな関心を寄せたであろうことは想像に難くない。『東洋学会雑誌』三―五（一八八九年）に寄せた「日野法界寺文庫」という榲邨の一文は、金沢文庫印は日野法界寺文庫の印記の模倣であると論じたものである。[21]このほか、榲邨は屋代弘賢の書写にかかる金沢文庫本「永花物語目録」を蔵しており、[22]また『徴古雑抄』雑々文書一にも彰考館所蔵金沢蠹余残編や称名寺文書を書写して収めている。

二　後嵯峨院歌壇をめぐる一、二の問題

1　宝治元年三月三日和歌会の特徴

宝治元年（一二四七）三月三日の和歌会に参会した十三名を通覧して、特徴として指摘しておかなければなら

勅撰集への入集歌数

勅撰集＼人名	後嵯峨院	実氏	定通	通忠	定雅	公相	公基	実雄	為経	顕親	通成	師継	為氏
新勅撰集		17	1										
続後撰集	23	35	2	1	1	6	3	8	5		3	2	6
続古今集	54	61	1	2	2	10	4	13	3		3	3	17
続拾遺集	33	28	1	2	2	6	4	13	4		6	7	21
新後撰集	25	14		1	1	2	1	7	5		3	3	28
玉葉集	11	31			1	5	1	6	1		1	1	16
続千載集	11	13				2		5	4			3	42
続後拾遺集	11	10	1			1		3			1	2	23
風雅集	7	2		1		6		7			1	3	8
新千載集	9	10				2		4	2			2	25
新拾遺集	11	7				4		6	1		2	2	19
新続拾遺集	5	10				1		4	1				15
新続古今集	8	7				2		6	5		8	5	12
計	208	245	6	7	7	47	13	82	31		28	33	232

注：『和歌文学大辞典』(明治書院、1962年)を参考に作成

ないことは、まず第一に、勅撰集への入集歌数が明確に示すように、後嵯峨院・西園寺実氏・二条為氏を除けば、歌人としての声価の高かった人物の少ないことである（表参照)。

そして第二には院近臣の多いことがあげられる。後嵯峨天皇は寛元四年（一二四六）正月二十九日、第三皇子久仁親王（後深草天皇）に位を譲るとともに院司を補して、以後二十六年におよぶ院政の開始を告げ、二月一日には院司の加補を行った。[23] 三月三日の和歌会に参会した土御門定通・中院通忠・大宮公相・吉田為経・土御門通成・花山院師継はこの時別当に任ぜられ、二条為氏は近習殿上人の一人となっている。つまり、この事実が示すように、この日の和歌会は院近臣によって内輪に開かれたという性格が強い

のである。

ところで、本書全体の基調をなすものは、廷臣の和歌に「ちとせ」「よろつ代」「君か代」などの文言が多く見られることから明らかなように、また為氏らの和歌が『風雅集』賀歌に入集されていることがさらに明白に示すように、春満開の桜花に託して後嵯峨院の栄華を賀祝することにあった。本書の基調をこのように理解した上で、次に本書成立の背景とその意義について若干の検討を行ってみたい。

2　宝治元年三月三日和歌会の背景

当日の和歌会に参会した後嵯峨院以下十三名について、その系譜関係を摘録したものが付図である。この中でまず第一に注目すべきは、後嵯峨院と西園寺氏ならびに土御門氏との関係である。西園寺実氏の娘姞子（のちの大宮院）は仁治三年（一二四二）に後嵯峨天皇の女御となり（のち皇后）、寛元元年（一二四三）には久仁（後深草天皇）、建長元年（一二四九）には恒仁（亀山天皇）を生み、実氏は二代にわたって外祖父となったほか、実氏の弟実雄の娘佶子は世仁（後宇多天皇）、熙仁（伏見天皇）を生んで、西園寺氏は四代にわたって外祖父の地位にあった。またよく知られているように、実氏以後西園寺氏は関東申次の職を独占し、当代随一の勢威を誇った。

後嵯峨院は舅実氏の邸宅にしばしば御幸し、これまでに確認できるところによれば[24]、寛元四年十一月十六日の西園寺での雪見を初度として[25]、寛元五年二月二十七日[26]、翌日宝治と改元してその三月三日、三月二十七日、七月十八日、十月十六日と西園寺への御幸をくり返した。後嵯峨院のたび重なる御幸に、院別当葉室定嗣は「連々御幸不□甘心□[27]」と、日記に不満を書きとめたほどであった。後嵯峨院は西園寺のほか、実氏の邸宅である東山殿・今出川邸・常磐井第・摂津国吹田山荘への御幸も頻繁に行っており、宝治元年三月三日に催された和歌会は、

〈和歌会列席者の系譜〉

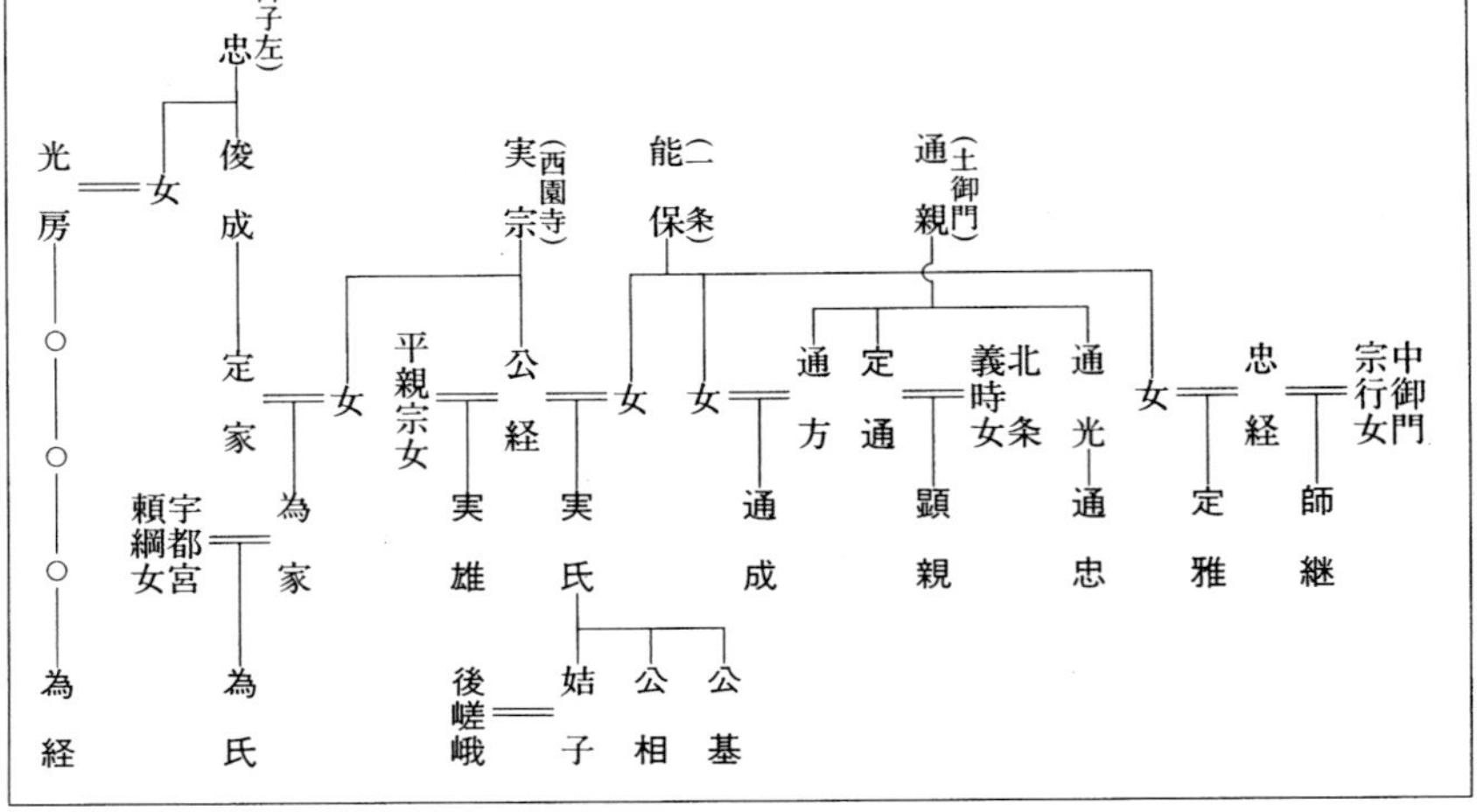

注：太字の人物は宝治元年３月３日和歌会の出席者を示す

こうした後嵯峨院と西園寺氏との密接な関係を前提として行われたものであった。

また後嵯峨院は土御門氏とも深い関係をもっている。そもそも後嵯峨院は土御門天皇と源通親の子通宗の娘通子との間に生まれており、したがってこの和歌会に席をつらねた定通・通忠・顕親・通成とは母方の縁によってつながっていた。そして定通は当代において、西園寺実氏に次ぐほどの実力者であった。

第二の特徴としてあげられるのは、鎌倉幕府と密接な関係をもった人物の多いことである。関東申次をつとめる実氏および定雅・通成の母は、いずれも鎌倉初期の京都政界にあって勢威をふるった一条能保の娘であり、顕親の母は北条義時の娘、また為氏は関東にあって宇都宮歌壇を興した宇都宮頼綱娘の所生であった。このことは四条天皇が急死したのち、執権北条泰時の意をうけて擁立されたという後嵯峨天皇の即位事情を考慮に入れる時、嘱目すべき事実である。

第三に、本書の最後に名を連ねている二条為氏に注目しなければならない。為氏は弟の為教とともに後嵯峨院近習殿上人の一員であったが、為氏が三月三日の和歌会に四十名[28]の近習殿上人の中からただ一人参会を許されたことは大いに興味ある事実である。為氏については、父為家のあとをうけて家業を継承した人物でありながら、彼の代に二条・京極・冷泉の三家に分立したことなどをもって必ずしも重要視されず、研究も十分には進められていないのが現状である。為氏の歌壇における地位と役割などについては別の機会に詳細に論ずることとし、ここでは一、二の点についての検討にとどめたい。

為氏の和歌は『続後撰集』六首を始めとして、勅撰集への入集二三二首に上るが、歌人としての本格的な活動は寛元元年（一二四三）十一月の河合社歌合[29]に始まる。この歌合の判者は父の為家で、為氏は右方、鷹司院兵衛督に番えられ、三番のうち一持二負の成績であった。

為氏は現在知られる彼の作歌から判断するかぎり、祖父定家は言うにおよばず、父為家ほどにも歌人としての資質に恵まれていたとは考えられない。たとえば亀山上皇の命をうけて為氏が撰進した『続拾遺集』が、「たましゐあるさまにはいたく侍らざめれど、艶には見ゆる[30]」という世人の批評をうけたことはまだ良いとして、甥の京極為兼から「誠為氏不堪非器[31]」と痛烈な非難を浴びせられ、また冷泉流の門にあった今川了俊をして、「二条家の風体の事、為氏・為世以来、定家・為家の風体にかはりたるなり[32]」と言わしめたのであった。これらはいずれも反二条派の立場からの評価であるが、そのことを考慮に入れてもなお、為氏の歌人としての資質を考えるには十分なよりどころを与えてくれよう。

さらに何よりも父為家が晩年になって、為氏の歌人としての才能に信頼を寄せていなかったことは、飛鳥井雅有の『嵯峨のかよひ路[33]』に明らかな通り、為家が和歌宗家の必須の学問としての『古今集』と『源氏物語』の奥義を為氏に習学させていなかったことが最も明瞭に物語っている。御子左家が三家に分立したことの責任の一端はやはり、為氏に帰せられるべきものである。

しかしのちにも述べるように、宝治元年（一二四七）前後の歌壇の情勢は御子左家にとっては、真観ら反御子左勢力の台頭にみられるごとく、きわめて厳しいものがあった。為氏はのちに継母阿仏尼およびその子為相との関係をめぐって、父為家との関係が悪化することになるが、宝治元年には彼はまだ二十六歳であり、ようやく歌壇における為家の後継者としての地位を築くべく、本格的な活動を始めたばかりの時期であった。事実、為氏の現存する和歌を検討してみると、宝治から建長にかけて次第に作歌が多く見られるようになり、この時期には為氏に寄せる父為家の期待はきわめてあついものがあったと考えられる。

宝治元年三月三日の和歌会に多数の近習殿上人のうちから為氏ただ一人が選ばれたことについて、為家の何らかの働きかけがあったかは確認できないが、定家が子の為家に対してそうしたように、和歌宗家の継承者たる為氏に対する配慮が働いていたとみるのは、果たして臆断に過ぎるであろうか。

すでに明らかにされているように、当代随一の勢威を誇った西園寺実氏は父公経のあとをうけて御子左家の歌風を支持していた。(34) この和歌会には反御子左派と見られる人物を一人も見出すことができない。すなわち、三月三日の和歌会は実氏・為氏を中心とした御子左色の強い性格のものだったのである。この日の和歌会に列席した吉田為経とともに後嵯峨院伝奏をつとめた葉室定嗣（真観の弟）が、この和歌会に名を見せていないこともまたその徴証となろう。

3　宝治元年三月三日和歌会の意義

仁治三年（一二四二）に定家が没したのち、その子の為家が和歌宗家としての家業を継承することとなった。

当時この御子左家に対抗して、歌壇に一定の地位を占めていたのは六条家であった。その中心人物知家（蓮性）は、宝治二年院歌合における判者為家の判を不服として後嵯峨院に陳状を提出し、子の行家は文永二年（一二六五）に撰進された『続古今集』の撰者の一人になっている。しかしこの行家を最後に、六条家は歌壇における御子左家の敵手としての地位を失った。御子左家の対抗者としてもう一人の有力な人物は光俊（真観）であった。この両者の対立は鎌倉中期歌壇史における重要テーマとして、すでに仔細な検討が行われており、[35]いま詳細はそれらに譲る。

後嵯峨天皇即位の翌年、寛元元年（一二四三）には河合社歌合が行われ、この歌合には真観も右方の一人として列席、藤原信実と番えられ、三番のうち二勝一持という成績であった。しかし真観はこののち、寛元四年の春日若宮社歌合を契機として反御子左の色彩を強めた。[36]つまり宝治元年という時期は歌壇史の上では、御子左と、真観を筆頭とする反御子左との対立が一層鮮明になってくる時期であり、こののち真観は関東に下向して将軍宗尊親王の和歌の師となり、さらにその地位を高めることになる。

ここで、この時期の歌壇の主宰者たる後嵯峨院の和歌歴について考えてみることにしよう。後嵯峨院の和歌は『列聖全集』御製集第二巻に収められて、その大要を知ることができる。それによれば、後嵯峨院の和歌三四二首の中で年紀の判明するもののうち、最も古いものは『続古今集』に入集された次の一首である。

　　寛元二年十一月、東三条神楽の夜、岡屋入道前摂政太政大臣に遣はし侍りし、
白雪の降りにし跡にかはらねば　今宵や神も心とくらむ

この寛元二年十一月という時期は、先に述べた為氏の歌人としての本格的な活動がその前年に始まることと時間的に近接している。後嵯峨院歌壇の成立をいつに設定するかについては、後嵯峨院の作風や歌人の動向の検討

などを含めて、今後なお慎重な考察を要するが、これまでその最初の成果を宝治元年九月の院歌合に求める見解があった。(37)この意見は従来宝治元年三月三日の和歌会の全容が知られていなかったという事情にもよるが、しかし本質的にはそれよりもむしろ、歌壇の成果とその評価について、晴の和歌会のみを重視するという、一面的な理解と前提とに基づいており、こうした理解はこの時期のみならず、和歌史全体の正当な評価を阻害することにもなりかねないと考えられる。

以上の検討に基づく時、天皇在位期間をも含めるならば、後嵯峨院歌壇の成立を寛元二年から三年にかけての時期、その最初の成果を宝治元年三月三日の和歌会に求めたいと思う。それはすなわち、この和歌会には院自らの出詠があり、しかも当時最高の権勢者であった西園寺実氏邸における和歌会であるということにおいて、この時期の性格を象徴しており、たとえ出詠数は少なくとも、後嵯峨院歌壇の最初の成果と評価すべきものと考える。

むすび

本書の最大の意義は改めて述べるまでもなく、従来断片的にしか知られず、それゆえにほとんど検討の対象にもされなかった宝治元年三月三日の和歌会の内容を明らかにしたところにあるが、この和歌会の歌壇史における位置を考える時、先の評価はおそらく妥当なものとして認められるであろう。

三月三日の和歌会からおよそ五カ月ののち、八月十五日に西園寺実氏の常磐井第で催された和歌会が、(38)為家・為氏を始めとする御子左派の人物によって占められていたことをあわせ考えると、後嵯峨院歌壇の出発は御子左色のきわめて強いものであったと理解しなければならない。こうした理解に基づくならば、翌宝治二年に披講された院百首(39)に為家・為氏のほか、蓮性と子の行家、真観と弟の葉室定嗣といった反御子左派の人物の和歌が見られることは興味ある事実であり、前年に行われた二つの和歌会の意義を逆に一層鮮明にするものである。それらについての検討は、後嵯峨院歌壇そのものの評価、ひいては歌壇における褻と晴の和歌会の位置づけとその評価という、和歌研究史上重要なテーマにも関わってくるが、すでに小稿に課せられた範囲を超えることでもあり、いまは問題の指摘のみにとどめ、その解明はすべて今後の課題としたい。

（1）小杉榲邨所蔵の書画が藤江家に譲られたのは、明治最末年から大正初年にかけての時期であったと思われるが、それらを含む榲邨の蔵書量や散佚過程については明らかでないところが多い。管見のおよぶところでは、それらは榲邨が明治四十三年（一九一〇）三月に没したのちまもなく、古鈔本・版本を中心とするものが古書肆によって売り立てにかけられ（反町茂雄編『紙魚の昔がたり』、臨川書店、一九七九年、一四四頁以下）、榲邨がその生涯をかけて古文書・記録・器物などを書写して成った『徴古雑抄』は、古書肆の手を経て文部省史料館（現国立史料館）の所蔵に帰した。またこれらとは別に、東京帝国大学文学部史料編纂掛が榲邨の養子美二郎から直接購入したものがあり、それには烏丸家文書などが含まれていた（東京大学史料編纂所架蔵「小杉美二郎ヨリ購入書類目録」）。そして掛幅装・巻子本に表装されたものの大半が藤江家に譲られたとみられる。これらが主要なものであるが、このほか数点ずつ散佚したものもあり、阿波国文庫に入ったものもある由である（川瀬一馬『日本書誌学之研究』、大日本雄弁会講談社、一九四三年、六九〇頁）。これらの詳しい調査結果については、機会を改めて報告することとしたい。

（2）この二点については、原秀三郎「小杉榲邨旧蔵『写経所請経文』について」（『南都仏教』四三・四四合併号、一九八〇年）、原秀三郎「小杉榲邨旧蔵山背国愛宕郡計帳断簡調査抄報」（『日本歴史』三九〇、一九八〇年）参照。

（3）本書の保存は良好で桐の箱に収められ、箱蓋には榲邨の筆蹟で表に「陪　太上皇西園寺詠翫花歌」、裏には、

宝治元年三月三日
後嵯峨上皇御幸

二条為氏卿筆

小杉園珍蔵

と記されている（杉園は榲邨の号）。そして四カ所に五種の榲邨蔵書印が捺されている。巻首の「金沢文庫」印の下にある「椙村」（朱文）の朱方印、巻末一紙冒頭余白の「杉園」（白文）「榲邨」（朱文）の朱方印、その末尾「杉園蔵」（朱文）の長方朱印、また箱蓋裏書部分にある「杉園」（白文）の長方朱印がそれである。

（4）東京大学史料編纂所架蔵「小杉美二郎氏所蔵文書」（明治四十五年二月影写）には本書の影写を収めるが、擦消しの部分に「かほりヵ」という朱筆が入っている。

（5）『新指定重要文化財図説　昭和四九年度』（文化庁、一九七八年、五七頁）。

（6）『書道全集』一九巻・日本鎌倉Ⅱ（平凡社、一九五七年）。

（7）春名好重『古筆大辞典』（淡交社、一九七九年）四二一頁。

（8）金沢文庫本「正嘉三年北山行幸御会歌」はいまだ原本を実見する機会を得ないが、写真版（文化庁監修『重要文化財』18書跡・典籍・古文書1、毎日新聞社、一九七六年、一〇八頁）によるところ、筆致は本書とよく似ている。しかも料紙の雲母刷文様が類似の唐草文であり、縦の寸法がほぼ同じであることなど、共通するところが多い。
この和歌会は正嘉三年（一二五九）三月六日、後嵯峨院ならびに西園寺実氏・藤原為家・二条為氏ら君臣三六名の参会者によって西園寺で催されたものである。その全文は『続群書類従』十五輯に収める。この巻子本は宝治元年のものと同じ時期に金沢文庫に入った可能性も考えられる。また文庫外に出たのは永禄（一五五八～七〇）の頃、北条氏康によってといわれており（関靖『金沢文庫の研究』、大日本雄弁会講談社、一九五一年、三八七頁）、散佚についても示唆を与える。なお榲邨は、『徴古雑抄』歌一にこれら両者の謄写を続けて収めている。

（9）定通の和歌が第二春歌中（『国歌大観』九五）に収められている。ただし初句の「しらさりき」が「思ひきや」となっている。

（10）後嵯峨院の和歌が巻三春歌下（『国歌大観』一九五）に、為氏・実雄・通忠のものが巻二十賀歌（同二一六五～二一六七）に収められている。ただし後嵯峨院の和歌の結句「花やちりなむ」が「花や散る覧」に、実雄の和歌「いはさくら」が「糸桜」に改められている。

（11）「晴御会部類記」（『群書類従』十六輯所収）ならびに『古事類苑』文学部二一・歌会の項参照。

(12) 佐佐木信綱編『日本歌学大系』弐巻（風間書房、一九六二年）。
(13)『列聖全集』御撰集二巻。
(14)『袋草紙』に位署書様は、もし「製」字を書かない時は「臣上」を書かないとあり、この点でも本書は先例にならっていない。
(15) もしそうだとすれば、先に述べた「応製」の二字も初めからなかった可能性がある。しかしいずれにしても、故実にならっていないことに変りはない。
(16) 関靖『金沢文庫の研究』三七五頁以下。
(17) 森繁夫『古筆鑑定と極印』（雅俗山荘、一九四三年）、「古筆鑑定神田氏由緒」（『改定史籍集覧』十七冊）、春名由重『古筆大辞典』参照。『閑窻一得』（『三十輯』二所収、国書刊行会、一九一七年）に、「畠山牛庵は古筆の目利にて、本郷御弓町に住す」とみえる牛庵は、本書の成立が享保以後と考えられることから、三代目のことであろう。
(18) 久保田淳『藤原家隆集とその研究』（三弥井書店、一九六八年）五五八～五五九頁。
(19)『在九州国文資料影印叢書』2。
(20) 管見のおよぶかぎり、本書の古写本の存在を知らない。本書が長く世に知られなかった原因として考えられるのは、分量が少ないこと、著名な歌人が多くないこと、したがって本書のもつ重要性が十分に認識されず、中近世を通じて長く秘蔵されてきたことによるのではなかろうか。
(21) 関靖『金沢文庫の研究』五六五頁以下。榲邨は『徴古雑抄』雑々文書一にも同様の説を述べている。
(22)『金沢文庫古書目録』（金沢文庫、一九三九年）七頁。
(23)『葉黄記』寛元四年正月二十九日・同年二月一日条、「洞院家廿巻部類」（『皇室制度史料』太上天皇二、一四四頁以下）。
(24)『葉黄記』『民経記』『経俊卿記』などによる。
(25)『増鏡』第五うちの丶雪（国史大系本）に、この時の御幸を初度とするのは誤りである。
(26) この日、実氏は和歌をそえて後嵯峨院に五大宸筆を献上した（『葉黄記』）。その返歌として後嵯峨院は、
しらさりしむかしに今やかへりなむ　かしこき代々のあと習ひなは

と詠んでいる。ここには後世、「白河・鳥羽よりこなたにはおだやかにめでたき御代なるべし」（『神皇正統記』）と評価され、聖代とみなされるにいたった後嵯峨院の治天の君としての決意と自負とが表明されているとみなければならない。

(27)『葉黄記』宝治元年三月二十七日条。
(28)『葉黄記』寛元四年正月二十九日条。ただし「洞院家廿巻部類」には三六人が挙げられている。
(29)『群書類従』十二輯所収。
(30)『増鏡』第十老のなみ。
(31)「延慶両卿訴陳状」（『群書類従』十六輯所収）。
(32)「了俊弁要抄」（『群書類従』十六輯所収）。
(33) 佐佐木信綱校註『飛鳥井雅有日記』（古典文庫）。
(34) 井上宗雄「真観をめぐって――鎌倉期歌壇の一側面――」（『和歌文学研究』四、一九五七年）、久保田淳「為家と光俊」（『国語と国文学』三五―五、一九五八年）。
(35) 井上宗雄「真観をめぐって」、久保田淳「為家と光俊」、福田秀一「鎌倉中期歌壇史における反御子左派の活動と業績」（上・下）（『国語と国文学』四一―八・一一、一九六四年）。
(36) 井上宗雄「真観をめぐって」、久保田淳「為家と光俊」、福田秀一「鎌倉中期歌壇史における反御子左派の活動と業績」（上・下）。
(37) 久保田淳「為家と光俊」四三頁。
(38)『弁内侍日記』。
(39) 安井久善『宝治二年院百首とその研究』（笠間書院、一九七一年）。

［追記］ 注(20)で「本書の古写本の存在を知らない」と記したが、佐藤恒雄「正嘉三年北山行幸和歌の新資料――憲説付載本ならびに関連諸記の紹介――」（『香川大学教育学部研究報告』第一部七〇号、一九八七年）によれば、島原市立図書館松平文庫『歌書集雅』中にも一本が収められているという。

第十二章　北白河院藤原陳子と明恵

はじめに

国学者小杉榲邨の厖大な旧蔵書の中から、「二位尼消息」と名づけられた一通の仮名書状が発見された。本章は、差出書も年紀も記されていない、新出の仮名書状について検討し、その背景にまで光をあて、史料的意義を考えてみようとするものである。

この書状は、榲邨の没後、養子の美二郎を通じて親交のあった藤江家（静岡県周智郡森町）に譲られた書画・古文書類三四七点のうちの一つである。昭和五十四年（一九七九）、静岡県教育委員会の組織した調査団（団長田中稔氏）により、この小杉文庫の全容把握と今後の保存対策を講ずることを主たる目的とした調査が行われた。その後、重要文化財に指定された正倉院文書など五点を静岡県が当主の藤江喜重氏から購入し、富岡鉄斎筆「竹陰夜興図」を除く他の三四一点は藤江氏から静岡県に寄贈され、現在はあわせて静岡県立美術館の所蔵するところとなっている。(1)

一　一通の仮名書状

内容の検討に先だって、まず本書の形状および体裁について概要を述べておこう。

差出書・年紀ともに記載がない書状で、仮名に漢字をわずかに交ぜて散らし書にし、料紙の袖と行間上方に返し書をしている。料紙は楮紙二枚からなり、現在は二枚を貼り継いで掛幅装に仕立てられている。表装の際に本紙・礼紙のいずれも天地・左右ともに切縮められている。

現装によって、寸法を示すと、縦は三〇・三センチメートル、横は第一紙目が五二・三センチメートル、第二紙目が四三・三センチメートル（紙継目の位置で重ねあわされた三ミリメートルを含む）になっており、表装にあたって特に礼紙の袖の部分がかなり切断されたようである。

礼紙の奥には切封墨引と「みやうゑハうへ」という充所がある。この部分は黒ずみとケバだちが目立ち、書状が相手方に届けられてのち、かなり長い間、礼紙ウハ書を表にして折り畳んだ状態で置かれていたことを示している。

小杉文庫調査団の団長を務めた田中稔氏のご教示によれば、切封墨引とみえるものは、位置・形状・筆勢などからみて、最初から書かれていたのではなく、後世になって切封墨引に似せて書き加えられた可能性が高いという。また、「みやうゑハうへ」という充所も、筆勢からみてただちに本文と同筆とは断定しがたく、なお慎重な検討を要するという。

充所の「みやうゑハう」は高山寺の明恵を指していると考えられるのであるが、この部分を前提にしてこの書状の検討が進められないとすれば、まず書状の内容と筆跡の分析から着手して、差出人と充所を、さらには書かれた時期を確定するほかはない。

本書につけられた古筆了音の極札の表には「二位尼政子ひさしく」と記されている。(2) また榲邨の二代前の所蔵者東夫も箱書に「二位尼消息」と記したように、(3) 後世この書状を手にした人々はいずれも二位尼北条政子のものと考えていた。その根拠については何も示されてはいないから、明らかではない。

ただ、この書状が明恵に宛てられたとされていることを考えると、『明恵上人夢記』に、承久二年（一二二〇）十一月二日、明恵が「関東の尼公之消息を得て哀傷す」と記した「関東の尼公」を北条政子にあてることが早くから行われたのであろうか。(4) あるいは、こうした仮名書状を北条政子に比定することが識者の間では通念にでもなっていたのであろうか。

だが、この書状の差出人は北条政子ではない。

平仮名を主にした散らし書であるため、判読が困難であり、なお検討を要する箇所を残しているが、ひとまず釈文を提示して、今後の補正に委ねたいと思う。

申さふらふか　　さてはこれにまふり
おとこ　　かきてたま
もちて　　はり候はん
候そ　　ひとつは
あいせん　　十三に
わうもかき　　なり候か
くせられ　　なはゝつ
候へ　　わうと

やかて
くやうして
たまハり候らん
ひさしく申さふらハて
いふせくこそさふらへ
いまひとつは
ことし
むまれたる
このほとのむほんなに
かとせ〔×よカ〕中をたしからす
きこえ
あかこ
おんなにて候
なるそ御
さふらへはよにおそろ
しくわひしく
こそ候へ
まふりかけて候
ちやうの人〳〵ハ
よく〳〵たいりの御こと御心ニ

かけまいらせらせ(衍カ)〔×さカ〕給へく候
ちみやう院も
つゆのこと
も候はぬとて

……………………………………………………（紙継目）……

やう〳〵いてきさふらひて
らい月五日わたり候ハむ
すれハ
おの〳〵
申へく候へと
申候ほとに
うれしく候ことなく
わたりもあれかしと
おほし
めすへく候
御心のひまな
く候らんこと
わひしく候へとん
(礼紙ウハ書)
「(切封墨引)

みやうゑハうへ」

次節以下の検討の材料とするために、この書状の内容をまとめてみると、およそ次のようなことになろう。

①このたびの謀反によって、世の中が穏やかでなく、胸痛む思いがする。内裏のことを十分に心にかけてほしい。

②持明院殿もこのほど修造が終わり、来月五日には持明院殿に移る予定で、うれしく思っている。

③子供達のために、お守りを書いてほしい。一つは十三になるはつ王という男の子のために、もう一つは今年生まれた女の子のために。(5) はつ王には愛染王も書いて供養したものを頂戴したい。

二　仮名書状の差出人

この書状の差出人を確定するために、まず筆跡の分析から始めよう。差出書・年紀ともに記載がないが、充所を同じく「みやうゑハうへ」とし、形状もほぼ似かよった、しかもこれまで同じく北条政子のものとされてきた散らし書の書状がもう一通知られている。この書状はもと呉文柄が所蔵し、弘文荘を経て、現在は財団法人古代学協会の所蔵となっている。(6) この書状について検討した安井久善氏は、筆者は北条政子ではなく、後高倉院の妃で後堀河天皇の母であった北白河院藤原陳子であり、寛喜三年（一二三一）の春か初冬の頃に高山寺の明恵に充てて出された、と考証した。(7) この書状について、さらに詳しい検討を行った藤本孝一氏もこの見解に従っている。また藤本氏は、この書状はもと高山寺に所蔵されていたと推測し、「単独で伝世したものとして、また最も古い女院の文書の一つとしてばかりでなく、明恵との交流が明らかとなる消息としても、重要な史料と認められる」(8) と論じた。

「ひさしく申さふらハて」という文章で始まる先に紹介した書状と、「ひさしう申さふらハねは」という似かよった文章で始まるこの財団法人古代学協会所蔵の北白河院藤原陳子書状を比較してみると、書出・形状・充所に共通点がみられるばかりでなく、仮名の書き方など、書風も酷似している。

筆跡をほかの文書と比較することによって、差出人についての有力な手がかりが与えられたのであるが、さらにこの点を確定するために、内容に手がかりを求めるならば、まず「ちみやう院もやう〳〵いてきさふらひて、らい月五日わたり候ハむすれハ」という記述に注目したい。持明院殿はもともと藤原基頼の持仏堂に始まり、子の通基が整備して家の号とするようになった。そして守貞親王（後高倉院）の妃として迎えられた陳子は、持明院通基の子基家の娘であった。貞応元年（一二二二）七月十一日には、北白河院の院号が下されている。

北白河院は嘉禄二年（一二二六）八月五日、北白河殿から持明院殿へ移徙した。(9) 持明院殿は藤原隆親が修造していたもので、隆親はこの功により正三位に叙せられている。「ちみやう院もやう〳〵いてきさふらひて、らい月五日わたり候ハむすれハ」という記述は、この事実を指しているものと考えられる。しかも移徙のことについて、このような敬語を用いない一人称の表現を使いうる人物は、持明院殿の主人となる北白河院をおいてはほかに考えられない。このことに誤りがなければ、先の書状は持明院殿への移徙を来月に控えた嘉禄二年七月、北白河院によって書かれたものということになる。

書状の書かれた時期が嘉禄二年七月であったことを明らかにしえたと思うが、さらにこれを限定できないであろうか。『明月記』嘉禄二年七月二十一日条に、北白河院と娘の安嘉門院が来月五日に持明院殿に移徙するという記事が見えている。同年七月二十九日条によると、造作は完了していないが、その後修造を終えて、八月五日には西園寺実氏や藤原定家も供奉して移徙が行われた。したがって、先の書状は七月二十一日から三十日の間に書かれたものということになる。

さらに関連して文面の「このほとのむほん」が手がかりを与えてくれる。『明月記』嘉禄二年七月二十二日条によれば、京都で三〇〇人が党を組んだ謀反が明るみに出て、のちに六波羅探題は美濃国高桑次郎らを逮捕している。北白河院が風聞として知った「このほとのむほん」とは、この事件のことを指していると考えられる。

七月二十八日には、来月五日の持明院殿移徙の供奉催促を内容とする平経高に宛てた北白河院令旨が出されている。[10] この北白河院令旨によって、持明院殿への移徙が確定したのは嘉禄二年七月二十八日とみて、先の書状を七月二十八日から三十日にかけてのものと、より限定することも可能である。しかし、『明月記』の記事によって明らかなように、持明院殿への移徙は七月二十一日には決まっていた。これらのことから、この書状の書かれたのは、文面の「このほとのむほん」を決めてとして、嘉禄二年(一二二六)七月二十二日から三十日にいたる間、としておいたほうが確実であろう。

以上の筆跡と内容の検討から、この書状の差出人は北白河院藤原陳子であり、嘉禄二年七月二十二日から三十日にいたる間に書かれたことになる。財団法人古代学協会所蔵の北白河院藤原陳子書状はいまだ実見する機会を得ていないが、藤本孝一氏の論考によれば、充所の「みやうゑハうへ」は本文と同筆とみてよいようであり、北白河院が明恵のご機嫌うかがいとともに、四歳になる孫暉子内親王(室町院)へのお守り賦与の依頼などを内容としている。これまでの検討によって明らかになった嘉禄二年七月の北白河院藤原陳子書状は、先に紹介したように、子供達へのお守り賦与の依頼を内容としていたから、当然僧侶にあてたものであり、類似の内容をもつ二つの書状の充所も同一人であった可能性が高い。

京都高山寺では、寛永年間(一六二四~四四)に経蔵整理・目録作成・古目録書写の大事業が行われた。[11] それに関わりがあると考えられる寛永十年(一六三三)五月晦日の高山寺文書目録[12]には、次のような記載がみえる。

一ひさしく申　弐紙

何かの文書の冒頭部分を抜き書きしたものであろうが、「ひさしく申」という文言、さらに料紙二枚という記載は、いずれも藤江家旧蔵小杉文庫の北白河院藤原陳子書状に適合している。「ひさしく申」という文章で始まる文書は、高山寺資料叢書の一つとして刊行された『高山寺古文書』による限り、高山寺に現蔵されるもののなかには見出せないから、寛永十年五月晦日に文書目録が作成されてのち、寺外に流失したことになる。両者を同一の物とするには、なお慎重な検討を要することは言うまでもないが、その可能性は高いように思われる。もし両者を同一の物と考えることができれば、すでに述べたように、藤江家旧蔵小杉文庫の北白河院藤原陳子書状につけられた極札は正徳三年（一七一三）十月のものであるから、この書状は寛永十年から正徳三年にいたる、およそ八十年の間に寺外に流出したことになる。

　この書状には、第一紙の紙背に二カ所、第二紙の紙背に一カ所、それぞれ単郭朱長方印の痕跡がある。印影が薄くなっているため、印文と字高はともに明らかにしえないが、第二紙の紙背に捺されたものは、外枠の高さ四・四センチメートル、幅一・八センチメートルを辛うじて確認することができる。高山寺経蔵の調査の結果、聖教類に捺された高山寺朱印は少なくとも六種類が確認されている。[13] 北白河院藤原陳子書状に捺された朱印は高さ・幅ともに、高山寺朱印のうち寛永頃に捺されたと推定されている形式のものと一致している。このことは、北白河院藤原陳子書状と同じ「ひさしく申」という文章で始まる文書が書きあげられた高山寺文書目録の日付が、寛永十年五月晦日であったことと単なる偶然の一致ではないように思われる。印文が明らかでない以上、軽々の断定は慎まなければならないが、北白河院藤原陳子書状の朱印は高山寺印であって、しかも寛永の整理の際に捺されたことを想定しても、さほど大きな誤りを犯すことにはならないであろう。

以上の迂遠で、しかも煩雑にわたる検討によって、藤江家旧蔵小杉文庫の北白河院藤原陳子書状が嘉禄二年（一二二六）七月二十二日から三十日にいたる間に書かれ、しかももともと高山寺に所蔵されていた可能性がきわめて高いことを明らかにしえたと思う。このことから、充所の「みやうゑハうへ」という文字が最初から書かれていたかについては、なお検討の余地が残されているものの、この書状が高山寺の明恵に充てられたものであることはほとんど疑いないであろう。これが認められるならば、これまで知られていた、財団法人古代学協会所蔵のものから六年をさかのぼる、北白河院と明恵の交渉を知りうる初見の史料ということになる。この時、北白河院と明恵はともに五四歳であった。

三　北白河院とその周辺

藤原陳子は、承安三年（一一七三）、持明院基家と平頼盛娘との間に生まれた。のち、高倉天皇の皇子で、基家室が乳母を勤めていた守貞親王の妃として迎えられ、貞応元年（一二二二）七月十一日には、北白河院の院号が下されている。

承久の乱ののち、後鳥羽上皇ら三上皇は配流され、仲恭天皇も廃帝となった。こののち、幕府は先例を破って、天皇の位についたことのない守貞親王（後高倉院）の院政を実現させ、その子茂仁親王を即位させた。後堀河天皇である。『五代帝王物語』によると、「後世の障」になるとして躊躇する守貞親王を、「宮々の御ためも旁めでたかるべし、子細あるまじ」と説得したのは、その妃北白河院陳子であった。

北白河院には守貞親王（後高倉院）との間に、茂仁親王（後堀河天皇）以下の子女があり、後堀河天皇は子の秀仁親王（四条天皇）に位を譲ったから、北白河院の子と孫の中から二人の天皇が生まれたことになる。北白河院

〔北白河院藤原陳子周辺の略系図〕

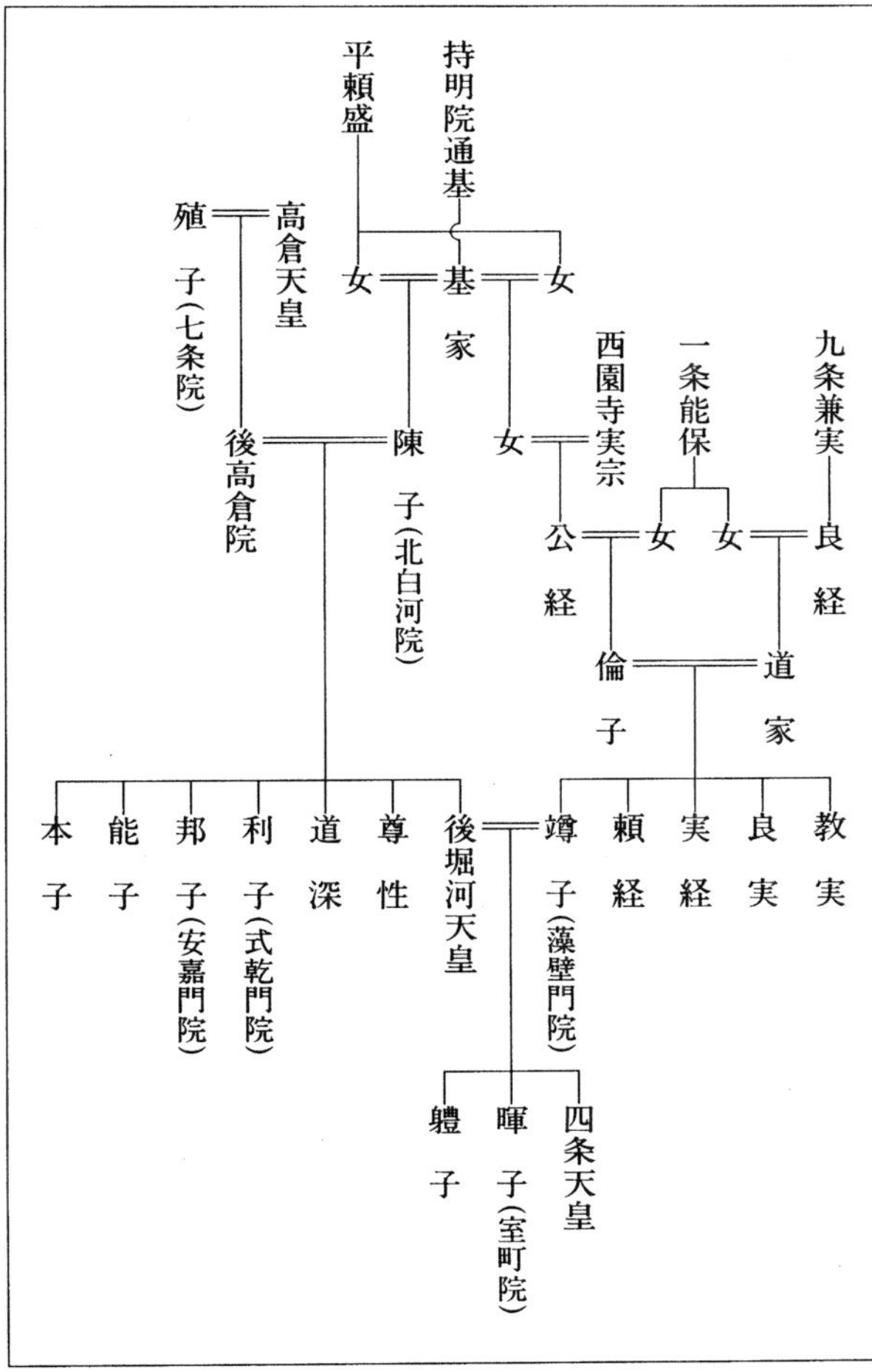

を中心にして作成した略系図を一覧すれば明らかなように、当代きっての実力者、西園寺公経と九条道家はともに比較的近い親族関係にあった。特に公経は北白河院の姉の子であり、後高倉院政の誕生には、この公経の進言が北白河院を仲介として働いたものといわれている。[14]元仁元年（一二二四）十二月四日、公経が建立した京都北山の西園寺の供養に北白河院と娘の安嘉門院がそろって列席しているのは、[15]北白河院と公経の深い関わりによる

ものであろう。また、公経の父実宗とその弟実明は、早くから守貞親王（後高倉院）とつながりをもち、こうした準備の上に、公経の政治的手腕が発揮されたことが指摘されている。[16]

北白河院は幕府とも深い接触をもっていたようで、嘉禄二年（一二二六）八月には、内容は不明ながら、鎌倉に使者を送っている。[17] 持明院殿の造営完了、および移徙の報告と返礼を兼ねたものであったろうか。天福元年（一二三三）九月十八日、後堀河院の妃藻壁門院竴子が没すると、北条泰時は哀悼の意を表するため、後堀河院ばかりでなく、北白河院のもとにも使者を派遣している。[18] また『吾妻鏡』には、北白河院の死没と埋葬の記事が載せられている。[19]

北白河院の院分国としては若狭国、知行国としては美濃国があった。[20] 女院庁の官人として知りうる人物は、先にもあげた嘉禄二年の持明院殿移徙を内容とする令旨の奉者となった木工頭藤原光時、蔵人として同三年に源教行、非蔵人として安貞三年（一二二九）に藤原行親をあげることができる。[21] このほか、藤原長氏は「女院中管領之仁」[22]として見え、嘉禎四年（一二三八）十月三日の北白河院葬送にあたっては、大炊御門光俊が奉行になっている。[23] 光俊は寛喜三年（一二三一）三月の北白河院書状の中に、北白河院の孫暉子を養育していることが記されており、北白河院と特に深い関わりをもっていたようである。

貞応二年（一二二三）五月十四日に後高倉院が没したのち、北白河院の勢威には一時翳りがみえたように思われる。嘉禄二年（一二二六）七月二十九日、中宮有子が皇后宮に、女御長子が中宮になった。有子は三条公房の娘で、のち安喜門院となり、長子は近衛家実の娘で、のち鷹司院の院号が与えられた。いずれも北白河院と直接の血縁関係のない女性たちであった。この年の八月五日、北白河院が持明院殿に移ったことは先に述べたが、この時、『明月記』によると、供奉の公卿は少なく、殿中には人なきありさまであったという。

寛喜二年（一二三〇）二月十六日、九条道家の娘竴子が中宮になるにおよんで、ようやく北白河院の血縁から後堀河天皇の妃が出るにいたった。そして、翌年二月十二日には後堀河天皇と竴子との間に秀仁（四条天皇）が誕生した。北白河院がその翌月、明恵に宛てた書状には、そうした北白河院の地位の動向が反映していると考えることができはしないであろうか。

後鳥羽院の手にあって、皇室領の中でも有数の八条院領は、承久の乱ののち、いったん幕府に没収され、改めて後高倉院に渡された。その後、子の安嘉門院邦子に譲られ、さらに亀山上皇に伝えられ、のち大覚寺統の所領となった。後高倉院の手にあった八条院領を除く所領は、同じく子の式乾門院利子を経て後堀河天皇の子の室町院暉子（疇子）に譲られて室町院領となり、のち両統迭立の時代に大覚寺統と持明院統とに折半された。(24)

皇室領の中のいわゆる女院領の有数のものが、後高倉院の手を経てその女子たちに譲られたことに注目しておきたい。この時、その妃であった北白河院がどのような役割を果たしたかは明らかでないが、後高倉院政の実現にあたって、北白河院が「宮々の御ため」、つまり自分の子女たちの将来を顧慮して、守貞親王（後高倉院）の説得を行ったことを考えると、北白河院の意向が全く顧みられずに事態が進行したとは考えにくい。

北白河院は寛喜三年に明恵に宛てた書状の中で、この年四歳になった暉子（室町院）にお守りを書いてほしいと懇願している。暉子は北白河院の子後堀河天皇と九条道家の娘竴子（藻壁門院）との間に生まれた、北白河院にとっては孫の一人であった。特に愛育したことを書状の文面からもうかがい知ることができるが、暉子は幼名を持明院宮とも呼ばれていたから、(25)祖母北白河院とともに持明院殿を居所としていたものと思われる。

寛喜元年（一二二九）十月六日、明恵は北白河院の御願によって、神護寺講堂供養の導師をつとめた。(26)それは、これまでに確認された北白河院が明恵に宛てた二通の書状――嘉禄二年（一二二六）七月と寛喜三年（一二三一）

三月――の中間にあたるが、さらにその翌年十一月十八日には明恵は持明院殿に赴いて、北白河院に戒を授けている。いずれも北白河院が明恵に深い崇敬を寄せていたことを如実に示す一例である。本章で紹介した嘉禄二年七月の書状は、今のところ、両者の関係を示す最初の史料であり、この点に最も重要な意義がある。その内容が先に述べたように、お守りの賦与を依頼するなど、親密な間柄を前提にして書かれていることからみて、両者の交渉は嘉禄二年よりも前に始まっていたことは疑いない。

建保五年（一二一七）五月二十四日、明恵は守貞親王（後高倉院）に六字経咒を書き送った。さらに守貞親王が後高倉院の号を贈られたのちの承久三年（一二二一）秋には、後高倉院院宣によって賀茂の別所仏光山に移っている。このことから、後高倉院と明恵の交渉が先にはじまり、続いて北白河院も帰依を寄せるようになったと考えてよいようである。

明恵は西園寺公経・九条道家とも深い関わりをもっており、貞応二年（一二二三）四月には、公経の沙汰により高山寺金堂の本仏などを安置し、また安貞元年（一二二七）には公経夫人を出家させている。このほか、公経・道家と和歌の贈答を行ったり、かれらの邸宅に赴いて、説法をしたりもしている。

明恵は高貴の地位にある女性たちの帰依をうけていた。高山寺の造営に力を尽した督三位局は特に代表的な人物で、奥田勲氏は、実名の明らかでないこの女性について、藤原範季の娘で、範光の室である季子の可能性が高いことを述べた。そして奥田氏はさらに、明恵の宗教活動のかなりの部分が督三位局らの人々によって支えられていたことを指摘している。(27)

承久の乱ののち、後鳥羽上皇方に属して戦死した公卿・武士の妻妾の中には、出家して明恵の弟子になる者が多く、明恵は彼女たちを高山寺に近い善妙寺に住まわせて、亡き人々の菩提を弔わせたという。(28)善妙寺は承久の乱後、駿河国藍沢原で処刑された中御門宗行の未亡人が出家して建立した寺であった。承久の乱後の京都の宗教界では、明恵が重要な役割を果たしている。この点についての検討は本章の範囲をはるかにこえる問題であり、今後の課題としなければならないが、明恵の宗教活動と宗教圏について考える場合、貴顕の女性たちの厚い帰依をうけていたことに注目する必要があるであろう。

明恵に帰依した貴顕の女性としては、今あげたほかに、「関東尼君」・修明門院重子（後鳥羽天皇妃）・松殿基房娘などが知られている。北白河院もその一人であって、明恵の臨終の迫った寛喜四年（一二三二）正月十六日、北白河院は明恵の許に令旨を送って、[29]最後まで崇敬の念を示したのである。

むすび

国学者小杉榲邨旧蔵の一通の仮名書状について検討してきた本章の内容を改めて要約すれば、差出書も年紀も記されていないこの書状は、北白河院藤原陳子が嘉禄二年（一二二六）七月二十二日から三十日にいたる間に高山寺の明恵に宛てて書いたものであった。もともと高山寺に伝来し、寛永十年（一六三三）から正徳三年（一七一三）にかけてのある時期に寺外に流出したものと考えられる。

この書状は、北白河院と明恵の交渉を知りうる初見の史料であり、また承久の乱後の北白河院と公家政権の動向を示す史料であると同時に、明恵の宗教圏の考察に関しても新たな事例を提供するが、この点については今後の検討を約して、ひとまず稿を閉じたい。

（1）　藤江家旧蔵の小杉文庫三四七点の内容については、『藤江家旧蔵小杉文庫目録』（静岡県教育委員会、一九八一年）参照。本目録は、筆者も参加した小杉文庫の調査が行われたのち、怱々の間にとりまとめられたため、刊行までにこの書状の差出人を確定することができず、ひとまず某仮名消息とした（二八頁、一八四号）。なお一九八八年二月二日から四月三日まで、静岡県立美術館において小杉文庫展が開かれ、それにあわせて優品の解説・釈文・図版を収めた『藤江家旧蔵小杉文庫名品抄』が刊行された。

（2）極札の裏には「消息二枚継癸巳十」と書かれ、その下に印文「了音」の小判型黒印、右肩には朱の割印が捺されている。古筆了音は延宝二年（一六七四）に生まれ、享保十年（一七二五）に五二歳で没しているから（森繁夫『古筆鑑定と極印』所収の「和漢書画古筆鑑定家印譜」による）、極札に書かれた「癸巳十」とは、正徳三年（一七一三）十月ということになる。このことはのちに述べるように、この書状が本来の所蔵者から巷間に流出した時期を知りうる点で重要である。

（3）箱蓋の表には「二位尼消息」と記され、裏には同筆でつぎのような記載がある。

かつて大江大人といろ〳〵かたりあふはしに、ゆくりなくも、麿か家は、ますけやし菅原氏にゆかりあるてふことなとの物語におよひしに、大人はなにおもひよられけむ、ひめもたる都府楼の瓦もて作れる、いと珍らしき硯にうたそへて贈られける、されは、われもまた、末の子等にもつたへまほしと秘おきし、二位尼の茎一幅に蜂腰をそへて、かへりことせむと、

なミならぬ硯の海の深さには　あまかしわさもおよはさりけり　　東夫

これによると、この書状は、はじめ東夫の所蔵するところであった。大江大人と東夫が話をしている時、大江大人から大宰府都府楼の瓦でつくった硯が贈られ、その返礼として東夫が大江大人に贈り、さらに榲邨が自ら箱書に「大江氏所寄贈」と記したように、大江大人から榲邨に贈られたものであった。大江大人とは、榲邨とほぼ同時期に徳島藩官吏を勤め（明治三年九月二日徳島藩大属、榲邨は同年十月九日、権少属になっている）、のち浜松県学務課長などを歴任した大江孝文のことかもしれない。東夫については明らかでない。

（4）『大日本史料』五─七、六八四頁、久保田淳・山口明穂校注『明恵上人集』（岩波文庫）も「関東の尼君」を北条政子に比定している。ほかに、大蓮房覚智（秋田城介景盛）の妹浄願房にあてる説もある（高山寺典籍文書綜合調査団編『明恵上人資料』二、註釈一九〇頁、東京大学出版会、一九七八年）。

(5) この二人の子については、いずれも明らかでない。
(6) 藤本孝一「北白河院藤原陳子消息について」(『古代文化』三四―一一、一九八二年)。この書状は『鎌倉遺文』四二六九号にも収められている。
(7) 呉文柄『国書遺芳』解説(一九六二年)。この書は未見のため、藤本孝一氏の紹介によった。安井氏は、この書状を寛喜三年(一二三一)の春か初冬の頃のものと考えているようであり、藤本氏もそれ以上の論及をしていないが、内容の中にさらに時期を限定しうる手がかりを求められる。一つは、「皇こ宮の御方にこの月廿八日に御臨かうさふしんするにて候」であり、もう一つは、「この中の宮もしんわうのせんしをかふらせまいらせ候はやと思ひ候て」である。前者は、後堀河天皇が寛喜三年三月二十八日に中宮竴子の御所室町一条亭に行幸したことを指していると考えられる(『民経記』『明月記』同日条)。また後者は、後堀河天皇の皇子秀仁が寛喜三年四月十一日に親王宣下をうけたことに関わっている。したがって、この書状の書かれたのは、寛喜三年三月ということになる。
(8) 藤本孝一「北白河院藤原陳子消息について」三三頁。
(9) 『明月記』嘉禄二年八月五日条、『民経記』同日条。
(10) 「伏見宮御記録」(『大日本史料』五―三、三一六頁)。
(11) 奥田勲『明恵』(東京大学出版会、一九七八年)二一八頁。
(12) 高山寺典籍文書綜合調査団編『高山寺古文書』(東京大学出版会、一九七五年)二七〇号。
(13) 奥田勲『明恵』二三七頁。
(14) 龍粛「西園寺家の興隆とその財力」(『鎌倉時代』下、春秋社、一九五六年、一七四～一七五頁)。
(15) 「仁和寺御伝」(『群書類従』五輯、四五九頁)。
(16) 多賀宗隼「西園寺家の擡頭」(『日本歴史』二八四、一九七二年、一三～一四頁。のち『論集中世文化史』上に収録、法蔵館、一九八五年)。
(17) 『明月記』嘉禄二年八月二十一日条。
(18) 『吾妻鏡』天福元年九月二十九日条。
(19) 『吾妻鏡』嘉禎四年十月三日条・同年十月九日条。

(20)『民経記』貞永二年正月三十日条。なお、『大日本史料』五―十二、嘉禎四年十月三日条に、北白河院の没日にかけて関係史料が収められている。
(21)「蔵人補任」(『群書類従』四輯、一八三~一八四頁)。
(22)『経俊卿記』嘉禎四年十月四日条。
(23)『経俊卿記』嘉禎四年十月九日条。
(24)中村直勝『荘園の研究』(星野書店、一九三九年。のち中村直勝著作集四巻に収録〔淡交社、一九七八年〕)三七九頁以下。
(25)中村直勝『荘園の研究』三七九頁。
(26)以下、明恵の事績については、『大日本史料』五―七、二四八頁以下、田中久夫『明恵』(吉川弘文館、一九六一年)、日本思想大系『鎌倉旧仏教』解説(田中久夫氏執筆)、奥田勲『明恵』による。
(27)奥田勲『明恵』一六八頁以下。
(28)田中稔「高山寺古文書について」(『高山寺典籍文書の研究』、東京大学出版会、一九八〇年、一四六~一四七頁。のち『中世史料論考』に収録〔吉川弘文館、一九九三年〕)。
(29)『定真備忘録』(『大日本史料』五―七、二五一頁)。

結語

最後に、各章の内容を概括するとともに、今後の課題を提示して、本研究のむすびとしたい。

まず第一篇第一章「護持僧の成立と歴史的背景」では、天皇の安穏を祈念した護持僧の実態と役割を分析し、天皇と天台・真言両宗との関係について考察した。護持僧は、「聖体不豫」に際して、天皇の病癒と延命とを祈願した呪師に淵源をもつ。最澄・空海らが活躍した護持僧の草創期は、秘法に優れ験力を発揮した僧侶が、天皇との個人的関係によって護持僧になった点に特色がある。その後、十世紀の醍醐・朱雀両天皇の時期になると、護持僧は延暦寺・東寺・園城寺の三カ寺から補任されるという原則が確立した。このことは、この時期が大寺院を中心に宗教権門の成立する時期であったということに随伴する現象であった。

続いて後三条天皇以後の、院政の序幕とその発展の時期には、天皇の即位に前後して代始護持僧が綸旨によって補任され、内裏清涼殿二間での夜居が定められて、護持僧制度化の画期となった。そして、如意輪法・普賢延命法・不動法が三壇御修法として組み合わされ、天台・真言両宗の最高の地位にある延暦寺・東寺・園城寺が一体となって、天皇の息災と延命とを祈念することになったのである。

天皇の公務や年中行事のほか、暴風雷雨などの自然災異、中宮の出産などに際して、護持僧がもろもろの修法を通じて祈念する「聖体安穏」とは、国家の静謐と繁栄に直結するものと意識されていた。護持僧の制度化は、天皇の肉体と魂の安穏に関して、密教が神祇祭祀とともに二本の柱として不動の、しかも正統の地位を獲得し、国家祈禱のイデオロギー機能を分担したことを示す象徴的な事がらであった。

以上の成果を基礎として、今後、南北朝期以降の護持僧の実態と変化、また武家政権の誕生とともに成立した武家護持僧の実態、さらに両者の異同が明らかにされれば、護持僧の歴史的意義は一層明確になるであろう。

護持僧の分析の成果として強調しておきたいことは、祈禱という宗教行為のもつ意味と役割が、古代・中世の政治と宗教との関係のなかに正確に位置づけられる必要があるということであり、護持僧とともにその素材となるのが祈禱所である。

本章ではほとんど触れることのできなかった三壇御修法と、修法に要する供料を負担する便補保との関連については、星野公克「太政官厨家料国と便補保」(『史学研究』一八二、一九八九年)で分析されている。また堀裕「護持僧と天皇」(大山喬平教授退官記念会編『日本国家の史的特質』古代・中世、思文閣出版、一九九七年)は、護持僧の成立過程と時期区分に関するわたくしの分析を全面的に批判している。それらについて、いま逐一応える余裕はないが、主要な問題点のひとつは、拙稿が『護持僧補任』『護持僧次第』『護持僧記』という編纂史料に依拠した点にある。これまでほとんど考察されることのなかった古代・中世の護持僧の抽出にあたっては、上記の三つの史料だけを根拠にしたわけではなく、確実を期するために、『門葉記』『僧綱補任』などの編纂史料や、日記・文学作品などにもあたる努力をしたつもりであった。しかし、煩雑を避けるために典拠とした史料を記さなかったことや、調査が十分ではなかったことについては、誇りを免れないであろう。それを認めたうえで、編纂史料の取り扱いについては、歴史分析の方法に関わる今後の課題として残されていると思う。また、護持僧の歴史的展開を三つに時期区分したことについて、私見が黒田俊雄氏の権門体制論にのみ依拠し、院政期に天皇が神から人へ転化したとする石井進氏の意見に拠ったとする堀氏の評価は明らかな誤解である。ともあれ、拙稿に対して批判の労をとられ、再検討の余地を与えられたことには謝意を表する。

第二章「関東祈禱寺の成立と分布」と第三章「関東祈禱寺の展開と歴史的背景」は密接な関連をもち、鎌倉将軍祈禱所のうち、寺院をとりあげ、その機能、認定の手続き、権益、分布、歴史的展開について検討した。鎌倉将軍家の安泰と繁栄とを祈ることにもっとも重要な機能があった関東祈禱寺は、当初は将軍家政所下文により、のちには関東御教書（または関東下知状）によって認定された。祈禱寺に認定されることによって生ずる権益は、寺領安堵・狼藉停止・殺生禁断・所領寄進・造営助成などであるが、なによりも重要なものは、幕府権力から認定されたことによって生まれる社会的権威であった。

幕府側の史料によって確認しえたところでは、関東祈禱寺は一五カ国七四カ寺（可能性が高いものとしてほかに一〇カ寺）にのぼり、そのうち、国別では大和国がもっとも多くて全体の三分の一を占め、宗派では律宗・真言宗が多く、鎌倉後期に発展した禅宗は、祈禱寺の主導的地位を獲得しえなかった。

関東祈禱寺の歴史的展開を考えるうえで特徴としなければならないことは、十三世紀後半、蒙古襲来を契機とする政治危機の進行の過程で祈禱寺が増加したことで、全体の約三分の二はこの時期に認定されている。なかでも北条氏一門と密着して発展した西大寺流律宗に属する三四カ寺が、忍性の申請によっていっせいに祈禱寺に認定されたことは、祈禱寺のもつ政治性を象徴的に物語っているものといえよう。時の執権は北条貞時であった。

中世国家と宗教との関係を考える場合、祈禱所はそれら相互の依存関係を如実に示す点で、もっとも重要なテーマのひとつである。今後に残された課題のひとつは、神社を含む祈禱所の検出を進め、鎌倉幕府と寺社勢力との関係を詳細に検討することである。さらにもうひとつは、室町幕府祈禱所（三二カ国八一カ寺をすでに検出して別稿を期している）について分析し、武家政権としての両幕府の宗教政策の基調を比較検討して、中世国家史のなかに位置づける作業を行うことである。

関東祈禱所については、綾仁重次「鎌倉幕府と寺社――関東御祈禱所をめぐって――」（『国史談話会雑誌』二〇、一九七九年）が、関東御祈禱所を将軍家の所領とする視点から分析している。佐々木馨『中世国家の宗教構造――体制仏教と体制外仏教の相剋――』（吉川弘文館、一九八八年）は、鎌倉時代における宗教の体制化と関東祈禱所との関連について論じている。また稲葉伸道「鎌倉幕府の寺社政策に関する覚書」（『名古屋大学文学部研究論集』一三四〔史学四五〕、一九九九年）は、関東祈禱所は鎌倉市中の寺社を含む御願寺とともに、将軍の祈禱を目的とし、のち鎌倉末期にいたり、得宗によって事実上決定されるようになったと指摘している。

続いて第二篇第四章「足利氏の女性たちと比丘尼御所」では、室町将軍足利氏の女子と比丘尼御所との関係を検討し、尼寺の実態と室町幕府の宗教政策を考察した。室町将軍足利氏の女子は総数で六〇名を越え、そのほとんどが大慈院・三時智恩寺・宝鏡寺などの比丘尼御所と呼ばれた格式の高い尼寺に入っている。足利氏の女性たちの入室した尼寺は、室町殿から所領寄進や修理造営などの援助をうけ、室町殿と密接な関係を結ぶようになった。また奉公衆や御供衆などの室町殿近習が寺の経営に携わり、尼寺と幕府との間を仲介していた。

足利氏の女性たちの多くが寺格の高い尼寺に入ったことの社会的意義は、単に幕府の宗教政策の側面からのみ考えられるべきではなく、彼女たちによって営まれる父母や一族の人々の供養や追善などの宗教活動が、足利家の存続と結合のための精神的紐帯の役割を果たしていたことにある。

尼寺のなかで足利氏の女性がもっとも多く入った大慈院は、義満の娘聖久の入室を契機に発展し、さらに義政の夫人日野富子の支援により寺格を高めた。その所領は、聖久の父義満・母寧福院殿のほか、縁戚の人々によって寄進されたものや、幕府料所などによって構成されていた。

本稿よりもやや早く発表された大石雅章「比丘尼御所と室町幕府――尼五山通玄寺を中心にして――」(『日本史研究』三三五、一九九〇年)は、比丘尼御所と室町幕府との関係に視点をおいて、比丘尼御所の成立過程やその特徴を分析している。

第五章「遠江国浅羽荘の成立と変遷」においては、比丘尼御所領を検討する前提として、勧学院領遠江国浅羽荘の伝領、鎌倉時代の地頭職の変遷、在地の経営状況を分析した。浅羽荘は遅くとも平安時代末期には成立し、鎌倉時代初期には藤原氏の氏院である勧学院領になっていた。そして浅羽荘は、十三世紀後半以後、摂関家の間を渡り動く「摂籙渡荘」のひとつとなり、実際の知行は十五世紀半ばにいたるまで、摂関家家司の中原氏に相伝され、南北朝時代には代官請負による経営が行われていた。中原氏が没落したのちは清原氏が知行した。浅羽荘の分析により、これまで不明の点の多かった勧学院領の実態、摂関家家司の家産経済の一端を明らかにしえたことに、大きな意味がある。

第六章「遠江国浅羽荘と比丘尼御所」では、遠江国浅羽荘を素材として、比丘尼御所領の伝領や支配の実態、比丘尼御所と室町幕府との関係を検討した。浅羽荘地頭職は室町時代には、義満の側室寧福院殿の手を経て、大慈院に入室したその娘に譲られ、以後十五世紀末にいたるまで、大慈院に入った足利氏の女子に相伝された。足利氏の女子が多く入室したことにより発展した大慈院は、比丘尼御所の存立基盤、社会的役割、幕府との関係を実に象徴的に語っている。

門跡寺院や比丘尼御所は、天皇家や高貴な身分に属する公家の子女の収容機関として成立し、しかも世俗の身分原理が濃厚に反映する社会的緩衝地帯として維持された。その存立基盤の重要な部分を将軍足利氏は担ったのであり、今後、足利氏の男子の入った門跡寺院と幕府との関係についての検討結果を総合的に分析することによって、幕府の宗教政策のみならず、足利氏一族の信仰体系のもつ意義を考察する道が開かれるであろう。

第三篇第七章「中世廻国聖と『社寺交名』」では、従来「社寺交名」と呼ばれ、紙背に縁起の書かれた断簡（神奈川県立金沢文庫保管）の史料的性格を検討した。「社寺交名」は、初めてこの史料を分析した入間田宣夫氏の言うような「関東御祈禱所のリスト」ではなく、六十六部聖による法華経奉納所として知られていた全国の寺社のうちから、一カ国一カ所を書き上げた最古の六十六部納経所交名であった。また紙背に書かれた縁起は、法華経奉納の功徳を説く六十六部縁起であった。そして作成の順序をいえば、入間田氏が指摘したのとは逆に、初めに紙背の六十六部縁起が書かれ、のち裏に六十六部納経所交名が書き上げられたのであった。このわずか料紙一枚の断簡は、六十六部聖に関する最初のまとまった史料であるばかりでなく、第一次文書・第二次文書の判別など、史料学の論点をも提起している。

なお六十六部納経所によく見られる諸国の一宮については、中世諸国一宮制研究会編『中世諸国一宮制の基礎的研究』（岩田書院、二〇〇〇年）が刊行され、研究の進展が期待される。

第八章「六十六部聖の成立と展開」においては、六十六部聖の成立過程、活動の実態、役割と意義を検討した。天台教団の周縁部にあって廻国を行とした六十六部聖は、平安時代の持経者を源流とし、如法経信仰と合流したのち、遅くとも鎌倉時代初期にはその姿をあらわした。日本六六カ国の霊山・霊地への法華経奉納という行は、山林修行者を主たる担い手とし、かれらの廻国行の徹底化をめざすものとして展開した。

廻国行が盛んになるとともに、十三世紀中頃以後、六十六部聖の活動は東海・関東など広い地域におよびはじめ、納経をうける寺社側は、六十六部聖に対して請取状を発行したり、奉納所を設けたりして対応した。納経請取状は、六十六部聖にとっては自らの廻国行の達成過程を確認するための証となり、また同時にかれらに信をよせ納経を依頼しようとする人々に対しては、いっそうの信仰と喜捨とを誘う役割を果たした。納経にあたっては、札銭が徴収され、寺社の収入になったものと思われる。

六十六部聖は廻国聖であるとともに、勧進聖としての側面をもち、十五世紀後半から十六世紀にかけて、いっそう活発な活動をみせた。

六十六部聖の実態と活動については、近年、小嶋博巳「六十六部に関する二、三の覚書」(『生活文化研究所年報』一、ノートルダム清心女子大学生活文化研究所、一九八七年)、有元修一「中世の六十六部聖について」(『目白大学人文学部紀要』地域文化篇一、一九九五年)、関秀夫『平安時代の埋経と写経』(東京堂出版、一九九九年)を始めとする多くの論稿が発表されている。また持経者の系譜と活動については、菊地大樹「持経者の原形と中世的展開」(『史学雑誌』一〇四—八、一九九五年)が注目される。

第九章「源頼朝転生譚と唱導説話」では、六十六部縁起の生成過程、基調と意図、作成者について考察した。六十六部聖の主体的独自性の表明と、存立基盤の宣揚を意図して作成されたものが、六十六部縁起である。六十六部縁起に引用された右大将殿縁起は、前世で六十六部聖であった頼朝房が、法華経の書写と奉納の功徳によって、将軍源頼朝に生まれ変わったという頼朝転生譚を主題にしている。

六十六部縁起の基調は、法華経の偉大さと結縁の大切さとを説くことにあり、こうした縁起を作成したのは、鎌倉時代以後、東国に進出して積極的な唱導活動を行った安居院流に属する者であったと考えられる。そして六十六部聖の縁由を頼朝にもとめたのは、東国の武家社会を唱導の主たる対象としたからであった。

今後に残された課題は、六十六部聖の活動を支えた社会基盤の実態とその変化を分析することにより、庶民信仰とみられがちな中世の廻国行のもつ宗教的社会的意義を再検討することであろう。

本稿発表後、小嶋博巳「六十六部縁起と頼朝坊廻国伝説――六十六部研究ノート・その二」（『生活文化研究所年報』二、ノートルダム清心女子大学生活文化研究所、一九八八年）、牧野和夫「叡山文化の一遇〈海彼敦煌並びに民間信仰の影〉――掌篇類の紹介――」（新井栄蔵他編『叡山の文化』世界思想社、一九八九年）、藤田定興「六部行者の納経所について」（『福島県歴史資料館研究紀要』一三、一九九一年）、佐藤晃「二つの夢合わせ譚と頼朝六十六部聖伝承」（『日本文学』四五―七、一九九六年）などにより、新たな六十六部縁起の紹介と分析が行われている。

余篇の第十章「小杉榲邨の蒐書と書写活動」においては、国学者小杉榲邨の研究活動、蔵書の内容と特徴、学問の方法を検討した。榲邨は、明治七年（一八七四）四一歳の時の教部省入省を機に、研究の対象と領域を大きく広げることになった。特に浅草文庫での正倉院文書の調査は、榲邨に大きな学問的刺激を与え、原物のもつ重要性を認識させることになった。榲邨がもっとも重視した研究分野は書道史であった。榲邨の蒐集品は、博学ぶりを反映して、古文書・和歌集、国学者の著作や詠草、神祇・絵画・拓本・仏像・硯など多岐にわたっている。その内容と性格は、正倉院文書など重要文化財三点を含む藤江家旧蔵小杉文庫（静岡県立美術館所蔵）によく示されている。

第十一章「鎌倉中期歌壇の動向――後嵯峨上皇幸西園寺詠翫花和歌（金沢文庫本）について――」では、藤江家旧蔵小杉文庫のうち、新出の金沢文庫本「後嵯峨上皇幸西園寺詠翫花和歌」の成立と伝来、後嵯峨院政期の歌壇について分析した。宝治元年（一二四七）三月三日、後嵯峨上皇は京都北山の西園寺実氏邸に行幸し、「翫花」を題として和歌会を催した。「後嵯峨上皇幸西園寺詠翫花和歌」は、この和歌会に参会した上皇と実氏以下の廷臣一二名の和歌をまとめたもので、この和歌会は、後嵯峨院歌壇の最初の成果であった。本書の最大の意義は、従来断片的にしか知られず、それゆえに中世和歌史の分野でも検討の対象とされなかったこの和歌会の内容を明らかにしたところにある。

第十二章「北白河院藤原陳子と明恵」では、藤江家旧蔵小杉文庫のうち、二位尼（北条政子）のものとされてきた書状について検討した。差出人も年紀も記されていないこの書状は、後高倉院の妃で後堀河天皇の母であった北白河院藤原陳子が、嘉禄二年（一二二六）七月二十二日から三十日にいたる間に、京都高山寺の明恵に宛てて書いたもので、北白河院と明恵との交渉を知りうる初見の史料である。またこの書状は、公家政権内における北白河院の活動を示すとともに、北白河院をはじめとする貴顕の女性たちが、厚い帰依をよせた明恵の宗教活動、宗教圏、政治権力との関わりを考える上で、重要な意味をもっている。

日本中世の政治権力と宗教との関係の構造と歴史的意義を検討する場合、とりわけ重要な視点は三つあると思う。その第一は国家の宗教政策であり、第二は寺社勢力の側の国家意識と具体的対応、そして第三は寺社勢力相互の関係である。本研究は特に前二者について、従来の宗派史の視点からは関心をもたれなかったテーマを中心に検討を重ねてきた。

本研究は、日本中世の国家と社会の特質を究明するという窮極の課題に向う階梯の途上にあり、今は中世社会像に豊かな肉づけを施すための基礎作業をなしえたことを強調して、稿を閉じたい。

■収録論文初出一覧■

【第一篇　護持僧と祈禱所】

第一章　護持僧の成立と歴史的背景（原題「護持僧成立考」）『金沢文庫研究』二六七、一九八一年

第二章　関東祈禱寺の成立と分布　『九州史学』六四、一九七八年

第三章　関東祈禱寺の展開と歴史的背景　『静岡大学人文学部人文論集』二八―二、一九七七年

【第二篇　室町幕府と比丘尼御所】

第四章　足利氏の女性たちと比丘尼御所（原題「足利氏の女性たちと尼寺」）九州大学国史学研究室編『古代中世史論集』、吉川弘文館、一九九〇年

第五章　遠江国浅羽荘の成立と変遷（新稿）

第六章　遠江国浅羽荘と比丘尼御所　『地方史静岡』一三、一九八五年

【第三篇　六十六部聖と唱導説話】

第七章　中世廻国聖と「社寺交名」（原題「中世回国聖の一形態――金沢文庫文書五二四五号『社寺交名』をめぐって――」）昭和60年度科学研究費補助金（一般研究Ｂ）研究成果報告書『東海地方の前近代的交通形態と地域構造の特質に関する基礎的研究』、一九八六年

第八章　六十六部聖の成立と展開　『九州史学』一一一号、一九九四年

第九章　源頼朝転生譚と唱導説話（原題「頼朝転生譚の生成――唱導説話形成の一齣――」）『静岡県史研究』四、一九八八年

【余篇】

第十章　小杉榲邨の蒐書と書写活動――正倉院文書調査の一齣――

『正倉院文書研究』三、一九九五年

第十一章　鎌倉中期歌壇の動向――後嵯峨上皇幸西園寺詠翫花和歌（金沢文庫本）について――

（原題「後嵯峨上皇幸西園寺詠翫花和歌（金沢文庫本）について」）

『日本歴史』三九八、一九八一年

第十二章　北白河院藤原陳子と明恵（原題「北白河院藤原陳子とその周辺――明恵に関する新史料――」）

『日本歴史』四八三、一九八八年

旧稿の本書収録に際しては、全体にわたって体裁や表記の統一を図ったほか、若干の加筆を行った。

あとがき

ずいぶん回り道をし、多くの方々に助けられながら、ようやくここまでたどりついた。日本中世の宗教と文化に関わる研究をまとめて一書を著したいと念じつつ、なお全体を体系づけ心柱となるべき論稿をまとめえぬままにためらい続けて、思いのほかに時間が過ぎてしまった。今は不十分ながらもひとまず区切りをつけて、わたくしのこれまでの歩みと現在の到達点をあるがままにみすえ、今後に残された多くの課題の解明と、静岡・東海という地域に視点をおいて「日本」をみつめ直す新たな分野の開拓への歩を進めたい。

のちになって憶い返してみれば、生涯を決める出会いとはあるものだと思う。昭和四十三年（一九六八）四月、わたくしは静岡大学人文学部人文学科に入学した。「学園紛争」さなかの頃だった。わたくしの入っていた学生寮主催の講演会に原秀三郎先生を講師としてお招きしようという企画がたてられ、交渉役を任されたわたくしは、まだお目にかかったこともない原先生に向こう見ずにも直接お願いにうかがった。もはや講演の内容はよく覚えていないが、本居宣長の『うひ山ぶみ』を素材にした学問の方法論だったように思う。

専門課程の日本史学コースに進級したわたくしは、原先生が大化改新論批判を発表されたのち、精力的に分析を進めておられたアジア的生産様式論に関する講義と、丹波国大山荘や讃岐国善通寺・曼荼羅寺領の史料講読に魅了され、歴史学における理論と実証の意義や相互の関連を広い視野から考察し、物ごとの本質を見ぬく目を養うことの大切さを学んだ。

卒業後、郷里の鹿児島に帰って高等学校に勤め、世界史を担当していたが、次第に勉強不足を痛感するようになり、職を辞して、九州大学大学院文学研究科を受験した。そのとき、ご恩情をもって迎え入れてくださった川添昭二先生から、授業やご著作などを通じて、史料の収集と分析、実証の方法を基礎から学んだ。

本書に収めた論文のうち最も早く発表した第一篇第二章「関東祈禱寺の成立と分布」、第三章「関東祈禱寺の展開と歴史的背景」は、川添先生の鎮西裁許状の演習で、わたくしが分担した史料にたまたま出ていた「関東御祈禱所」という語句に注目して報告し、のちに年次レポートとして川添先生に提出したものである。卒業論文では高野山領紀伊国神野真国荘について、また修士論文では中世の身分制のうち特に下人身分について考察したが、このレポートは、川添先生が着目されて以来、全く研究論文のなかった「関東御祈禱所」について分析したもので、その時には思いもかけなかったその後のわたくしの研究方向を定める出発点となった。

川添先生の日ごろの何げないお話やお手紙の一節の意味を二十年もたってようやくわかり始めている。今さらながら学恩のありがたみをしみじみ感じている。

わたくしの書棚には川添先生から頂戴した多くの御著書がまとめて並べられていて、研究者・教育者としての気宇と真摯な生き方を、無言のうちに絶えず問いかけている。

大学院在学中、原先生からは折々に叱咤と激励のお便りを頂いていたが、昭和五十二年、博士課程の途中で静岡大学人文学部人文学科日本史学研究室の助手として採用され、母校で研究と教育にあたるという得がたい機会を与えられた。ご在職中はもとより、ご退官後も伊豆下田から厳しくて暖かい目を注いでくださっている。

着任後まもない頃、原先生のご紹介をえて、奈良国立文化財研究所歴史研究室長であった故田中稔先生に、当時は春日野にあった研究所で初めてお目にかかり、中世文書調査への参加をお願いした。「勉強する気があるなら、授業料を払うつもりででかけてきなさい」という、その時のお言葉を思いおこす。それ以来、東大寺文書や興福寺文書の調査のたびごとにお声をかけてくださった。それまで中世文書調査の機会があまり多くはなかったわたくしにとって、一回一週間にわたる調査は気がぬけず、田中先生をはじめ調査団の方々にはずいぶんご迷惑をおかけしたが、田中先生の長年にわたる経験と学識とによって綜合された調査方法と田中式調書の記載の仕方は大いに参考になり、調査のたびごとに少しずつ力を貯えていった。

原先生がわたくしを田中先生にご紹介くださったのは、中世文書の調査に習熟し技倆を磨いて、遠からず静岡県内の中世文書調査を行う際、力量を存分に発揮することができるようにという、先を見通したご配慮によるものだったと思う。その成果は『袋井市史』や『静岡県史』などの編纂に活かされることになった。

静岡県森町の藤江家に秘蔵されていた三四七点にのぼる国学者小杉榲邨の旧蔵書が、原先生のご尽力によって初めて全点にわたり調査された際、田中先生は調査団長を務められ、わたくしも調査団の一員に加えていただいた。わたくしが日本の伝統的な学問である国学や国学者の思想と活動に深い関心を寄せるようになったのは、この調査が契機となっている。本書に余篇として収めた三つの論文はその成果の一部である。調査報告書の取りまとめにあたり、刊行の期限が迫っていたこともあって、静岡の旅舎の一室に田中先生を「罐詰め」にし、調書に基づいてわたくしの作成した原稿のすべてを点検していただいた。数日にわたる作業の合間や夜の居酒屋で、あれこれのお話をうかがったことは今も忘れがたい。

気移りしやすい性質で、ひとつのことになかなか専心できず、しかも才覚に乏しく、またそれを補うに足る十分な努力も続けてこなかったわたくしは、三人の先生方から学びえたことを研究と教育に活かすことあまりに貧しく、衣鉢を継ぐことはできないままでいるが、これまでご温情とご督励とを賜った三人の師に謹んでこのささやかな実りを献じる。

本書は九州大学に提出した学位請求論文をもとにしている。論文審査の労をとられた故中村質先生と佐伯弘次氏には厚くお礼申し上げる。中村先生は受業生ではなかったわたくしに、「調査のついでがあるから、静岡で会いたい」という、いかにも中村先生らしいお心遣いでわざわざご来静され、学位請求論文を早くまとめるよう強く慫慂してくださった。

本書の上梓にあたっては、原先生のお口添えをいただいて大山喬平先生のご高配をかたじけなくし、また思文閣出版の方々の懇篤なるご支援をいただいた。銘記して深謝の意を捧げたい。

中学校時代以来、三十五年以上にわたって管鮑の交わりを続けてくれている宗像修三君にも心から感謝する。宗像君はさまざまな困難を抱えている小児医療の第一線での敬服すべき奮闘を通じて、わたくしに生きる勇気と情熱と智慧とを与え続け、支えになってくれている。
最後に、わたくしを見守ってくれている姉や兄、作業に協力してくれた妻恭子にも謝意を伝えたい。

二〇〇一年一月

湯之上　隆

索　引

さ

し

り

れ

ろ

わ

著者略歴

湯之上　隆（ゆのうえ　たかし）

1949年　鹿児島市に生まれる
1972年　静岡大学人文学部人文学科卒業
1977年　九州大学大学院文学研究科史学専攻博士課程中途退学
1995年　博士（文学，九州大学）
現　在　静岡大学人文学部教授
主要著書
『三つの東海道』（静岡新聞社，2000年）『静岡県史』通史編２・中世（共著，静岡県，1997年）

思文閣史学叢書

日本中世《にほんちゅうせい》の政治権力《せいじけんりょく》と仏教《ぶっきょう》

二〇〇一（平成十三）年三月十日　発行

著　者　湯之上　隆
発行者　田中周二
発行所　株式会社　思文閣出版
京都市左京区田中関田町二―七
電話（〇七五）七五一―一七八一㈹

印刷　同朋舎　　製本　大日本製本紙工

ISBN4-7842-1071-7 C3021

湯之上　隆（ゆのうえ　たかし）…静岡大学名誉教授

日本中世《にほんちゅうせい》の政治《せいじ》権力《けんりょく》と仏教《ぶっきょう》
（オンデマンド版）

Digital Publishing

2016年6月30日　発行

著　者	湯之上　隆
発行者	田中　大
発行所	株式会社 思文閣出版 〒605-0089　京都市東山区元町355 TEL　075-533-6860　FAX　075-531-0009 URL　http://www.shibunkaku.co.jp/
装　幀	上野かおる（鷺草デザイン事務所）
印刷・製本	株式会社 デジタルパブリッシングサービス URL　http://www.d-pub.co.jp/

AJ580

ISBN978-4-7842-7018-7　C3021　Printed in Japan